2013年
中国建材家居产业发展报告

中国建筑装饰协会材料委员会　组织编写

王岳飞　主编　　贺　臣　执行主编

ZHONGGUO JIANCAI JIAJU
CHANYE FAZHAN BAOGAO

中国建材工业出版社

图书在版编目（CIP）数据

2013年中国建材家居产业发展报告 / 王岳飞，贺臣主编．—北京：中国建材工业出版社，2014.6

ISBN 978-7-5160-0847-8

Ⅰ．①2…　Ⅱ．①王…　②贺…　Ⅲ．①建筑材料工业—产业发展—研究报告—中国　Ⅳ．①F426.9

中国版本图书馆CIP数据核字（2014）第107267号

2013年中国建材家居产业发展报告

中国建筑装饰协会材料委员会　组织编写

王岳飞　主编

贺　臣　执行主编

出版发行：中国建材工业出版社

地　　址：北京市西城区车公庄大街6号

邮　　编：100044

经　　销：全国各地新华书店

印　　刷：北京旺都印务有限公司

开　　本：787mm×1092mm　1/16

印　　张：15.5

字　　数：318千字

版　　次：2014年6月第1版

印　　次：2014年6月第1次

定　　价：120.00元

本社网址：www. jccbs. com. cn　　公众微信号：zgjcgycbs

本书如出现印装质量问题，由我社发行部负责调换。联系电话：（010）88386906

掌握装饰行业态势

推动绿色转型升级

李肇仁

2014.5.28

《2013年中国建材家居产业发展报告》编委会

专家委员会

王　巍　国家建筑材料工业建筑五金水暖质检中心主任、高工、五金专家
周俊兴　国家石材质量监督检验中心主任、教授级高工
侯力学　中国建材工业出版社副总编辑
潘　振　住建部建筑门窗节能性能标识专家委员会委员、中国建筑科学研究院高工
曹　彬　中国建筑标准设计研究院副所长、高工
张仁瑜　国家建筑工程质量检测中心副主任、研究员
冀志江　中国建材联合会生态环境建材分会秘书长、中国建筑材料科学研究总院教授
石玉梅　中国建筑科学研究院研究员、涂料专家
戴占军　中国质量报副总编、享受国务院津贴专家
张彭义　清华大学环境学院环境化学研究所所长、教授
张流波　全国消毒标准委员会秘书长、中国疾病预防控制中心环境与健康相关产品安全所主任
姬鹏程　国家发改委宏观经济研究院研究员
秦占学　中国建材流通协会副会长兼秘书长
吕　斌　中国林产工业协会副秘书长兼地板专业委秘书长、研究员
张寅平　中国环境学会室内环境健康分会常务副理事长兼秘书长、清华大学教授
王肇嘉　北京建筑材料科学研究总院院长、教授级高工
欧阳林　中国建筑装饰协会材料委副秘书长、
北京建筑材料科学研究总院副院长
武发德　北新集团建材股份有限公司副总经理、教授级高工
张立新　北京住总集团公司工程总承包部副总工、教授级高工、电气专家
张俊英　北京航空航天大学教授、材料专家
吕世静　中国纺织科学研究院教授
王柏彰　北京建材联合会质量标准部部长
田德祥　中国环境科学学会室内环境与健康分会名誉理事长、北京大学教授
徐瑞芬　北京化工大学教授、纳米材料专家
周健儿　中国陶瓷工业协会常务理事、中国硅酸盐学会陶瓷分会副理事长
尹　虹　中国建筑卫生陶瓷协会副秘书长
鲍杰军　中国建筑卫生陶瓷协会副会长、佛山欧神诺陶瓷股份有限公司董事长
王志斌　辽宁省装饰协会副会长兼秘书长、高工

秦　钢　四川省建材工业科学研究院院长、研究员
应再扬　上海市建筑装饰装修协会材料委秘书长
徐奉友　沈阳市建筑装饰协会会长
王建国　内蒙古自治区建筑业协会副会长兼秘书长
李　明　北京市场流通协会秘书长、北京建材经贸大厦总经理
李卫社　广田装饰集团股份有限公司副总、总工程师
董金狮　北京凯发环保技术咨询中心常务副会长兼秘书长
王有治　成都硅宝科技有限公司总经理、高工
张有卓　国际工商业精英联合会会名誉主席、中国陶瓷工业协会营销分会高级顾问
黄希然　佛山市陶瓷行业协会副会长
梁占坤　吉林森工金桥地板集团总工程师
杨　冀　北京特普丽装饰装帧材料有限公司董事长、高工
张　正　北京国际经贸研修学院学术委员会主任、中国长城学会会员、中国长城书画院理事
王秀宝　临江市宝健木业有限责任公司董事长、高工
（以上排名不分先后）

序
——发展绿色装饰势在必行

人类的发展史，是一个不断追求更佳人居环境的过程。建筑装饰艺术与人们的日常生活息息相关，是各个地区和民族文化传承中不可分割的组成部分。改革开放30多年，中国建筑装饰行业伴随着市场经济发展一路走来，经历破茧重生、早期发展、迅猛崛起、流金岁月，现在进入转型升级阶段。

作为原材料生产的传统行业，建材行业在贡献高产值的同时，也贡献出高能耗、高排放额度，给国内环境带来无法承受的压力。建材行业面临着整体转型升级，突破传统经营模式所带来的高污染、高能耗等发展桎梏，实现从粗放经营向集约经营转型，高污染、高能耗向低污染、低能耗转型。

国家“十二五”规划纲要提出：“建筑业要推广绿色建筑、绿色施工，着力用先进建筑材料、信息技术优化结构和服务模式”。国务院印发的《“十二五”节能减排综合性工作方案》明确提出，制定并实施绿色建筑行动方案，从规划、法规、技术、标准、设计等方面全面推进建筑节能。发展绿色装饰成为建筑装饰行业发展的一个必然趋势，也是建筑装饰行业必须坚持的发展方向。

绿色装饰从概念上讲，有狭义与广义之分。狭义指在对房屋进行装修时采用环保材料进行房屋装饰，装修后的房屋室内能够符合国家的标准。广义指装饰的全过程，即从设计、施工、建材使用、后续维护的全链条，浪费资源最少，整合资源能力最强，以使用最少的社会资源达到最优的装饰效果和使用功能。未来，发展绿色装饰产业，坚持绿色设计、推进绿色施工、使用绿色材料，整合上下游资源，发挥绿色装饰产业链联动效应，并全程实行绿色低碳的标准管理，是中国建筑装饰行业发展的大趋势，需要建筑装饰和建材家居全行业的共同努力。可喜的是，我们的建筑装饰和建材家居企业已经看到了“绿色装饰”的前景，积极探索绿色装饰之路，并取得了一定成绩。

在党的十八大报告“大力推进生态文明建设”的章节中，为未来勾画出一个天蓝、地绿、水净，人与自然和谐发展的“美丽中国”。中国建筑装饰协会将坚定不移地以“发展中国建筑装饰行业”为已任，肩负政府、企业、行业、社会的责任，呼吁并指导全行业共同努力，与时俱进，不断创新，推动绿色装饰的快速发展，实现装饰材料产业升级转型，推动人类生态宜居家园的建设进程，共同建设美丽中国，共同捍卫绿色地球。

今天，我们欣喜地看到由中装协材料委组织编写的《2013年中国建材家居产业发展报告》面世，这是中国建筑装饰协会成立三十周年来关于装饰材料行业的首部比较全面的统计、分析和预测的行业报告书，意义重大，将给党和政府有关部门制定产业政策规划提供科学依据和理论支持，给企业研究战略发展和进行市场开拓提供信息资料。该书的编辑出版值得肯定，是建筑装饰行业的一件大事。内容虽然还存在一些不足，比如，科技的创新和发展需要深入挖掘，细分行业的分析和预测还没有全面等，但是，我认为万事开头难，我们只要起步了，就会逐步完善，同时我要求编委会要发扬不怕吃苦，勇于承担，持之以恒的精神，把这部行业发展报告书，坚持做下去，做得一年比一年好，对推动行业发展，引领行业趋势，调整产业结构，推动转型升级起到积极的作用。

《2013年中国建材家居产业发展报告》是向中国建筑装饰协会成立三十周年的献礼！

中国建筑装饰协会副会长兼秘书长 刘晓一

2014年5月28日

前　言

装修装饰是民生工程，涉及千家万户。装饰的质量、价格，老百姓非常关注，装饰材料的正确选用直接影响家庭的环境和身体的健康。为此党和政府对此十分重视，制定一系列的政策加以引导和规范，支持和发展。建筑装饰业从20世纪80年代初起步，经过30年快速、稳定、持续的发展，由初期的生产总值不足百亿元的小行业，发展到目前门类齐全、产业链完整，生产总值达三万亿的大行业，今天装饰材料制造业已经成为国民经济重要产业之一。

作为新兴的产业部门，建材家居业涵盖内容广泛，并随着建筑装饰技术和商业模式的创新，自身也在不断地发展，产生了越来越多的门类和品种。初步形成以门窗、厨卫、地板、涂料、墙纸、石材、家具、饰品、天花吊顶、板材、电气照明、建筑五金、水暖管线、智能家居、装修辅料等子行业为基础、门类齐全、产品丰富、技术领先的产业链条，从单一装饰建材逐步向建筑装饰产业链延伸扩展，基本形成建筑装饰硬装和软装产品齐头并进，创意家居和智能家居加快发展的产业新格局，在我国城乡建设中发挥着越来越重要的作用，对人们生活的影响越来越大。

中国建筑装饰协会作为住房和城乡建设部主管的国家一级社团，有责任和义务对这个行业进行引领、推动、规范和做好服务。针对行业材料门类较多、品种复杂、创新速度快、人们需求变化大的特点，需要发布权威、科学、全面的产业发展报告，给党和政府有关部门制定产业政策规划提供科学依据和理论支持，给企业研究战略发展和进行市场开拓提供信息资料。为此，中国建筑装饰协会组织编写了中国首部《2013年中国建材家居产业发展报告》（以下简称《发展报告》），面向社会进行权威发布。《发展报告》在内容编写上需要说明如下：（1）名称定位。中装协（2013）62号文件名称曾确定为《2013年中国建筑装饰材料行业发展报告》，这个名称是我们根据传统的“建材”概念的功能确定的，按照传统建材功能划分为结构建材和装饰建材，我们定名“建筑装饰材料”，但在调研中发现，就装饰行业本身的发展而言，已经不仅仅是材料单体，还包括部品部件、整体家居、家具饰品等情况，另外在国家统计口径和商务部的有关口径上，都是建材和家居类别。同时各媒体宣传上也基本使用“建材家居”的叫法。基于这些方面的考虑，我们这次就将其定名为《2013年中国建材家居产业发展报告》。今后的《发展报告》名称，我们将与时俱进并与国家有关统计部门协同沟通，准确定名。（2）数据收集。《2013年中国建材家居产业发展报告》是建材行业有史以来的第一部行业发展报告，由于现在职能部门的统计口径多，企业上报数据不一定准确，我们虽然历时一年多的收集和分析，只能做到相对准确，保证大的方面基本属实。在今后的报告中，希望得到有关部门、行业协会和行业企业的支持，向更准确、更精准的方向努力。（3）技术成果。新产品、新技术是衡量行业发展的重要标准之一。在《发展报告》初定的大纲中，我们计划将其作为一个部分进行展示，但是在调研和收集过程中，一方面收集难度大，另一方面编辑时间紧，很遗憾没有全面展现。在今后的行业报告中，我们将下大工夫完善。

《发展报告》今天正式和大家见面了，在本书的编写过程中，得到许多行业组织和专业人士的大力支持和帮助。《发展报告》的总报告、建材家居上市公司测评报告及大事记由中国建筑装饰协会材料委编写；其他专题报告：第一章 2013 年中国建筑装饰行业发展报告由中国建筑装饰协会行业发展部编；第二章 2013 年石材行业发展报告由中国石材协会编写；第三章 2013 年中国家具行业发展报告，第五章中国照明行业 2013 年经济运行报告由中国轻工业联合会编写；第四章 2013 年全国建筑卫生陶瓷发展综述由中国建筑卫生陶瓷协会副秘书长尹虹编写；第六章 2013 年中国建筑涂料业发展报告由黄长军编写；第七章中国特种砂浆行业发展现状与趋势分析由中国建筑材料联合会预拌砂浆分会编写；第八章中国天花吊顶材料行业发展报告由中国建筑装饰装修材料协会天花吊顶材料分会编写；第十章 2013 年全国家具政府采购数据分析报告由《政府采购信息报》阎建芳编写；第十一章全国连锁家居卖场网点分析报告由泛家居编写；第十二章全国建材物流信息化建设指导意见由中国建材流通市场协会编写。

希望《发展报告》能为政府主管部门、企业、行业组织等相关单位提供有价值的的参考信息。同时希望社会各界能继续关注和支持我国建材家居业的发展，为行业健康可持续发展出谋划策。

主编

2014.5

目　录

第一部分　总报告

第二部分　专题报告

第三部分　大事记

第一部分　总报告

第一章　建材家居产业概述

一、建材家居产业定义及分类

（一）产业定义

建材家居产业是指在公共建筑空间、家庭居住空间与装饰直接相关的行业及其衍生行业的集成产业，是有别于水泥、钢材、玻璃、墙体材料等传统建材，以装饰建材为支撑的新型产业，包括装饰建材与部品供应，家具、陈列、装饰设计与研发，施工安装，建材流通，电商服务等业态形式。建筑装饰领域中硬装环节不可移动的和软装环节可移动的元素共同组成建材家居业。

根据《国民经济行业分类与代码》（GB 1754—2011），建材家居行业涵盖木材加工和木、竹、藤、棕、草制品业（行业代码：20）、家具制造业（行业代码：21）、工艺美术品制造（行业代码：243）、涂料、油墨、颜料及类似产品制造（行业代码：264）、塑料板、管、型材制造（行业代码：2922）、砖瓦、石材等建筑材料制造（行业代码：303）、陶瓷制品制造（行业代码：307）、建筑、安全用金属制品制造（行业代码：335）、照明器具制造（行业代码：387）、建筑装饰业（行业代码：501）等多个行业。

（二）产业分类

作为新兴的产业部门，建材家居业涵盖广泛。同时，随着建筑装饰技术和业务模式创新，建材家居业自身也在不断地发展和变化，产生了越来越多的种类和类型。从当前产业发展实践看，建材家居产业分类情况如下：

1. 根据现有产品的应用范围划分，涵盖以下子行业：

门窗、厨卫、陶瓷、地板、建筑涂料、墙纸、石材、家具、天花吊顶、人造板、家居饰品、电气照明、家居五金、水暖管线、智能家居、建筑幕墙、装修辅料等；

2. 根据产业链划分，涉及以下业态形式：

建筑装饰材料、家具、陈列、智能家居、建筑装饰设计、施工安装、建材家居市场、电商服务、建材物流等业态形式；

3. 根据建筑装饰硬装和软装属性划分，涵盖以下装修范畴：

硬装指为了满足房屋的结构、布局、功能、美观需要，添加在建筑物表面或者内部的一切装饰物也包括色彩的传统装修，包括门窗、厨卫、地板、涂料、墙纸、石材、天花吊顶、人造板、电气照明、家居五金、水暖管线、建筑幕墙等不可移动的装饰建材。

软装是指在商业空间环境与居住空间环境中所有可移动的、易于更换的元素，包括家具、装饰画、瓷器、花艺绿植、窗帘布艺、灯饰、其他装饰摆件等，是对居室的创意陈设与布置。

二、建材家居产业发展历程

我国建材家居业随着房地产业、建筑装饰业的发展得到了快速发展。从 20 世纪 80 年代初起步，经过 30 年快速、稳定、持续的发展，由初期的不足百亿元生产总值的小行业，发展到 2013 年逐步形成门类齐全、产业链完善的大行业。期间，即使中国经济出现周期性调整，中国建材家居产业也基本保持了两位数增长的发展势头，建材家居业开始成为国民经济重要产业之一。目前，中国已经成为世界上建材家居产品生产大国、消费大国和出口大国。塑料异型材、木地板、铝塑复合板、建筑卫生陶瓷、装饰石材等产量和消费量居世界第一。

随着中国经济快速发展和工业化、城镇化的不断推进，建材家居产业获得前所未有的发展机遇，现已形成了广东、福建、江苏、浙江、河北、山东、北京、上海等重要产业集群示范基地，产业基础雄厚、体系完备，影响辐射面广，提供众多就业机会，成为当地传统支柱产业，为当地经济建设做出了巨大贡献。

目前，中国建材家居产业链不断延伸，遍布材料生产、加工、流通、设计和施工应用各环节。但从总体来看，中国建材家居业仍然存在产业链短、产品附加值低、可持续发展能力不足，面临着环境保护、能源和原材料涨价、用地紧张、国际贸易壁垒、人民币升值、劳动用工成本上升、国家房地产宏观调控等诸多问题和挑战，企业面临严峻的环保压力、用工压力和市场压力。在中国经济开始新一轮转型升级的大背景下，推进绿色建材生产应用，促进资源循环利用，加强技术创新、提升产业大融合是建材家居产业转型升级发展的必然趋势。

第二章　2013 年中国建材家居产业发展环境

2013 年，面对复杂严峻的国际国内经济形势，政府加强和改善宏观调控，把促转型稳增长放在更加重要的位置，国民经济运行触底回升，经济社会发展稳步前进。在国际经济疲软和中国自身经济调整的影响下，中国经济结束了长期高增长的趋势。

随着中国工业化、城镇化进程的不断推进，农村富余劳动力逐步减少，以及对资源环境的保护，从中长期来看，中国经济增速放缓是大的趋势。但随着改革红利的释放，民间经济活力的激发，中国经济持续增长的潜力仍然巨大。

一、经济环境分析

（一）宏观经济缓中趋稳

2013 全年国内生产总值 568845 亿元，按可比价格计算，比上年增长 7.7%。分季度看，一季度同比增长 7.7%，二季度增长 7.5%，三季度增长 7.8%，四季度增长 7.7%。分产业看，第一产业增加值 56957 亿元，增长 4.0%；第二产业增加值 249684 亿元，增长 7.8%；第三产业增加值 262204 亿元，增长 8.3%。

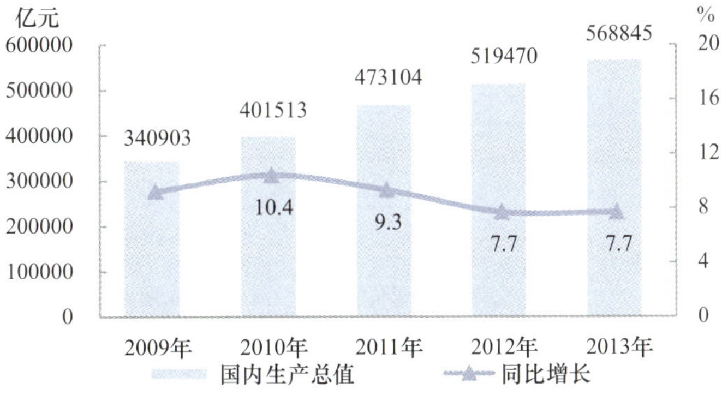

图 1-2-1　2009 ~ 2013 年中国国内生产总值及增速

数据来源：国家统计局

（二）工业生产增势平稳

2013 年全部工业增加值 210689 亿元，比上年增长 7.6%。全年全国规模以上工业增加值按可比价格计算比上年增长 9.7%。分地区看，东部地区增加值比上年增长 8.9%，中部地区增长 10.7%，西部地区增长 11.0%。

全国规模以上工业企业实现主营业务收入 1029149.8 亿元，比上年增长 11.2%。全国规模以上工业企业实现利润总额 62831 亿元，比上年增长 12.2%，其中，主营活动利润 62201.3 亿元，比上年增长 4%。

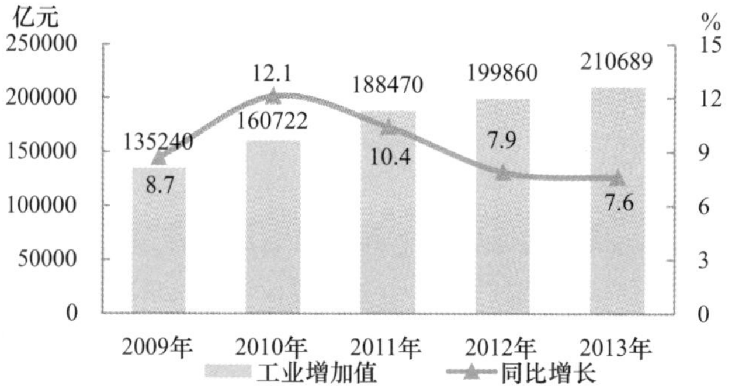

图 1-2-2　2009 ~ 2013 年中国工业增加值及增速

数据来源：国家统计局

（三）市场平稳增长，消费升级加快

2013 年全年社会消费品零售总额 234380 亿元，比上年增长 13.1%，城镇消费品零售额 202462 亿元，比上年增长 12.9%，乡村消费品零售额 31918 亿元，比上年增长 14.6%。

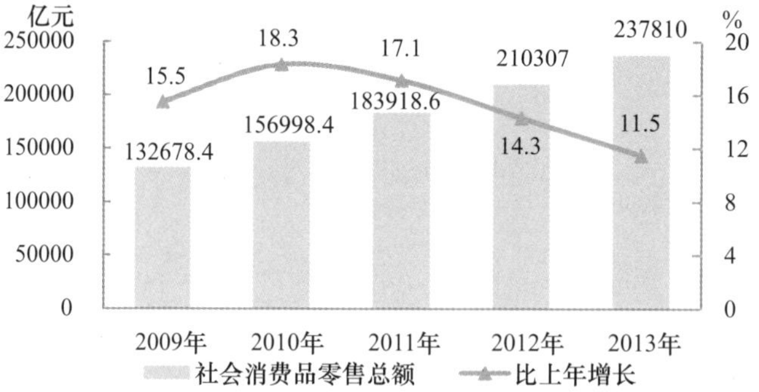

图 1-2-3　2009 ~ 2013 年中国社会消费品零售总额及增速

数据来源：国家统计局

从行业消费角度来看，建筑及装潢材料、家具等行业消费同比增幅较大。党的

十八大报告提出“加快建立扩大消费需求长效机制”和“加快城镇化建设步伐”，反映出建材家居业在国民经济中的作用和地位在得到不断提升，预计将来建材家居业消费增长会继续保持领先，成为 GDP 增长的动力。

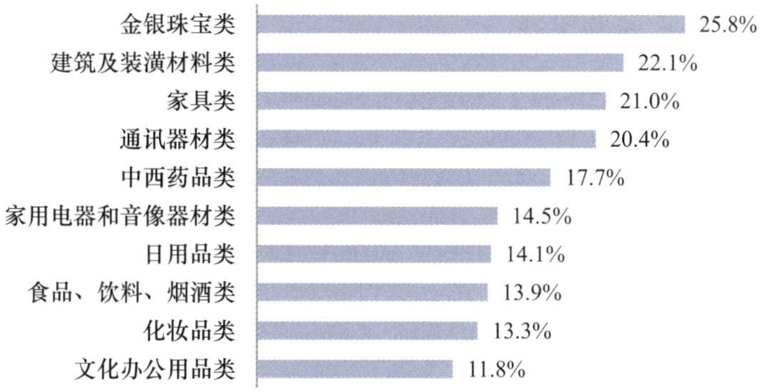

图 1-2-4　2013 年限额以上企业商品零售额增速

数据来源：国家统计局

（四）固定资产投资、房地产开发投资增长较快

2013 年固定资产投资较快增长。全年全社会固定资产投资 447074 亿元，比上年增长 19.3%，扣除价格因素，实际增长 18.9%。其中，固定资产投资（不含农户）436528 亿元，比上年增长 19.6%。全年基础设施投资 71695 亿元，比上年增长 21.2%。

2013 年全国建筑业总产值为 159313 亿元，同比增长 16.1%；房屋建筑施工面积为 113 亿平方米，同比增长 14.6%，全社会建筑业增加值 38995 亿元，比上年增长 9.5%。全年全国房地产开发投资 86013 亿元，比上年增长 19.8%。

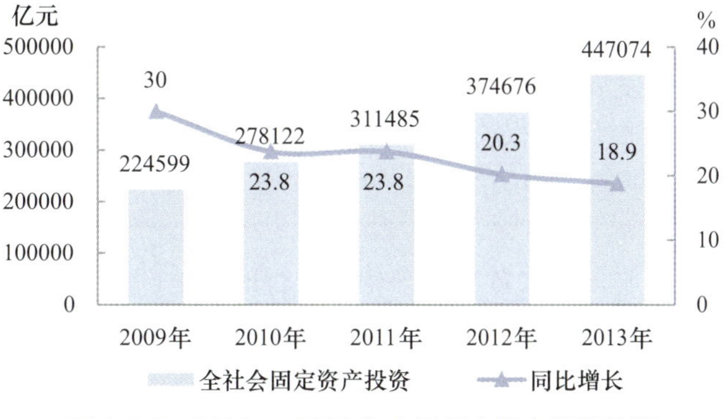

图 1-2-5　2009 ~ 2013 年中国固定资产投资总额

数据来源：国家统计局

2013 年，固定资产投资仍继续保持较快增长，一方面，国家继续实施积极的财

政政策；另一方面，2012 年出台的总额逾万亿元的基础设施建设规划效应逐渐显现，同时随着新型城镇化、保障房建设力度加大，冲抵了房地产市场调控带来的投资增速回落影响，2013 年的固定资产投资增速依然处于高位。

（五）建筑装饰业蓬勃发展

1. 2013 年全国建筑装饰行业总规模

2013 年，全国建筑装饰行业完成工程总产值 2.89 万亿元，比 2012 年增加了 2600 亿元，增长 9.8%，比宏观经济增长速度高出 2.1 个百分点，体现了行业在国民经济发展中的基础性和超前性。其中，公共建筑装饰装修全年完成工程总产值 1.52 万亿元，比 2012 年增加了 1100 亿元，增长 8%；住宅装饰装修全年完成工程总产值 1.37 万亿元，比 2012 年增加了 1500 亿元，增长 12.3%。

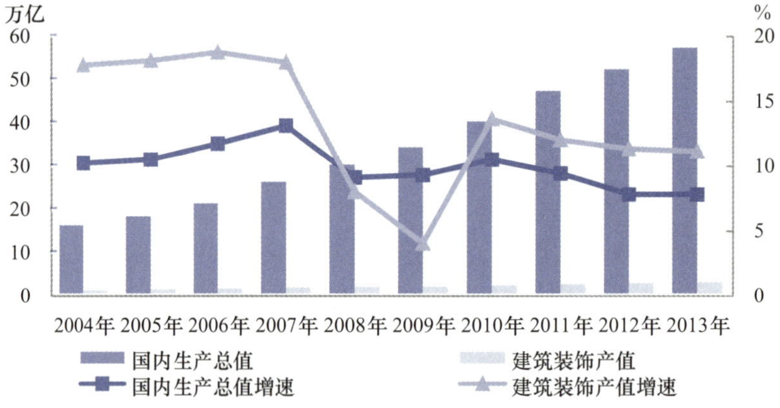

图 1-2-6　2004 ～ 2013 建筑装饰行业产值增幅图

数据来源：国家统计局、中国建筑装饰协会

2. 建筑装饰行业需求旺盛

建筑装饰产业的发展与国民经济发展水平密切相关，我国快速发展的宏观经济为建筑装饰产业的发展提供了坚实的基础。建筑装饰行业总产值由 2003 年的 0.72 万亿元提高至 2013 年的 2.89 万亿元，年平均复合增速约为 17%，远远高于同期 GDP 增长率。

在中国经济增速放缓的大背景下，持续进行的房地产调控，已经引发了人们对建筑装饰产业前景的忧虑，而近期出台的党政机关停止新建楼堂馆所政策，更加重了这种忧虑。尽管这些政策都与建筑装饰产业息息相关，但其影响是局部的、有限的，并不会改变建筑装饰产业持续高速增长的态势。

新型城镇化与建筑品质消费所创造的巨大的市场需求，将支撑建筑装饰产业继续维持较高的发展速度。据中国建筑装饰协会估算，未来 3 ～ 5 年，国内装饰存量市场需求每年将达 13000 亿至 17000 亿元。家庭住宅装修新增市场需求量每年至少达6500亿元，公共建筑装饰的新增市场需求量每年至少达8345亿元，其中，保障房、交通设施、高端酒店、城市公共空间、商品住宅精装修等细分领域均有巨大的装饰需求；同时，三四线城市和农村地区成为家装行业的另一个新增长点，建筑装饰行业还将保持大幅度上升趋势。

二、政策环境分析

（一）产业相关政策

十八届三中全会《中共中央关于全面深化改革若干重大问题的决定》提出了推进房地产税立法与改革、健全住房保障和供应体系、发挥市场在资源配置中的决定性作用等改革方向，房地产调控已经从调控需求、调控房价的中短期政策向平衡总量、发挥市场作用的长效机制方向过渡。

国家新型城镇化规划（2014～2020年），明确未来城镇化的发展路径、主要目标和战略任务，统筹相关领域制度和政策创新，是指导全国城镇化健康发展的宏观性、战略性、基础性规划。推进新型城镇化必将产生对公路、房地产、工业等领域的投资需求，建材家居业将率先受益，建材家居业将迎来黄金发展期。

（二）相关支持政策陆续出台

1. 国务院《绿色建筑行动方案》

2013年1月，国务院办公厅以“1号文件”的方式发布《绿色建筑行动方案》，推进了绿色建材标准体系建设。该《行动方案》充分认识开展绿色建筑行动的重要意义，指导思想、主要目标和基本原则，重点任务，保障措施4部分。重申了“十二五”期间，完成新建绿色建筑10亿平方米；到2015年末，20%的城镇新建建筑达到绿色建筑标准要求的主要目标，是大力推进绿色建材家居业发展的重要纲领指导文件。

2.《中国建筑装饰行业“十二五”发展规划纲要》

《中国建筑装饰行业“十二五”发展规划纲要》由中国建筑装饰协会编制完成。《中国建筑装饰行业“十二五”规划纲要》的发展目标是：2015年工程总产值力争达到3.8万亿元，比2010年增长1.7万亿元，总增长率为81%，年平均增长率为12.3%左右；中国建筑装饰行业的企业总数力争控制在12万家左右，比2010年减少3万家，下降20%左右；从业者总数力争达到1800万人，比2010年增加300万人，增长20%。

3.《中国建材工业“十二五”发展规划》

工业和信息化部发布《建材工业“十二五”发展规划》，规划中多次强调了绿色建筑材料的重要性及发展计划，绿色建材将迎来黄金机遇。在《建材工业“十二五”

发展规划》中，绿色建筑材料发展工程被列为建材业六大重点工程之一，该工程将为绿色建筑发展提供安全环保节能的新型建筑材料支撑，《规划》的出台为建材产业发展指明了方向，对于建材及其相关产业来说，有利于优化产业结构，提升产品品质并提高产业的综合竞争能力；有利于淘汰落后产能，加大节能降耗，推动节能减排工作的开展。

4.《国务院关于加快发展节能环保产业的意见》

2013 年 8 月 11 日，国务院下发了《国务院关于加快发展节能环保产业的意见》，对我国节能环保产业的发展提出规划。据悉，节能环保行业未来将有超过 4.5 万亿元的产值规模。该《意见》提出，到 2015 年，新增绿色建筑面积 10 亿平方米以上，城镇新建建筑中二星级及以上绿色建筑比例超过 20%；建设绿色生态城（区）；提高新建建筑节能标准，推动政府投资建筑、保障性住房及大型公共建筑率先执行绿色建筑标准，完成公共机构办公建筑节能改造 6000 万平方米，带动绿色建筑建设改造投资和相关产业发展。

5.《关于保障性住房实施绿色建筑行动的通知》

住房和城乡建设部 2013 年 12 月 16 日下发《关于保障性住房实施绿色建筑行动的通知》，要求具备条件的保障性住房，应率先实施绿色建筑行动。

6.《关于开展绿色农房建设的通知》

住房和城乡建设部联合工业和信息化部 2013 年 12 月 18 日发布《关于开展绿色农房建设的通知》，提出推动农村发展绿色农房，推动绿色建材下乡。这为绿色建材产业的发展带来新的机遇。

第三章　2013年我国建材家居产业发展现状

2013年，是中国建材家居业充满机遇与挑战的一年，国内外经济形势复杂多变，建材家居企业经营压力增大。面对复杂经济环境，建材家居业继续保持增长，商品销售额进一步提升，从业人数继续增加，市场份额继续扩大。

一、产业发展状况

（一）持续稳定增长

1. 产业规模持续扩大

随着我国城镇化进程的加快，2013年，中国建材家居行业市场规模达到37242.9亿元，其中，建筑装饰部品及材料25389.7亿元，家具、人造板和智能家居分别为6800亿元、4953.2亿元、100亿元。在建筑装饰部品及材料中，陶瓷4322亿元，厨卫2550亿元（包含厨卫电器、卫浴），石材3477亿元，地板700亿元，门窗3640亿元，家居五金2710.3亿元，建筑涂料1280亿元，建筑幕墙2500亿元，电气照明2078.2亿元，天花吊顶347.5亿元，塑料管材925.2亿元，辅料（建筑粘合剂及特种砂浆等）1050亿元，家居饰品586亿元（包括装饰画、窗帘、软艺、创意家居摆件）。

预计2014年，行业仍将保持较快增长，行业市场规模达到40709亿元。

陶瓷：中国建筑陶瓷产量目前占世界总产量一半，居世界首位。2013年1435家建筑陶瓷企业主营业务收入3831亿元，增长17.43%；275家卫生陶瓷企业491亿元，增长20.45%。主要产品产量均有不同程度增长，陶瓷砖产量96.9亿平方米，增长7.8%；卫生陶瓷产量超过2.1亿件，增长约3.3%。2013年陶瓷砖产品出口11.48亿平方米，出口额78.93亿美元，分别增长5.71%、24.26%。出口卫生陶瓷6093万件，增长10.54%；出口金额19.88亿美元，增长113.08%；

石材：2013年，石材行业加快转型升级步伐，不断深化产业布局调整和产品结构调整，产业集中度和产业集群建设水平进一步提高。在积极巩固传统市场的同时，更加重视家装和新兴市场的开拓，全年规模以上石材企业保持了平稳较快增长，除出口外，主要经济指标增速继续回落。2013 年，规模以上企业板材产量为 66355 万平方米，比上年增长 17.1%。其中，大理石板材产量为 19822 万平方米，比上年增长 30.0%，增速比上年回落 1.1 个百分点；花岗石板材产量为 46533 万平方米，比上年增长 12.3%，增速比上年回落 14.4 个百分点。2013 年，规模以上企业主营业务收入达 3477 亿元，比上年增长 21.6%，增速比上年回落 2.1 个百分点。累计实现利润 304 亿元，较上年同期增长 28.2%，增速比上年回落 2.3 个百分点。2013 年，石材进出口累计 4238 万吨，同比增长 12.4%，增速比上年提高 11 个百分点；进出口额累计 95.1 亿美元，同比增长 18.0%，增速比上年提高 12.5 个百分点。

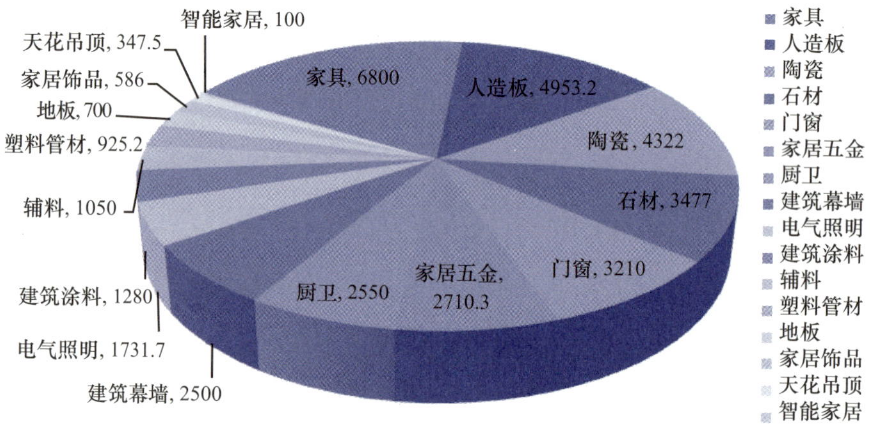

图 1-3-1 中国建材家居业市场规模比重

资料来源：中国建筑装饰协会材料委

地板：据不完全统计，2013 年我国地板产量约 4 亿平方米，同比增长约 6.0%，总产值超过 700 亿元，生产量与消费量均居世界第一位。其中强化木地板约 22400 万平方米，同比增长 6.2%；实木复合地板约 9460 万平方米，同比增长约 10.0%；实木地板约 4250 万平方米，同比增长约 1.9%；竹地板 2013 年产销量 3500 万平方米，其中全竹地板约 2500 万平方米，与 2012 年相比基本持平；其他地板约 365 万平方米。继 2011、2012 年我国地板行业产销量出现下降后再度回升，意味着我国地板行业即将迎来复苏，并迎接更多的机遇与挑战。

人造板：21 世纪以来，我国人造板生产年均增长速度超过了 20%，已成为世界人造板生产、消费和进出口贸易第一大国。2013 年我国人造板产量 27220.58 万立方米，比 2012 年（28568.35）同比下降 4.72%，多年快速增长后首次下降。产量居前三位的省份为山东省 6590.54 万立方米、江苏省 4440.68 万立方米、河南省 2744.99 万立方米，分别占人造板行业全国总产量比重为 24.21%、16.31%、10.08%，三地合计占全国比重为 50.60%。

门窗：2013 年我国门窗总产值 3640 亿元，其中木门窗行业总产值达到 1040 亿元，增长 10.6%，金属门窗 2600 亿元。木门出口继续保持小幅增长的态势，2013 年出口 6.59 亿美元，增长 6.6%。

建筑涂料：2013 年，我国涂料规模以上企业总产量达到 1300 多万吨，同比增长 3.58%，再创新高，继续稳居世界第一位。相比较 2012 年总产量的 1271.87 万吨，增加了 30 万吨。在经济规模扩大的同时，行业效益稳步回升。2013 年，我国涂料工业总产值达 3200 亿元，同比增长 9.7% 左右；利润总额 260 亿元左右，同比增长 20% 左右，增速较 2013 年都有所回落。其中，2013 年我国建筑涂料规模以上企业总产量达到 520 万吨左右，比 2012 年增加了 40 万吨左右，同比增长 8% 左右。

天花吊顶：2013 年全国新开工面积 6 亿多平方米，天花吊顶行业需求总面积在 2.78 亿平方米左右，总产值约 347.5 亿元，与 2012 年相比增长 12% 左右。其中，集成吊顶及相关配套产值约 150 亿元，同比增长 34%。石膏板产量达到 27 亿平方米，增长 27.3%。

建筑幕墙：2013 年，中国建筑幕墙行业完成工程总产值约为 2500 亿元，同比增长 13.6%。

厨卫：中国卫生洁具产量超过世界总产量的 1/3，居世界首位。924 家五金卫浴企业主营业务收入 1551 亿元，增长 16.07%。

据第三方调研机构中怡康测算，2013 年国内厨卫市场（热水器、油烟机、燃气灶、消毒柜、微波炉和洗碗机）合计总规模达到 999 亿元，同比 2012 年增长了 17.4%。

家具：2013 年，全国家具行业累计完成产量 65161.78 万件，同比下降 3.50%。2013 年，全国家具行业累计完成出口额 531.01 亿美元，同比增长 6.30%。2013 年，全国家具行业累计完成进口额 25.70 亿美元，同比增长 10.11%。

电气照明：2013 年规模以上照明器具制造企业 2365 家，主营业务收入 3463.6 亿元，增长 16.12%，实现利润 245.6 亿元，增长 15.42%。其中电气照明约 2078.2 亿元。

家居五金：2013 年建筑、装饰、家具及管道五金企业累计主营业务收入 2710.3 亿元，增长 16%。根据海关统计，2013 年度我国五金制品行业累计完成进出口总额 1098.44 亿美元，同比增长 7.64%。其中：累计完成出口额 877.37 亿美元，同比增长 8.23%，累计完成进口额 221.07 亿美元，同比增长 5.35%。其中，出口额排名前三位的子行业分别是：家居五金、日用五金、工具五金。其中家居五金出口额 346.96 亿美元，同比增加 5.98%；日用五金 138.28 亿美元，同比增加 9.64%；工具五金 125.52 亿美元，同比增长 10.09%。以上三个子行业出口额合计占行业总出口额的 69.61%。

家居饰品：2013 年我国家居饰品的市场规模达 586 亿元，每年以 20% 的速度在增长。

塑料管材：2013 年我国建筑塑料管材市场规模达 925.2 亿元。

智能家居：2013 年智能家居市场规模约 100 亿元。

装修辅料：2013 年建筑装饰粘合剂及特种砂浆等辅料市场规模约 1050 亿元。

2. 企业数量稳中略降

作为在我国市场化最早、市场化程度最高、竞争最激烈的行业之一，建材家居行业具有市场需求量大、进入门槛低、产品同质化程度高、市场竞争激烈等特点。行业以中小企业为主，但行业龙头骨干企业优势明显，支撑作用不断提升。

截止 2013 年全国各类企业总数为 1527.84 万家，建材家居业企业总数为 52.2 万家，其中 21.5% 企业生存时间在 10 年以上 ,58.9% 的企业在 5 ～ 10 年之间 ,19.6% 的企业少于 5 年。随着节能减排和并购重组力度加大，（建材企业数量）比上年减少 4.2 万家 , 下降幅度 8.8%。

（二）产业结构不断调整升级

1. 产业链条相对完整

当前，我国已经形成以门窗、厨卫、地板、建筑涂料、墙纸、石材、家具、家居饰品、天花吊顶、板材、电气照明、家居五金、水暖管线、智能家居、装修辅料等门类齐全、产品丰富、技术领先的产业链条，从单一装饰建材逐步向建筑装饰产业链延伸扩展，基本形成建筑装饰硬装和软装产品齐头并进，创意家居和智能家居加快发展的产业发展格局。

调查显示，我国 22.6% 的建材家居企业开展 2 种业务，54.2% 的企业业务门类达到 4 种以上，5.4% 的企业涉及建材家居业的 6 种以上细分领域，这说明我国建材家居企业正逐步向市场纵深发展，分工不断细化。行业出现以北京金隅为代表集装饰材料、家具、建筑装饰、建材物流商贸一体化全产业链模式；以索菲亚定制衣柜为代表的家居精细化模式，都是对建材家居产业链条完善的有力探索。

2. 产业融合大发展

随着产业发展的成熟，行业、市场、产品间的界限逐渐被企业战略、技术创新所打破，产业融合趋势愈加明显。目前，建材家居产业融合的主要方式有四种：一是产业间延伸融合。如金螳螂装饰公司由装饰业向幕墙、家具、木业、石材、艺术品渗透而产生绿色装饰细分市场。二是跨产业的融合。海尔就是其中的先行者，以传统家电向智能家居过渡，通过智能家居和家居物流促进家居家电的产业跨界融合。三是产业内部的重组融合。如圣象做大做强木地板品牌，先后进入衣柜、木门行业，现又推出整体厨房，打造圣象家居产业平台。四是产业与电商的融合，如尚品宅配定制家居、数码设计、规模生产、店网一体化经营，实现工业化与信息化融合的实践，推动整个产业链发展。

（三）产业布局：聚集效应明显，产业转移加速

1. 产业聚集逐渐形成

在市场引导、企业聚力、政府培育等多方努力下，我国建材家居业在房地产市场高速发展中，形成一批产业基础好、综合实力强的产业聚集区，这些产业聚集区有效地发挥了区域优势，加速了资源聚集，形成了品牌效益，为建材家居业发展搭建了良好的载体。目前，整体上已基本形成珠三角、长三角、环渤海三大产业集聚区，并形成以广东为龙头，浙江、福建、江苏、山东等省市快步跟进，四川、辽宁、江西、河北协同并进，全国梯度发展的格局。

经综合测评，建材家居业综合实力排名前十的省份是：广东、浙江、福建、江苏、山东、北京、上海、四川、河北、辽宁，占到全国八成市场份额。当前全国有一定规模、知名度和地方特色的有竞争力建材家居产业集群近 100 个。区域产业集群的全面、持续、健康发展为我国建材家居行业科技水平的提高、管理水平的提升、品牌影响的扩大，奠定了基础，做出了贡献。

图 1-3-2　中国建材家居产业集群分布图

资料来源：中国建筑装饰协会材料委整理

2. 产业转移加速

在 2013 中国建材家居百家产业集群中，广东、浙江、福建、江苏、山东、四川、河北、江西、辽宁占到 82%，分布极不均匀，总体来看，市场经济发达、市场机制健全的地方，产业聚集区更加容易出现。从产业特征来看，目前产业仍以资源消耗、劳动密集型为主流，但是以绿色建材、绿色照明为导向的新兴产业发展迅速；从区域分布来看，广东、福建、浙江、江苏仍然是产业集群的主要聚集区，但是中西部四川、江西、辽宁等其他地区正在迎头赶上，产业集群发展势头猛进。而北京、上海由于节能减排环保压力企业大部分外迁至周边省份，产业聚集区直线下降，但总部基地综合实力仍不可小觑。

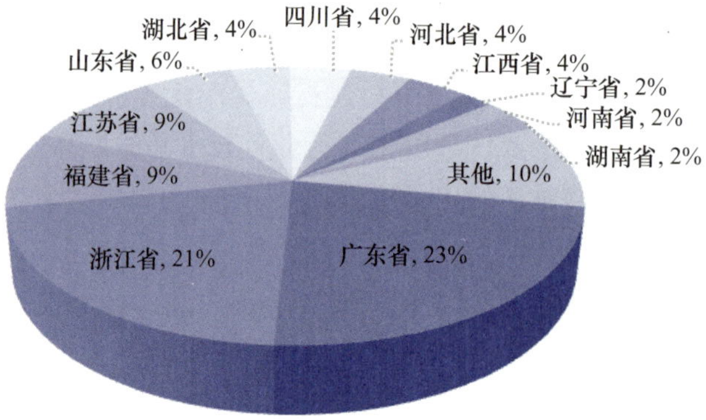

图 1-3-3　中国建材家居百家产业集群区域分布

数据来源：中国建筑装饰协会材料委

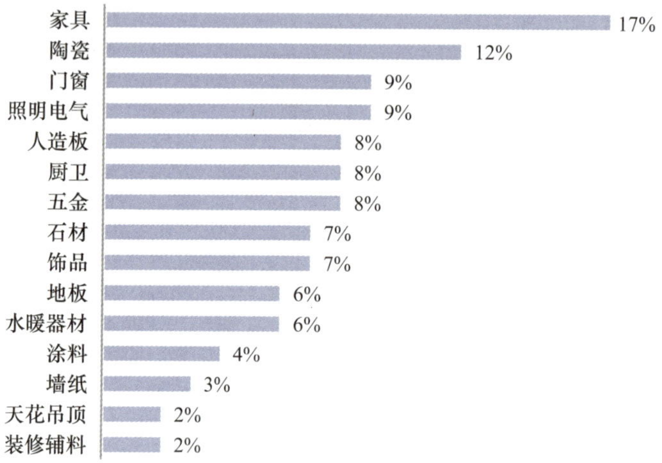

图 1-3-4　中国建材家居百家产业集群行业分布

数据来源：中国建筑装饰协会材料委

调查显示，在建材家居产业集群竞争力百家的行业分布上家具、陶瓷、门窗、照明电气、人造板、厨卫、五金、石材所占份额分别为 17%、12%、9%、9%、8%、8%、

8%，以资源消耗性的产业集群的地域范围表现出从沿海到内地不断扩展的态势。

3. 区域性“总部 - 市场基地”模式初步形成

随着市场和资源配置需要，建材家居业区域性总部 - 市场基地模式初步形成，例如，珠三角总部经济的发展以佛山陶瓷总部基地为龙头，推动了我国建筑卫生陶瓷产业转移，实现清洁生产和生产工艺创新，催生了如江西高安、丰城为代表的多个新兴陶瓷产区；长三角总部经济发展比较成熟，基本形成以上海为核心外资涂料企业研发中心，张江、苏州等周边城市为基地的“研发总部 - 销售基地”区域合作模式，目前在上海建立研发中心和实验室有立邦、拜尔、陶氏、道康宁、霍尼韦尔、帝斯曼等一批世界知名企业；京津冀经济圈以北京为市场核心，带动周边香河家具、高碑店门窗的“销售总部 - 加工基地”模式具备极为广阔的发展前景。

4. 中国建材家居百家产业集群名单

表 1-3-1　中国建材家居百家产业集群名单

产业集群名称	产业集群名称
佛山石湾陶瓷产业集群	海宁家具产业集群
顺德涂料产业集群	吴江地板产业集群
顺德乐从家具产业集群	遂昌建筑五金产业集群
南海大沥铝型材产业集群	泰州高港墙纸产业集群
佛山淋浴房产业集群	邳州官湖板材产业集群
顺德龙江家具产业集群	盐城建湖节能灯具产业集群
顺德龙江塑料建材产业集群	常州新型涂料产业集群
东莞厚街家具产业集群	常州横林地板产业集群
中山阜沙淋浴房产业集群	常州邹区灯具产业集群
中山五金产业集群	宿迁木业及绿色建材产业集群
中山古镇灯饰产业集群	常州武进半导体照明产业集群
鹤山址山水暖卫浴产业集群	徐州丰县木线条产业集群
开平水口水暖卫浴产业集群	临沂木制品及家具产业集群
云浮石材产业集群	淄博陶瓷产业集群
中山大涌红木家具产业集群	莱州石材产业集群
深圳家具产业集群	临朐铝型材产业集群
深圳大芬装饰画油画产业集群	乐陵建筑五金产业集群
深圳家居饰品产业集群	德州宁津家具产业集群

续表

产业集群名称	产业集群名称
潮州陶瓷产业集群	高安建筑陶瓷产业集群
顺德勒流家居五金产业集群	安义铝合金塑钢型材产业集群
佛山市南海区照明电器产业集群	宜兴电线电缆产业集群
高要五金产业集群	南康家具产业集群
惠州惠城照明电器产业集群	高碑店门窗产业集群
厦门厨卫产业集群	唐山陶瓷产业集群
厦门 LED 照明产业集群	文安板材产业集群
南安水暖阀门产业集群	香河家具产业集群
南安水头石材产业集群	法库陶瓷产业集群
晋江磁灶建陶产业集群	彰武建材家居产业集群
仙游红木家具产业集群	绥芬河家居产业集群
仙游装饰画油画产业集群	长春硅藻泥产业集群
南平电线电缆产业集群	贺州平桂石材产业集群
厦门同安原木门产业集群	合肥橱柜产业集群
德清装饰材料产业集群	醴陵陶瓷产业集群
乐清电工电器产业集群	常德临澧石膏产业集群
永康五金门窗产业集群	潜江家具产业集群
义乌家居饰品产业集群	鄂州塑料管材产业集群
宁波厨卫产业集群	当阳市建陶产业集群
余姚五金产业集群	通山石材产业集群
南浔木地板产业集群	成都新都木业及家具产业集群
玉环水暖阀门产业集群	夹江陶瓷产业集群
玉环家具产业集群	邛崃羊安涂料产业集群
温州瓯海五金锁具产业集群	蓬溪木门产业集群
嘉善木业及家具产业集群	禄劝石材产业集群
海盐百步集成吊顶产业集群	长葛卫浴产业集群
余姚梁弄灯饰产业集群	虞城钢卷尺产业集群

续表

产业集群名称	产业集群名称
萧山党山卫浴产业集群	重庆门业产业集群
嘉兴王店集成吊顶浴霸产业集群	新疆鄯善石材产业集群
绍兴墙纸产业集群	锡盟镶黄旗石材产业集群
江山木门产业集群	南川藏毯产业集群
安吉椅业及竹制品产业集群	武清地毯产业集群

资料来源：中国建筑装饰协会材料委

（四）人才现状：复合型人才紧缺，人才流动性强

目前中国建材家居行业正从劳动密集型向知识密集型转型，渠道扩张和品牌建设带来人才梯队青黄不接，调查显示，有 89% 企业认为中高端人才的缺失是当前企业面临的最大挑战，其中高级技工、营销、研发设计、管理人才企业需求分别占到 68%、55%、42%、21%；行业内普遍存在的问题是，高级技工、产品设计师和复合型跨界人才严重紧缺，人才流动性较强。另外，在我们对影响行业发展因素调查中，人才因素高居首位，与技术、资金、环保成为影响行业发展的四大因素。未来 5 年，高级技工、产品设计师和复合型跨界人才短缺现状缺口将面临巨大挑战。

二、企业发展状况

（一）企业规模：以中小型企业为主

1. 中小企业数量众多

目前，国内建材家居企业大多是中小企业，调查显示，企业资产在 5000 万元以下占 67.5%，5000 万元至 1 亿元占 25%，亿元以上企业仅占 8.5%；从员工数来看，38% 企业员工人数在 100 人以下，45% 企业人数在 100 ～ 500 人，17% 企业人数在 500 人以上；反映出行业劳动密集型、附加值低属性。由于企业规模相对较小，造成自主研发方面投入不足，产品同质化严重，整体竞争力较为薄弱，企业亟需整合，骨干企业实力尚待提高。

2. 整合并购趋势明显

由于资源消耗较大、技术标准缺失、进入门槛较低等原因，我国建材家居企业规模实力和技术创新能力差异巨大。在建材装饰材料百家企业里，市场份额之和不足 10%，整体市场集中度较低。但随着市场的成熟，行业竞争不断深化，人才、资

金和渠道都开始向具有创新能力的规模企业聚集，行业整合并购趋势明显，通过整合资源、业务重组、资本运作等方式提升自身竞争力，已成为大多数企业的共识。

调查显示，我国建材家居企业合作并购模式主要有以下六种模式：（1）国际品牌并购本土企业；（2）本土企业与国际企业跨国合作；（3）本土品牌与国际品牌深入合作海外上市；（4）本土品牌收购国际品牌；（5）民族品牌强强联合；（6）国际品牌之间跨国收购（表 1-3-2）。其中，36.5% 建材家居企业计划在 3 年内进行整合收购活动，12% 企业有海外收购计划，收购目的前三名理由分别是扩大企业规模、拓展新市场、获得新技术或者成熟品牌。目前，行业重大合作并购案例大部分集中在陶瓷、涂料、照明、卫浴、木业、家具、流通等行业，而饰品、墙纸、天花吊顶、石材等行业合作并购浪潮尚未开始。但可以预见，整合收购将成为中国建材家居企业加快产业转型、快速占领市场、做强做大的一条捷径。

表 1-3-2　我国建材家居业知名合作并购案例

合作并购模式	代表案例
国际品牌并购本土企业	1. 乐家收购鹰牌卫浴
	2. 立邦涂料并购秀珀
本土企业与国际企业跨国合作	1. 兴辉陶瓷 -Mohawk（莫霍克工业公司）
	2. 亚萨合莱 - 盼盼木门
本土品牌与国际品牌深入合作海外上市	1. 中宇携手高仪　德国上市
本土品牌收购国际品牌	1. 金螳螂装饰并购美国 HBA 设计公司
	2. 万佳陶瓷并购美国西方窑业
民族品牌强强联合	1. 联塑集团收购益高卫浴
	2. 德豪润达与雷士照明强联手
	3. 厦门路达携手和成卫浴
	4. 红星美凯龙收购吉盛伟邦（改为战略合作）
	5. 喜临门家具、宜华木业与华日家具代工合作
国际品牌之间跨国收购	1. 伊奈收购美标（亚太区股份）
	2. 日本骊住收购德国高仪

资料来源：中国建筑装饰协会材料委整理

（二）企业实力：核心竞争力正在形成

近年来建材家居产业创新载体建设得到加强，创新技术和创新产品不断涌现，具备一定技术支撑能力，品牌和渠道建设也取得新的进展，核心竞争力正在形成。在部品化技术方面已经取得了1000多项专利，其中仅异型吊顶成品化技术，包括设计、生产、连接件、安装工艺等就获得专利近40项；在整体厨房、整体卫生间、集约化吊顶、成品化墙面干挂技术等方面也取得了相应突破。

表1-3-3　中国建材家居行业国家级企业技术中心一览表

行业	国家级企业技术中心公司名称
建筑装饰材料	中国建筑材料集团有限公司　北新建材（集团）有限公司
	北京金隅集团有限责任公司
建筑幕墙	北京江河幕墙股份有限公司
防水材料	北京东方雨虹防水技术股份有限公司
水暖管业	金德管业集团有限公司　广东联塑科技实业有限公司
建筑铝型材	辽宁忠旺集团有限公司　广东凤铝铝业有限公司
	广东豪美铝业有限公司　江苏常铝铝业股份有限公司
照明	浙江阳光照明电器股份有限公司　厦门通士达照明有限公司
	上海亚明照明有限公司　盐城豪迈照明科技有限公司
电气	正泰集团股份有限公司　常熟开关制造有限公司
	远东电缆有限公司　德力西集团有限公司
	上海电器科学研究所（集团）有限公司
涂料	三棵树涂料股份有限公司　嘉宝莉化工集团股份有限公司
	天津灯塔涂料有限公司
人造板、地板	大亚科技集团有限公司
五金	烟台三环锁业集团有限公司
陶瓷	广东佛陶集团股份有限公司
家具	广东联邦家私集团有限公司
门窗	安徽国风塑业股份有限公司

资料来源：国家发改委、国家税务总局

目前，工厂化加工的半成品、成品部件等，在建筑装饰工程中的使用率已经达到60%，大型骨干企业在大型工程中的成品化部件使用率已经达到80%。截止2013年底，全行业拥有国家级企业技术（研发）中心28家，其中电气电线5家，建筑铝型材照明各4家，建筑装饰材料3家，涂料3家，水暖管业2家，幕墙、门窗、地板、陶瓷、五金、家具、防水材料各 1 家（见表 1-3-3）；在中国名牌、十环认证、国家部委推广节能技术等方面，知名品牌超过 1000 余家，而对中国建筑装饰工程奖获奖工程使用主要材料情况的调查结果表明，使用知名品牌产品的获奖工程越来越多。同时，自主品牌的迅猛发展，提高了国际竞争力，带动了中国建材家居业的发展和品质的提升。

经过多年努力，我国建材家居行业形成了一批各具特色、具有主导产品、有一定规模和配套能力的大型龙头企业。大企业在行业中的“领头羊”作用越来越明显，他们在优化和创新产业结构、以大引大、以大联小、强强联合、以龙头骨干企业为主体，依托产品名牌效应，以产权为纽带，通过收购、兼并、联合等，壮大了企业规模，提升了品牌效益；特别是抓住国际制造业转移的契机，主动对接产业转移，引进国外大企业，发展集加工、科研、承接工程的集团公司，大企业的生成和发展速度明显加快。涌现出世界建材百家企业北京金隅集团，亚洲石膏板产量第一的北新建材等知名企业。

（三）产品质量稳中向好，服务品质尚待提升

随着居民生活条件的改善，家居装修作为住房消费的重要内容，日趋成为消费者关注的焦点。同时，建材家居行业消费投诉明显上升。

表 1-3-4　2013 年全国消费组织受理投诉情况

商品大类	2013 年	投诉量占投诉总量的比重（%）	2012 年	投诉量占投诉总量的比重（%）	比重变化（%）
家用电子电器类	165571	23.6	126283	23.2	↑ 0.4
服装鞋帽类	59543	8.5	52452	9.7	↓ 1.2
日用商品类	53328	7.6	38131	7	↑ 0.6
食品类	42973	6.1	39039	7.2	↓ 1.1
交通工具类	38010	5.4	26438	4.9	↑ 0.5
房屋建材类	28425	4	24631	4.5	↓ 0.5
烟、酒和饮料类	12115	1.7	10077	1.9	↓ 0.2
首饰及文体用品类	11300	1.6	6331	1.2	↑ 0.4
农用生产资料类	9917	1.4	7574	1.4	0
医疗及医疗用品类	6492	0.9	5332	1	↓ 0.1
商品类总计	427674	60.8	336288	62	↓ 1.2

数据来源：中国消费者协会

中国消费者协会统计，2013 年我国消费者对建材家居的投诉共 28425 件，占全国投诉总量 4%，比 2012 年 24631 件下降 0.5%。同时，国家质检总局发布的 2013 年国家监督抽查产品质量状况的公告显示，建筑装修材料全年抽查了 22 种 2511 家企业生产的 2511 批次产品，抽样合格率为 88.0%，比 2012 年提高了 0.1 个百分点。陶瓷、灯具、内墙涂料产品的抽样合格率在 95% 以上；儿童家具、LED 照明产品、采暖用散热器、人造板、天然石材产品的抽样合格率不到 80%。地板、家具、胶合板甲醛释放量超标、涂料的有害物质限量不合格、门窗拉伸冲击强度不达标、新型墙体材料的节能性能指标不合格，瓷砖褪色变色等是行业质量问题频发的重灾区。而 2013 年水龙头含铅门事件对整个卫浴行业影响巨大，行业需要集体反思。

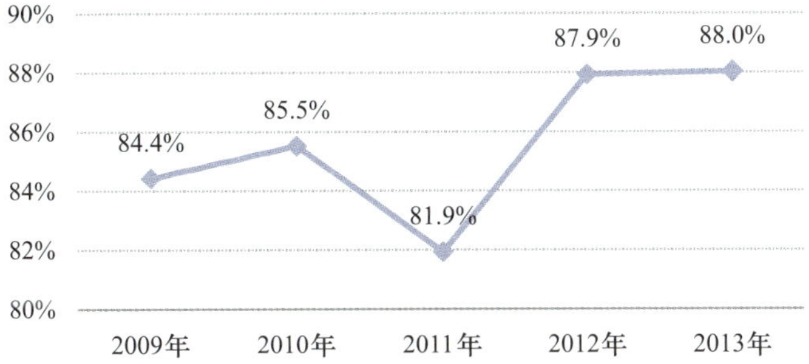

图 1-3-4 近 5 年建筑装饰材料抽样合格率

数据来源：国家质检总局

通过数据可以看出，建材家居企业整体产品质量、服务质量有所改观，但仍属于家用电子电器、服装鞋帽、装修建材、交通工具和服务 5 类重点投诉领域之一，企业加强质量管理，完善售后服务体系任重道远。目前当务之急，企业需要自觉调整产业结构，积极采用清洁生产工艺，努力提供工艺精细、质量过硬、低毒少害、利于环保的产品，才能赢得更大的市场，在激烈竞争中完成“中国制造”的升华。

（四）营销模式创新不断

作为衣食住行重要环节的一环，建材家居业企业在转型升级过程中，不断创新营销理念和营销模式，积极寻找一种让生产商、销售商和客户能够共赢的模式，这种共赢的模式不同企业会有不同的版本，共同推动建材家居业发展。

在市场渠道多元化发展的今天，专卖店营销仍然是主流营销渠道，如海尔智能家居体验馆、生活家定制家居体验馆，都是专卖店体验式营销模式的行业典范；而明星代言、跨界联合、文化营销成为新营销发展最成熟的模式，据统计，目前共有 109 位明星代言地板，家居建材行业已经成为明星代言的最大行业；越来越多涵盖家具、瓷砖、地板、涂料、橱柜、照明、木门、布艺、吊顶、卫浴等建材家居产业上下游品牌跨界联合，品类互补，为消费者提供“一体化服务、一站式购足、集成式安装”服务，如贝尔地板、立邦漆、奥朵灯饰、箭牌卫浴、林氏木业家居品牌同盟模式；而众多的建材家居企业对自身的品牌文化进行重新审视，运用文化营销模式开辟新市场。如科勒卫浴的艺术作品展、慕思床垫的微电影《床上关系》的娱乐营销、得高地板的快乐人生体验营销，金牌卫浴的“金牌指数”营销等等，文化在建材家居品牌中的运用已呈多元化发展的趋势；而建材家居企业拓展渠道的需要，电子商务营销模式已经在橱柜、陶瓷、石材、门窗、地板、墙纸等多个领域都进行了有益的实践。更多电商创新模式不断出现，未来如何适应电子商务营销模式，还需建材家居企业积极探索研究。

（五）上市公司发展状况

截止 2014 年 3 月，我国建材家居产业上市公司共 72 家，包括在沪深上市 55 家、在香港上市 12 家和其他交易所上市 5 家。

1. 上市公司行业分布情况

上市公司涉及建材家居业人造板、家具、地板、水暖管线、电气照明、厨卫、涂料、陶瓷、吊顶、门窗、家居饰品、幕墙、防水、装饰装修等 14 个子行业，其中综合类 2 家；人造板、电气照明、装饰装修分别为 9 家；家具 8 家、陶瓷、水暖管线分别为 6 家；地板 5 家；厨卫、涂料分别为 4 家；门窗 3 家；天花吊顶、装修辅料分别为 2 家；家居饰品、幕墙、五金各 1 家。

表 1-3-5　建材家居业上市公司一览表

行业	股票简称	股票代码	上市地址	行业	股票简称	股票代码	上市地址
五金	博深工具	002282	深	人造板	ST 景谷	600265	沪
厨卫	海鸥卫浴	002084	深	人造板	丰林集团	601996	沪
厨卫	航标控股	01190	港	人造板	国栋建设	600321	深
厨卫	浙江美大	002677	深	人造板	吉林森工	600189	沪
厨卫	中宇卫浴	JY8	德国	人造板	兔宝宝	002043	深
地板	大亚科技	000910	深	人造板	威华股份	002240	深
地板	大自然地板	02083	港	人造板	永安林业	000663	深
地板	德尔家居	002631	深	人造板	中福实业	000592	深
地板	科冕木业	002354	深	人造板	中国优材	08099	港
地板	升达林业	002559	深	水暖管线	艾迪西	002468	深
电气照明	飞乐音响	600651	沪	水暖管线	布雷尔利	430260	新三板
电气照明	佛山照明	000541	深	水暖管线	顾地科技	002694	深

续表

行业	股票简称	股票代码	上市地址	行业	股票简称	股票代码	上市地址
电气照明	国星光电	002449	深	水暖管线	伟星新材	002372	深
电气照明	雷曼光电	300162	深	水暖管线	永高股份	002641	深
电气照明	雷士照明	02222	港	水暖管线	中国联塑	02128	港
电气照明	马仕达国际	08146	港	陶瓷	东鹏控股	03386	港
电气照明	雪莱特	002076	深	陶瓷	国创能源	600145	沪
电气照明	阳光照明	600261	沪	陶瓷	江泉实业	600212	沪
电气照明	洲明科技	300232	深	陶瓷	斯米克	002162	深
家居饰品	中国创意家居	01678	港	陶瓷	亚洲陶瓷	ACHP	英国
家具	皇朝家私	01198	港	陶瓷	鹰牌控股	E04	新加坡
家具	吉瑞祥	430481	新三板	天花吊顶	北新建材	000786	深
家具	美克股份	600337	沪	天花吊顶	友邦吊顶	002718	深
家具	敏华控股	01999	港	装修辅料	东方雨虹	002271	深
家具	索菲亚	002572	深	装修辅料	硅宝科技	300019	深
家具	喜临门	603008	沪	装修装饰	宝鹰股份	002047	深
家具	宜华木业	600978	沪	装修装饰	东易日盛	002713	深
家具	浙江永强	002489	深	装修装饰	广田股份	002482	深
门窗	海螺型材	000619	深	装修装饰	洪涛股份	002325	深
门窗	嘉寓股份	300117	深	装修装饰	江河创建	601886	沪
门窗	罗普斯金	002333	深	装修装饰	金螳螂	002081	深
幕墙	方大集团	000055	深	装修装饰	瑞和股份	002620	深
涂料	彩虹精化	002256	深	装修装饰	亚厦股份	002375	深
涂料	传化股份	002010	深	装修装饰	中航三鑫	002163	深
涂料	叶氏化工集团	00408	港	综合	金隅股份	601992	沪
涂料	渝三峡 A	000565	深	综合	中国建材	03323	港

资料来源：中国建筑装饰协会材料委整理

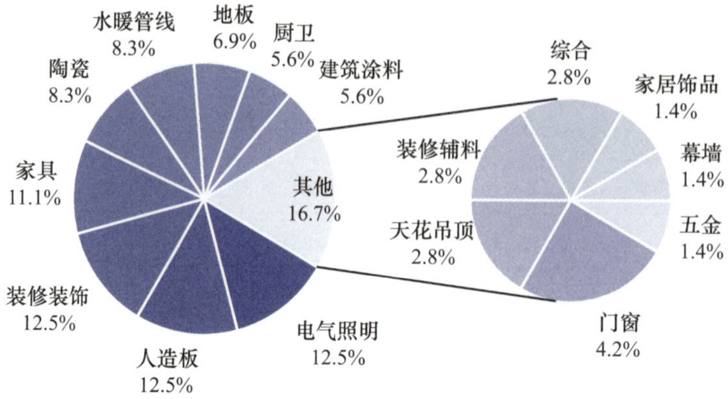

图 1-3-5　建材家居业上市公司行业分布图

数据来源：中国建筑装饰协会材料委整理

2. 上市公司主要财务指标情况

67 家建材家居业沪深港上市公司（外境上市未纳入统计），截止到 2013 年末总资产规模达 6.17 千亿元，与上期相比增长 16.56%；净资产约达 1.91 千亿元，与上期相比增长 14.29%；2013 年盈利状况较好，实现收入与净利润双增长。2013 年共实现营业收入为 3.45 千亿元，较上期相比增长 25.32%；实现净利润约达 208.8 亿元，与上年同期相比增长 13.11%。毛利增长幅度较大，全年共实现毛利约为 827 亿，大幅增长 29.78%。

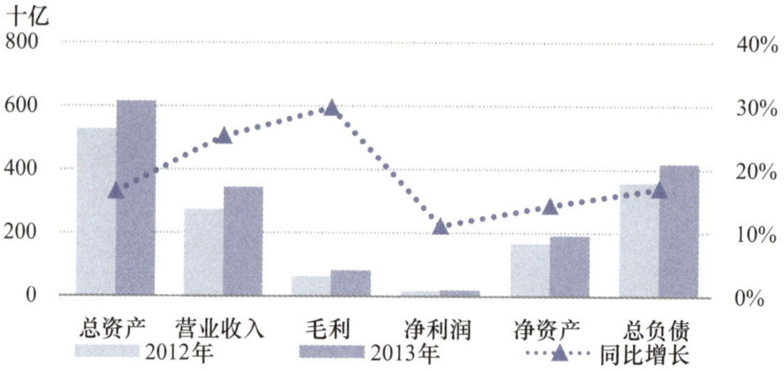

图 1-3-6　2012 ~ 2013 年建材家居业上市公司总体业绩对比

数据来源：中国建筑装饰协会材料委整理

2013 年，建材家居业上市公司在宏观经济形势复杂多变的情况下，总体业绩继续保持增长态势。

3. 上市公司资产规模情况

67 家建材家居业上市公司总资产为 6.17 千亿元，同比增长 16.56%。资产超过 100 亿的公司有 7 家；资产在 50 亿到 100 亿之间的公司有 5 家；资产在 10 亿到 50 亿之间的公司有 43 家；资产在 5 亿到 10 亿之间的公司有 8 家；资产在 5 亿以下的公司有 4 家。

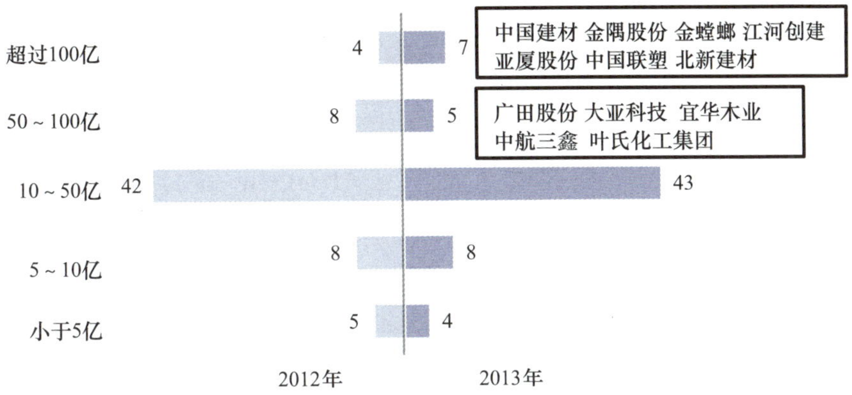

图 1-3-7　2013 年上市公司总资产规模层次

数据来源：中国建筑装饰协会材料委整理

表 1-3-6　2013 年上市公司总资产划分表

总资产	上市公司
超过 100 亿	中国建材　金隅股份　金螳螂　江河创建　亚厦股份　中国联塑　北新建材
50 ～ 100 亿	广田股份　大亚科技　宜华木业　中航三鑫　叶氏化工集团
10 ～ 50 亿	浙江永强　雷士照明　阳光照明　海螺型材　敏华控股　东鹏控股　美克股份　洪涛股份　传化股份　东方雨虹　吉林森工　国星光电　佛山照明　国栋建设　大自然地板　永高股份　嘉寓股份　宝鹰股份　威华股份　升达林业　方大集团　飞乐音响　伟星新材　斯米克　索菲亚　顾地科技　丰林集团　皇朝家私　瑞和股份　中国创意家居　中福实业　海鸥卫浴　德尔家居　艾迪西　喜临门　罗普斯金　航标控股　永安林业　东易日盛　江泉实业　博深工具　浙江美大　洲明科技
5 ～ 10 亿	兔宝宝　科冕木业　渝三峡 A　雷曼光电　硅宝科技　彩虹精化　雪莱特　ST 景谷
小于 5 亿	中国优材　友邦吊顶　国创能源　马仕达国际

资料来源：中国建筑装饰协会材料委整理

4. 上市公司主营业务收入情况

2013 年度，建材家居业主要上市公司的营业收入主要分布在 10 亿元到 50 亿元之间。其中，营业收入超过 100 亿的公司有 6 家，分别为中国建材、金隅股份、金螳螂、中国联塑、亚厦股份和江河创建；营业收入超过 50 亿到 100 亿之间的公司有 4 家，分别为广田股份、大亚科技、叶氏化工集团和北新集团；营业收入在 10 亿到 50 亿之间的公司有 33 家；营业收入在 5 亿到 10 亿之间的公司有 13 家；营业收入在 5 亿以下的公司有 11 家。营业收入总额前 10 名为中国建材、金隅股份、金螳螂、中国联塑、亚厦股份、江河创建、广田股份、大亚科技、叶氏化工集团、北新集团；

营业收入增长最快的前 10 名上市公司为国创能源、ST 景谷、中国优材、国栋建设、索菲亚、中国建材、东鹏控股、友邦吊顶、大自然地板、江河创建。

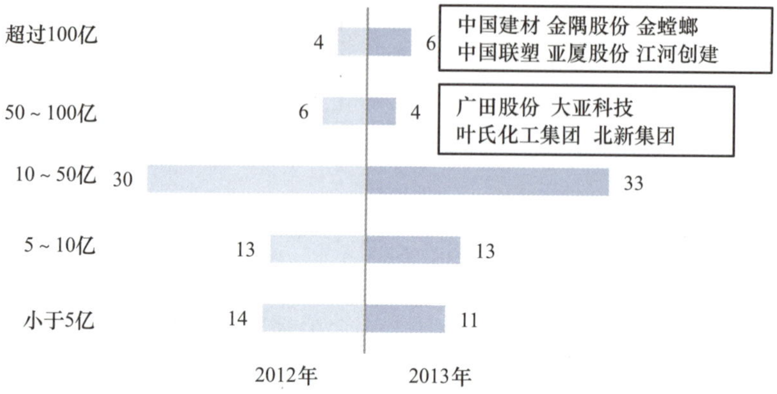

图 1-3-8 2013 年上市公司营业收入规模层次

数据来源：中国建筑装饰协会材料委整理

表 1-3-7 2013 年上市公司营业收入划分表

营业收入	上市公司
超过 100 亿	中国建材 金隅股份 金螳螂 中国联塑 亚厦股份 江河创建
50 ～ 100 亿	广田股份 大亚科技 叶氏化工集团 北新建材
10 ～ 50 亿	敏华控股 传化股份 宜华木业 海螺型材 东方雨虹 中航三鑫 雷士照明 宝鹰股份 洪涛股份 东鹏控股 阳光照明 浙江永强 永高股份 美克股份 佛山照明 伟星新材 飞乐音响 索菲亚 威华股份 顾地科技 方大集团 海鸥卫浴 东易日盛 瑞和股份 大自然地板 艾迪西 嘉寓股份 吉林森工 兔宝宝 中国创意家居 国星光电 罗普斯金 喜临门
5 ～ 10 亿	航标控股 丰林集团 斯米克 中福实业 皇朝家私 洲明科技 国栋建设 升达林业 江泉实业 彩虹精化 博深工具 德尔家居 渝三峡 A
小于 5 亿	中国优材 硅宝科技 永安林业 科冕木业 雪莱特 浙江美大 雷曼光电 友邦吊顶 马仕达国际 ST 景谷 国创能源

数据来源：中国建筑装饰协会材料委整理

5. 上市公司盈利情况

2013 年度，建材家居业主要上市公司的净利润主要分布在 1 亿元到 5 亿元之间。其中，净利润超过 10 亿元的公司有 4 家，分别为中国建材、金隅股份、金螳螂、中国联塑；净利润在 5 亿元到 10 亿元之间的公司有 3 家，分别为北新建材、亚厦股份和广田股份；净利润在 1 亿到 5 亿之间的公司有 26 家；净利润在 5 千万到 1 亿之间的公司有 13 家；净利润在 1 千万到 5 千万之间的公司有 15 家；1 千万以下有 3 家，出现亏损的公司有 3 家，比 2012 年减少 2 家。

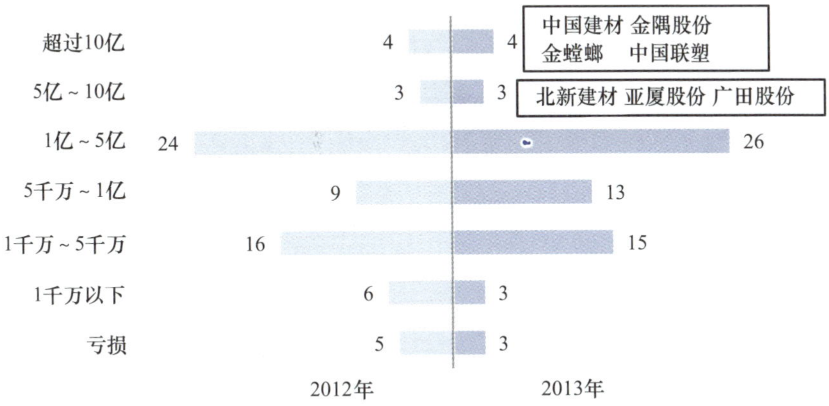

图 1-3-9　2013 年上市公司净利润规模层次

数据来源：中国建筑装饰协会材料委整理

表 1-3-8　2013 年上市公司净利润划分表

净利润	上市公司
超过 10 亿	中国建材　金隅股份　金螳螂　中国联塑
5 亿～10 亿	北新建材　亚厦股份　广田股份
1 亿～5 亿	敏华控股　宜华木业　东方雨虹　东鹏控股　伟星新材　中国创意家居　叶氏化工集团　江河创建　洪涛股份　浙江永强　佛山照明　雷士照明　索菲亚　永高股份　阳光照明　宝鹰股份　航标控股　传化股份　美克股份　海螺型材　大自然地板　大亚科技　喜临门　国星光电　浙江美大　东易日盛
5 千万～1 亿	顾地科技　德尔家居　丰林集团　罗普斯金　友邦吊顶　方大集团　瑞和股份　国栋建设　硅宝科技　嘉寓股份　彩虹精化　飞乐音响　中国优材
1 千万～5 千万	中福实业　吉林森工　海鸥卫浴　洲明科技　渝三峡 A　兔宝宝　斯米克　江泉实业　雷曼光电　马仕达国际　博深工具　雪莱特　ST 景谷　永安林业　科冕木业
1 千万以下	威华股份　艾迪西　升达林业
亏损	国创能源　皇朝家私　中航三鑫

数据来源：中国建筑装饰协会材料委整理

6. 装饰类上市公司资产回报率优于材料企业

目前上市公司材料企业 58 家，建筑装饰企业 9 家，截止到 2013 年，58 家材料生产上市公司平均总资产规模达到 94.03 亿元，平均净资产为 29 亿元，到 2013 年末平均总负债为 64 亿元；9 家建筑装饰公司平均总资产规模为 79.61 亿元，平均净资产为 26.1 亿元，截止到 2013 年末平均总负债为 52.1 亿元。如图 1-3-10 所示，上述三项指标材料生产公司均大于建筑装饰公司，而在营业收入、毛利、净利润三项盈利指标对比中，材料生产上市公司指标值均小于建筑装饰上市公司。这是由于材料生产上市公司属于重资产运营模式，产品生产所需的厂房、设备、原材料等，往往要占用大量的资金，所以资产规模较大；而建筑装饰上市公司属于轻资产运营模式，集中于设计开发和市场推广等业务，公司资本投入，特别是生产领域内大量固定资产投入相对较少，进而资本回报率较高。

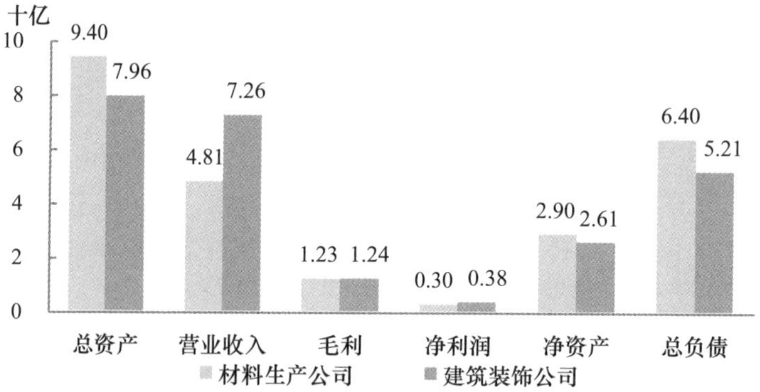

图 1-3-10　材料生产公司与建筑装饰公司平均规模和盈利对比

数据来源：中国建筑装饰协会材料委整理

7. 拟申请上市公司情况

自 2014 年 4 月 18 日起，证监会发布了多家拟 IPO 公司招股说明书，其中家居类的四川帝王洁具、江苏亚振家具等家居企业名列其中。截至 4 月底，根据证监会公布的《发行监管部首次公开发行股票审核工作流程及申报企业情况》显示，泛家居类企业已有 23 家拟申请上市。

表 1-3-9　拟申请上市的家居企业名单

序号	申报企业	注册地	所属行业	拟上市地
1	康新（中国）设计工程	上海	建筑装饰业	上海证券交易所
2	苏州柯利达装饰	江苏	建筑装饰业	上海证券交易所
3	上海全筑建筑装饰集团	上海	装修装饰业	上海证券交易所
4	曲美家具集团	北京	家具制造	上海证券交易所
5	红星美凯龙家居集团	上海	批发和零售业	上海证券交易所
6	欧普照明	上海	电气机械及器材制造业	上海证券交易所
7	亚振家具	江苏	家具制造业	上海证券交易所
8	顾家家居	浙江	家具制造业	上海证券交易所
9	江苏恒康家居科技	江苏	家具制造业	上海证券交易所

续表

序号	申报企业	注册地	所属行业	拟上市地
10	海洋王照明科技	浙江	照明器具制造行业	深圳证券交易所
11	重庆三圣特种建材	重庆	制造业	深圳证券交易所
12	东莞市南兴家具装备制造	广东	专用设备制造	深圳证券交易所
13	浙江永艺家具	浙江	家具制造业	深圳证券交易所
14	四川帝王洁具	四川	塑料家具制造业	深圳证券交易所
15	广州好莱客创意家居	广东	木制家具制造业	深圳证券交易所
16	湖南多喜爱家纺	湖南	批发和零售贸易	深圳证券交易所
17	三棵树涂料	福建	涂料制造	深圳证券交易所
18	惠州元晖光电	广东	照明器具制造业	深圳证券交易所
19	深圳市建艺装饰集团	深圳	建筑装饰和其他建筑业	深圳证券交易所
20	成都富森美家居	四川	租赁和商务服务业	深圳证券交易所
21	深圳市名雕装饰	深圳	建筑装饰业	深圳证券交易所
22	深圳市亚泰国际建设	深圳	建筑装饰和其他建筑业	深圳证券交易所
23	深圳市中装建设集团	深圳	建筑装饰和其他建筑业	深圳证券交易所

资料来源：中国建筑装饰协会材料委整理

拟申请上市的家居类企业多分布在广东省、上海市、浙江省、江苏省等东南沿海地区。拟募集资金多用于扩大产能，增加营销网点、加强信息化建设。

未来建材家居业集中上市必将整个行业竞争推向一个重组、兼并潮起的新纪元，市场资源将重新配置。

（六）中国建筑装饰材料百强企业名单

表 1-3-10　中国建筑装饰材料百强企业名单

序号	企业名称	所属行业
1	北京金隅股份有限公司	建材、新型装饰材料（上市公司）
2	北新集团建材股份有限公司	石膏板（上市公司）
3	中国联塑集团控股有限公司	水暖管材（上市公司）
4	王力集团有限公司	门窗、五金

续表

序号	企业名称	所属行业
5	圣象集团有限公司	地板、整体家居
6	青岛海尔家居集成股份有限公司	智能家居、整体厨房
7	浙江传化股份有限公司	涂料（上市公司）
8	北京东方雨虹防水技术股份有限公司	防水材料（上市公司）
9	东鹏控股股份有限公司	陶瓷（上市公司）
10	中宇建材集团有限公司	卫浴（上市公司）
11	雷士照明控股有限公司	电气照明（上市公司）
12	高时石材集团有限公司	石材
13	广东巴德士化工有限公司	涂料
14	永高股份有限公司	水暖管材（上市公司）
15	广东伟业铝厂集团有限公司	门窗、幕墙
16	佛山电器照明股份有限公司	电气照明（上市公司）
17	浙江伟星新型建材股份有限公司	水暖管材（上市公司）
18	辉煌水暖集团有限公司	卫浴
19	嘉宝莉化工集团股份有限公司	涂料
20	广东坚朗五金制品股份有限公司	建筑五金
21	广东威华股份有限公司	人造板（上市公司）
22	顾地科技股份有限公司	水暖管材（上市公司）
23	佛山市顺德区乐华陶瓷洁具有限公司	卫浴、瓷砖
24	大自然地板控股有限公司	地板、（上市公司）
25	北京嘉寓门窗幕墙股份有限公司	门窗、幕墙（上市公司）
26	吉林森工金桥地板集团有限公司	地板、橱柜
27	德华兔宝宝装饰新材股份有限公司	板材、地板、木皮、装饰五金（上市公司）
28	浙江升华云峰新材股份有限公司	板材、地板、科技木
29	泰山石膏股份有限公司	石膏板
30	环球石材集团有限公司	石材
31	浙江墙煌建材有限公司	铝塑板
32	苏州罗普斯金铝业股份有限公司	铝门窗

续表

序号	企业名称	所属行业
33	广东美涂士建材股份有限公司	涂料
34	广东恒洁卫浴有限公司	卫浴
35	佛山石湾鹰牌陶瓷有限公司	陶瓷
36	佛山市法恩洁具有限公司	卫浴、瓷砖
37	中华制漆（深圳）有限公司	涂料
38	志邦厨柜股份有限公司	厨卫
39	广东协进陶瓷有限公司	陶瓷
40	广东金牌陶瓷有限公司	陶瓷
	佛山市尼罗建材有限公司	陶瓷
41	浙江帝龙新材料股份有限公司	装饰纸、金属饰面板（上市公司）
42	四川国栋建设股份有限公司	人造板、地板（上市公司）
43	四川升达林业产业股份有限公司	地板、人造板（上市公司）
44	德尔国际家居股份有限公司	地板（上市公司）
45	洛斐尔建材（沈阳）集团有限公司	天花吊顶
46	上海雅泰实业集团有限公司	铝塑板
47	漳州万佳陶瓷工业有限公司	陶瓷
48	江阴利泰装饰材料有限公司	铝塑板
49	厦门万里石股份有限公司	石材
50	深圳康利工艺石材有限公司	石材
51	福建省凤山石材集团有限公司	石材
52	上海吉祥科技（集团）有限公司	铝塑板
53	宁波杜亚机电技术有限公司	窗帘饰品
54	滨州东方地毯有限公司	家居饰品（地毯）
55	宁波富邦家具有限公司	饰面软装、家具
56	西蒙电气（中国）有限公司	电气照明
57	安徽亚神电缆集团有限公司	电缆
58	福建溪石股份有限公司	石材

续表

序号	企业名称	所属行业
59	佛山市家家卫浴有限公司	卫浴
60	广州市吉鑫祥装饰建材有限公司	铝塑板
61	东阿蓝天七色建材有限公司	铝塑板
62	加泰罗尼亚洁具（宁波）有限公司	卫浴
63	上海亚细亚陶瓷有限公司	陶瓷
64	广东特地陶瓷有限公司	陶瓷
65	德高（广州）建材有限公司	特种砂浆
66	成都硅宝科技股份有限公司	建筑密封胶、粘合剂（上市公司）
67	武汉金牛经济发展有限公司	水暖管材
68	北京特普丽装饰装帧材料有限公司	墙纸
69	江苏贝尔装饰材料有限公司	地板
70	广州金霸建材有限公司	天花吊顶
71	江西南缆集团有限公司	电缆
72	大连科冕木业股份有限公司	地板（上市公司）
73	浙江友邦集成吊顶股份有限公司	天花吊顶（上市公司）
74	上海华源复合新材料有限公司	铝塑板
75	浙江日升卫浴洁具有限公司	卫浴
76	江苏标榜装饰新材料股份有限公司	铝塑板
77	东莞华尔泰装饰材料有限公司	铝塑板
78	江西泓泰企业集团有限公司	铝塑板
79	广东志达纺织装饰有限公司	饰品软装
80	中山市琪朗灯饰厂有限公司	灯饰
81	天基电气（深圳）有限公司	电气
82	山东冠鲁建材总公司	石材
83	莱州市华隆石材有限公司	石材
84	上海古猿人石材有限公司	石材（文化石）
85	北京希凯世纪建材有限公司	瓷砖粘接剂

续表

序号	企业名称	所属行业
86	万峰石材科技股份有限公司	石材（人造石）
87	宁波柏厨集成厨房有限公司	厨卫
88	星牌优时吉建筑材料有限公司	天花吊顶
89	上海宇邦厨具有限公司	厨柜
90	惠州市西顿工业发展有限公司	电气
91	佛山市南海泛金建材有限公司	天花吊顶、建筑幕墙
92	江门市东方名仕灯饰照明有限公司	灯饰照明
93	广东名门锁业有限公司	五金锁具
94	中山市澳创新防火木业有限公司	防火材料
95	广州汇泰龙装饰材料有限公司	五金卫浴
96	亨特窗饰产品（深圳）有限公司	窗饰
97	巢湖大国地板有限公司	地板
98	山东康亿家生态木业集团有限公司	窗饰木塑、生态木
99	广州市源志诚家纺有限公司	布艺、电动卷帘
100	浙江帕尔木业有限公司	地热地板
	佛山市伽蓝洁具有限公司	浴室柜

三、建筑装饰产业链发展状况

（一）2013 年房地产业对行业发展的影响

2013 年，在国家对住宅地产进行常态化调控的大背景下，房地产开发中住宅地产的投资规模增长速度放缓，但仍然保持了 20% 以上的增长速度。在保障房建设和棚户区改造政策的带动下，房地产开发结构也经过调整与优化，对建筑装饰行业的发展产生了重要影响。

1. 精装修成品房提高大型装饰工程企业的市场整合能力

在国家产业政策和奖励政策的引导下，成品房精装修的比重在房地产开发中继续增长，对建筑装饰行业产生重要影响。据对上市装饰公司业绩构成的统计分析，精装修成品房的工程量，在企业工程总量中的构成所占的比重很高，最高的可达

70%。房地产企业与建筑装饰工程企业的战略合作水平不断提高，很多建筑装饰企业与大型房地产进行了产业链合作。如金螳螂、广田与恒大，瑞和股份与万达、恒大、绿城、嘉裕集等战略合作。大量的住宅精装修工程为建筑装饰企业带来低成本、模式化、可持续增长的市场资源。同时，由于住宅精装修工程使用的材料、部品的品牌相对固定，采购量大，由工程企业搭建的集采平台，不断扩大采购的范围与规模，提高采购中的议价能力，实现了低成本采购，提高了大型装饰工程企业的市场整合能力。经过近几年住宅精装修工程实践，各大型建筑装饰工程企业的材料、部品采购成本都有所下降，提升了住宅装饰工程的创利能力。

2. 房地产开发项目结构变化为装饰行业带来转型空间

国家对住宅建设开发的调控力度增大，使住宅开发项目的增长速度下降，旅游地产、商业地产等其他房地产项目开发比重增加。大型房地产开发企业，把城市综合体建设作为开发的重点，包括大量商业、办公、金融、旅游、体育等设施的建设，为建筑装饰工程企业提供了大量公共建筑装饰装修工程资源。2013 年，房地产开发商为建筑装饰工程市场提供的公共建筑装饰装修工程量，增长了 15% 左右，有效地抵消了政府投资减少的影响，保持了公共建筑装饰市场的增长。

（二）公装企业产业链合作模式

伴随着中国经济的高速发展，中国建筑装饰行业得到了迅猛发展，建筑装饰企业的规模和实力也有了质的飞跃，涌现出以金螳螂、亚厦股份、广田股份、洪涛股份等为代表的装饰一体化上市企业，也形成了专注装修细分市场的专业化企业，如“机场装修专业户”的深装总、专注五星级酒店装修的神州长城、房地产精装修专家的远洋装饰、深耕医院装饰市场的北方天宇、大剧院装修领导者的中孚泰等在专业细分领域形成了自有的发展模式和特色，找寻到了一条适合企业的可持续发展道路。

为了加速企业转型，适应现代化生产趋势，大型建筑装饰企业积极探索工业化发展之路，向产业链生产环节拓展，投资建材生产线、产业基地，如金螳螂营造中心、浙江亚厦产业园、广田绿色装饰产业园、洪涛天津产业园等装饰材料生产示范基地，有力推动了建筑装饰一体化部品部件发展。大型建筑装饰企业工业园的建设以绿色环保规划设计为理念，不断完善绿色装饰产品体系，更加凸显产业链发展优势。大型产业园区建设必将引领绿色装饰工业的新潮流，成为绿色产业技术发展的风向标。

表 1-3-11　中国部分公装企业产业园建设一览表

企业	产业基地	规模	产业园生产项目	产业园特点
金螳螂	营造中心 木制品加工基地 石材、幕墙加工基地	4000 多平方米 10 万多平方米 10 万多平方米	木制品加工、幕墙、石材生产	生产技术装备先进；生产环境绿色环保；装饰生产流水线

续表

企业	产业基地	规模	产业园生产项目	产业园特点
江苏建设控股	江苏建设控股集团绿色产业园	100 亩	铝合金门窗幕墙和木制品加工制作	配有全套德国威格玛公司的铝合金幕墙专用设备和木制品生产加工专业设备
东亚装饰	青岛东亚装饰加工基地	140 亩	建筑装饰相关配套、加工于一体的加工基地	工厂化装饰
瑞和股份	汕尾瑞和产业园	2 亿	生产木门与装饰工程配套、高端的酒店与民用家具、电子玻璃幕墙	规范化、标准化、科技化、一体化
洪涛装饰	天津洪涛装饰产业园	2.1 亿	高档木制饰品、软饰品、饰面板等	建筑装饰部品部件工厂化
亚厦股份	浙江亚厦产业园、亚厦富盛石材幕墙加工基地	3 亿	木门、木饰面、门套、柜子等木制品部品部件；工程板、水刀拼花、异型线条等装饰石材；各类幕墙、铝合金门窗等	自动化程度高、设备先进、规模大
广田股份	深圳广田绿色装饰产业基地园	5 亿	绿色环保装饰新材料、新产品研发与生产	建筑装饰一体化部品部件的研发、生产，绿色节能新技术
深装集团	池州深装产业园	10 亿	建立家具、木门、木饰面、线条厂	设计、施工、工程配套产品工厂集成化/材料供应一体化
神州长城	宿州装饰产业园	10 亿	木地板、建筑五金、装饰木皮、木作部件、装饰配套家具、装饰油漆	产业链条完整
中建三局装饰	天津低碳产业园	20 亿	绿色环保建材、新型装饰材料、建筑智能化产品	绿色环保、智能化

资料来源：中国建筑装饰百强发展报告

同时，建筑装饰企业根据自身不同的情况选择组建不同类型的战略联盟，如与咨询、设计、施工、建材、劳务、金融、房地产等企业形成战略联盟。其中，处于产业链上游的房地产开发商和处于产业链下游的建材厂商，是建筑装饰企业最为重要的结盟对象。通过与房地产合作巩固上游产业链，稳定客户资源，通过采用供应链管理模式，与有较高诚信度和一定竞争实力的供应商结成战略同盟，降低成本，保证工程品质。装饰企业全产业链战略联盟合作，是建筑装饰行业面向未来发展的全新布局，多方潜在资源得到最佳配置，促进企业健康发展，并通过双方品牌优势互补，提升了行业形象。

表 1-3-12　中国部分公装企业产业链战略合作一览表

企业名称	上游产业链合作	下游产业链合作
金螳螂	与恒大签订战略合作协议，恒大安排约 30 亿元的施工任务给金螳螂，并逐年增加 10 亿左右的施工任务	与立邦中国建立战略合作伙伴关系，年采购 100 亿以上
亚厦股份	与万达、恒大、保利、绿城、绿地等集团保持战略合作	与博罗拉法基石膏建材、德国汉高黏合剂、星牌优时吉建筑材料、伟星新型等建材供应商签署战略合作协议
瑞和股份	与万达、恒大、绿城、嘉裕集团、佳兆业集团、东方银座等均有战略合作。2011 ~ 2013 年先后承接了恒大集团 37 项工程，万达集团 30 项工程	与华胜木业、森源家具、康利石材、坚朗五金、惠达陶瓷、立邦涂料、嘉宝莉化工、三棵树涂料、天基电气等上百家建材企业有长期合作协议
洪涛装饰	2013 年公司新承接合同金额超亿元大型公建项目 6 项，超 5000 万元的大型公建项目 18 项	与环球石材、飞利浦、勤和信木制品、泛美实业、愉天石材等合作
广田装饰	2011 年获得恒大 35 亿订单，2012 年获得恒大 45 亿订单，2013 年获得恒大 55 亿订单	与飞利浦、北京源山亚龙石材、创远石材、深圳诚信德建材等合作
中建三局装饰	集团内部合作	与博罗石膏、北新建材、澳创新防火木业、环球石材、康利石材、兴发铝业、坚美铝业、江西鑫隆泰、方大新材料、杭州之江有机硅化工等建材企业有长期合作关系

资料来源：中国建筑装饰百强发展报告

（三）家装企业产业链拓展情况

随着近年集成家居或整体家装的发展，越来越多的家装企业开始涉足产业链生产领域。以北京地区龙发、东易日盛、元洲装饰、今朝装饰等为例，除龙发装饰较早涉足家具生产外，其他企业基本上进行家具等家居产品的生产，而龙发装饰开展建材家居材料生产的企业也开始通过扩大生产规模、引进国外生产技术等加快产业升级，发展独立建材家居产品品牌，并形成了一定规模。

表 1-3-13　中国部分家装企业产业链发展一览表

企业名称	业务类型	品牌	特点
龙发装饰	橱柜、门、家具、新型装饰材料等	麦尔迈斯家具	采用国际最先进的德国豪迈（HOMAG）生产设备
元洲装饰	厨房、卫浴、居室门、家具、布艺、配饰等	幔乐布艺、百滋橱柜、索沃思净水器、波适沙发、芭丽家具等	生态环保材料，定制式家居产品
东易日盛	橱柜、浴室柜、内门、衣帽间、厅卧家具等	Idealidea 意德法家	采用欧洲顶级木作生产设备，整体家居木作生产基地，为用户提供整体家居解决方案
今朝装饰	木门、橱柜、家具等	今朝英迈	量身定制个性化设计
实创装饰	木作系统生产、家具生产与销售	巴赫曼木门	全面整合进口主材、标准施工和一站式售后服务

资料来源：中国建筑装饰协会材料委整理

除家装企业进入建材家居生产领域，作为建材家居流通领域的关键环节建材家居卖场也开始进入产业链装饰装修领域，通过在卖场内设立家装服务中心为客户直接提供卖场内入驻品牌的装饰装修服务，其中以北京万家灯火装饰城和居然之家为典型，这也使得建材家居卖场对消费者的意义从“一站式”购物延伸扩展至“一站式”装修。

表 1-3-14　拥有家装服务中心的部分建材家居卖场

家居卖场	家装服务中心名称	地点	特点
居然之家	乐屋家装设计中心	北京	定位中高端市场，高端化设计、标准化装修、透明化价格、多元化材料
万家灯火装饰城	万家灯火装饰设计中心	北京	先后推出“八大管家，成套服务”、“万总管、家装贵宾服务”、“免费家装环保检测”、“家装终身维修服务”、等八大家装“服务王牌”

资料来源：中国建筑装饰协会材料委整理

在家装企业进入家具生产领域和建材家居卖场开展整体家装服务的同时，作为产业链上游的生产企业也开始提供部分区域家装服务，如整体厨房、整体卫浴等，而优秀企业则通过优秀的资源整合能力开始进行整体家装服务，最为典型的代表是科宝·博洛尼。

表 1-3-15　进军装饰装修领域的部分建材家居生产企业

企业名称	业务类型	特点
科宝·博洛尼	博洛尼精装	为中端住宅提供“直接入住级别”的套餐式装修服务模式
	钛马赫别墅家装	为别墅、豪华住宅定制整体装修服务，提供手工定制、陪同采购服务

（四）软装市场的崛起

家装行业“重装饰、轻装修”观念逐渐普及，消费者的居家意识已经不单单是满足空间意义上的装修，更是注重家庭整体氛围的营造。软装不仅不会受房地产调控影响，相反，软装消费的频率和消费量却是越来越大。目前一般家庭新居装修第一年的总费用中，硬装修约为 80%，而软装约占 20%。之后，用于硬装修的费用很少，大多家庭通过更换软装来弥补硬装修的陈旧。软装不仅仅属于装修的范畴，它更多的靠近时尚产业，其市场容量不可小觑。

目前北京、上海、深圳等地的家居装修消费中，投入软装的消费已经远超于硬装，家具、窗帘、装饰画、陶瓷、花艺绿植、灯饰、摆件等多种软装饰品消费需求逐渐旺盛，且市场仍在不断扩大。软装行业的服务范围，也从早期的样板房、酒店、会所和商业空间拓展到了家装领域。当下，70% 的样板房装修项目都由专业的软装公司承接；酒店的装修项目，80% 以上都是由专业软装公司承接；各大品牌的连锁店，也主要由软装公司介入设计。随着精装房的增多，80 后 90 后消费习惯的改变，软装所占的比重正在逐年增加，未来 5 ~ 10 年，家装领域将迎来软装业的黄金时代。

在流通领域，百安居和宜家家居是较早涉入软装市场的卖场。百安居主打时尚牌，其软装产品销售面积占总营业面积的 20% 左右。宜家家居在产品研发阶段，宜家以独特的“模块”设计为导向，优秀设计师杰出的创意使得与家具配套的软装饰品备受青睐。同样一些家居建材卖场纷纷迎合市场需求转向软装市场，导致了全国各地出现了很多软装卖场。软装市场崛起为建材家居流通市场升级转型提供了契机。

四、流通业发展状况

（一）流通业规模日益壮大

在城镇化进程和经济发展的推动下，我国建材家居业消费迅速增长，建材家居业流通业蓬勃发展，规模日益扩大，已经成为我国消费领域强大的引擎。即使 2013 年我国经济增速放缓，消费也呈现放缓趋势，但建材家居行业增速也在 20% 以上，其中家具类增长 21.0%，建筑及装潢材料类增长 22.1%。

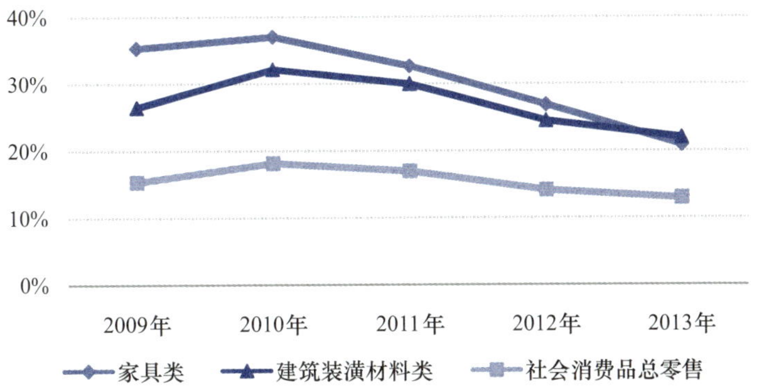

图 1-3-11　2009 ~ 2013 年中国建材家居业限额以上企业零售额增速

数据来源：国家统计局

从流通企业数量上看，全国约有 60 万家建材家居经销商及店铺，其中规模以上建材家居卖场约为 3500 家，从业人员总数约为 607 万人，截至 2013 年底，亿元以上市场面积达到 4186.6 万平方米，市场摊位数达到 301981 个，市场数量、市场面积、市场摊位数量、成交额分别占到全国商品交易市场 11.84%、15.01%、8.64%、6.02%，2013 年全国规模以上建材家居流通市场销售额达到 12481 亿元。无论是从建材家居流通业能力、还是交易额和规模来看，建材家居流通业已成为我国流通业的重要生力军，对国民经济的综合贡献不断提高。

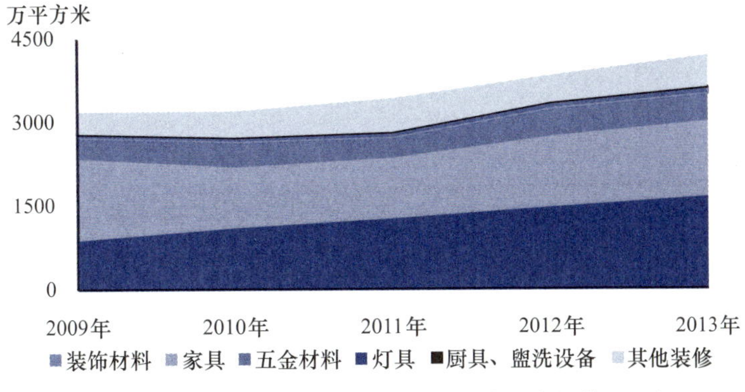

图 1-3-12　2009 ~ 2013 年中国建材家居市场营业面积

数据来源：国家统计局

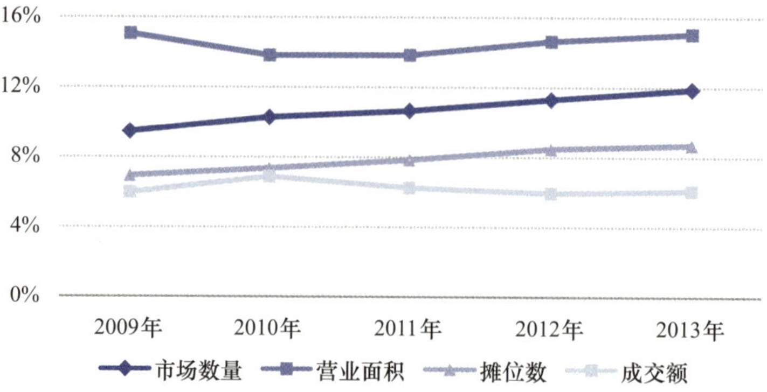

图 1-3-13　2009 ~ 2013 年中国建材家居业亿元以上市场比重

数据来源：国家统计局

（二）主体和业态多样化

在登记注册类型上，我国建材家居流通业主体呈现国有企业、集体企业、股份公司、私营企业及外资企业等主体多元化的发展。业态也以传统摊位制、建材超市、专卖店、厂商直供市场为主的市场模式逐步向家居主题购物中心、体验中心、电商服务等创新模式转变，呈现出建材家居流通业态多样化态势。涌现了一批如居然之家、红星美凯龙、集美、百安居、欧亚达、月星家居、宜家等大型流通企业。

上世纪 90 年代中后期，国家逐步放开了商品批发与零售对外资的限制，英国百安居、德国欧倍德、瑞典的宜家家居等著名商业品牌抢滩中国，他们不仅带来了规模化的资金，同时也带来了先进的经营管理与技术，如建材家居超市、大卖场、仓储式购物中心等经营方式彻底颠覆了传统的建材家居的商业理念。

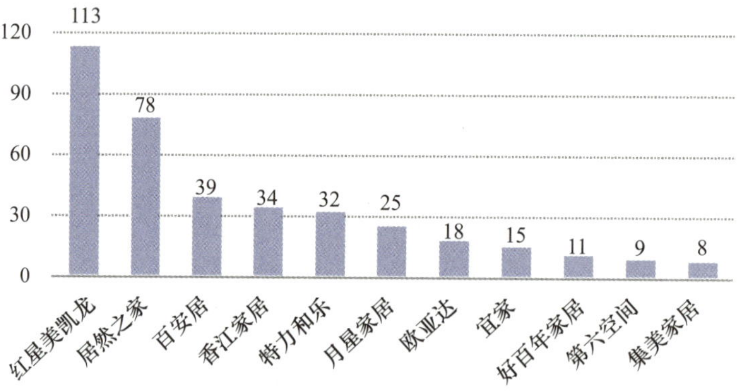

图 1-3-14　中国建材家居业主要流通企业网点规模

数据来源：中国建筑装饰协会材料委整理

随着竞争的激烈和国外大型企业的进入，建材家居业步入整合、连锁、多元、提升的发展期。以红星美凯龙、居然之家为代表的大型加盟连锁、以天津环渤海为代表的市场联盟、以百安居为代表的仓储式大卖场相继出现。形成了以红星美凯龙、居然之家等一批具有较强经济实力和市场竞争力的流通企业集团。

调查显示，当前建材家居流通连锁品牌的运营模式主要分为出租店铺与仓储超市两种，但只有36%的品牌采用仓储超市模式，出租店铺模式占了64%的比例，大多数连锁品牌选择了出租方式。除宜家外，以美国家得宝、德国欧倍德为代表的外资建材家居流通品牌采取的仓储超市模式在中国国情下因管理、盈利模式等原因水土不服退出中国市场，继续坚持的英国百安居店铺数量从63家直降至39家持续关店扭亏，内资流通品牌从数量上超越了外资，民族品牌拥有较强的话语权。同时，陶瓷、石材、板材、五金、灯饰等专业市场发展迅猛。新型流通业态和新型营销方式遍布城乡大地，建材家居流通企业无论在流通体制、购销方式以及供应链管理模式上都已经发生了十分深刻而巨大的变化。

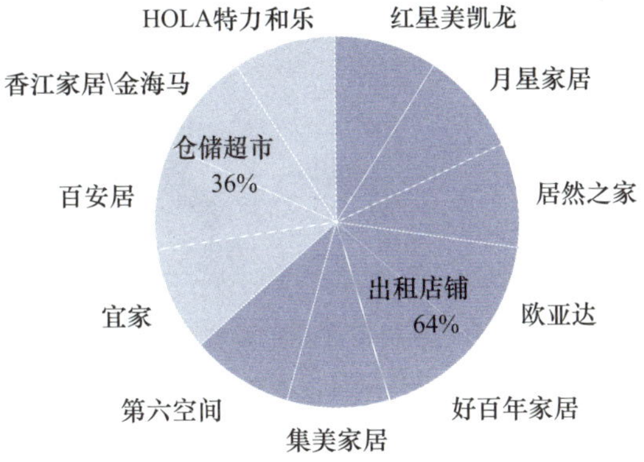

图 1-3-15 中国建材家居流通连锁品牌的运营模式分析

数据来源：泛家居

（三）流通市场结构进一步优化

目前，中国建材家居流通业格局初步形成以家居交易集散地和以大中城市为主的品牌运营商、独立专卖店、小型卖场、家居电商的流通渠道局面，其中家居交易集散地主要围绕重要产区形成，产业集中，辐射二三线市场；以大中城市为主的品牌运营商既有红星美凯龙、居然之家等全国知名品牌，也有金盛、欧亚达等区域品牌运营商；电商和专卖店创新模式开始成长。调查显示，建材家居交易集散地、区域品牌运营商、连锁品牌运营商、小型卖场（家居便利店）、分别占到建材家居流通市场份额39%、27%、10%、8%，显示我国建材家居传统渠道依然发挥着重要的作用，尤其在二三级市场起着主导作用，建材家居流通渠道正在呈现规模化、多元化、精细化、信息化的发展趋势。流通市场结构进一步优化，城乡流通体系协调发展。

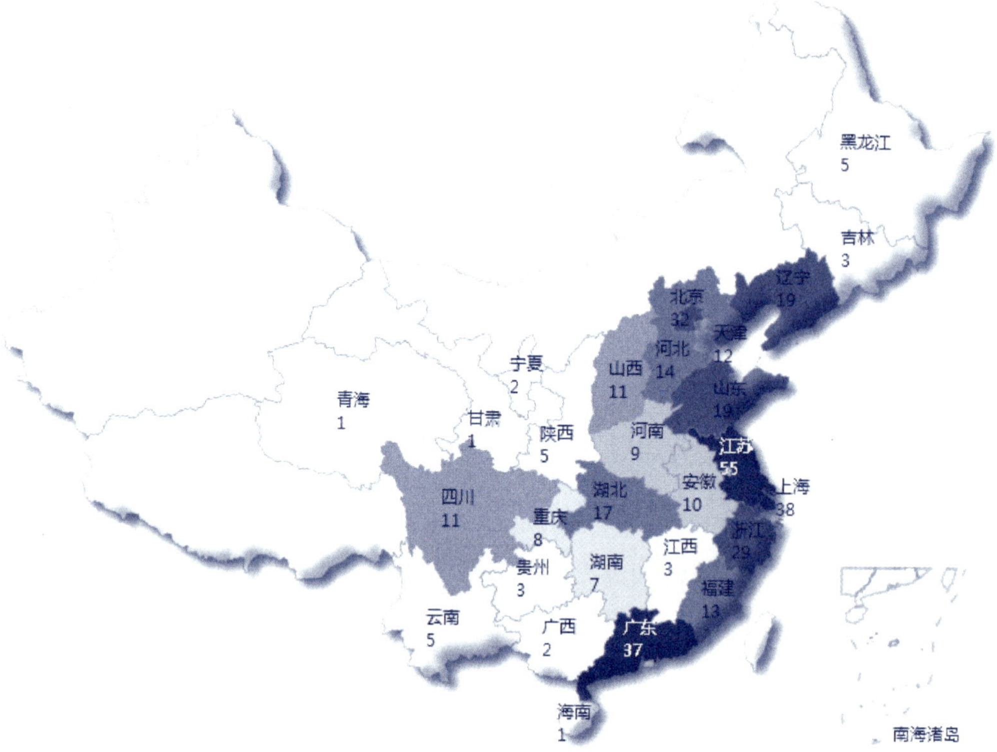

图 1-3-16　中国建材家居业主要流通企业网点分布

资料来源：中国建筑装饰协会材料委整理

表 1-3-16　中国建材家居流通市场发展模式一览表

市场模式	代表企业（区域）	特征
建材家居交易集散地	顺德乐从、蠡口、成都、香河四大家具交易集散地； 临沂、嘉善、文安、邳州四大人造板交易集散地； 古镇、邹区灯饰交易集散地、水头、云浮石材交易集散地等	产业集中，市场需求自然形成交易集散地，面向国内外市场
建材家居连锁品牌运营商	红星美凯龙、居然之家、吉盛伟邦、月星、好百年	规模化效应、品牌营销、个性化消费体验、目前市场主流模式
区域建材家居品牌运营商	北京十里河灯饰、集美、江浙金盛国际家居、湖北欧亚达家居、云南得胜、兰州万佳、上海喜盈门、成都的圣地亚	深耕细作区域市场，稳扎稳打，实力不可小视
高端建材家居品牌运营商	深圳星河·第三空间家居购物中心、杭州·第六空间、凯旋·罗浮宫	高质量、精品化、人性化服务，迎合高端消费者需求

续表

市场模式	代表企业（区域）	特征
独立建材家居品牌专卖店	美克美家、曲美、全友家私、箭牌陶瓷、东鹏、生活家	精准的客户定位、强调品牌价值，全面展示产品、服务，规避大卖场租金高、恶性竞争等不足
建材家居小型卖场、家居便利店	各地小型建材家居市场，品牌众多	规模小、档次低，布局城市社区、三四线城市，满足区域需求
建材家居电商	尚品宅配、齐家网、美乐乐、我爱我家	模式尚在探索、市场尚在培育，是未来家居渠道建设方向之一

资料来源：中国建筑装饰协会材料委整理

（四）产业集中度还需提高

近年来，建材家居行业发展速度开始放缓，进入产能饱和、市场竞争激烈、行业开始调整阶段。工厂、经销商正在经历转型期，流通企业也在扩张与洗牌的交织或夹击中面临更加严峻的生存现状，呈现出多元化、混合交叉的态势，行业整合并购开始加快。目前的兼并既有流通企业之间的兼并组合，如红星美凯龙与吉盛伟邦；也有流通企业与制造企业的并购，如顾家家居与欧亚达合作；还有跨界产业的收购，例如华南城收购好百年。

表 1-3-17　中国建材家居流通市场并购事件一览表

事件	收购或整合过程	结果
欧亚达家居收购沈阳百利家居	2010 年 8 月 16 日，沈阳老牌家居卖场百利家居被武汉欧亚达集团整体收购，并举行签约仪式与新闻发布会。	收购百利家居 1 年零三个月之后，欧亚达家居也败走沈城，退出沈城家居市场。最终变成一个两败俱伤的收购案。
欧亚达家居收购杭州天亿家居广场	2010 年 10 月 20 日，欧亚达家居全面接管杭州天亿家居广场，并更名为“欧亚达天亿家居”，标志着欧亚达家居正式入主杭州天亿家居文化创意产业园。	收购案总投资超过 2 亿元，目前经营情况却一般，这跟欧亚达家居在整体扩张上败退有关。
居然之家收购东方家园北京 3 个店	2012 年底，拥有 13 年品牌历程的中国本土最大连锁建材超市——东方家园在全国的卖场接连关门，濒临破产。2013 年年初，居然之家收编东方家园北京 3 店。	2014 年初，居然之家宣布在北京继续开设 4 家新店，其中 3 家均是收编东方家园关闭后的旧店。

续表

事件	收购或整合过程	结果
顾家家居与欧亚达家居达成合作，斥资上百亿打造连锁商贸综合平台	2013年6月12日，顾家·欧亚达国际商贸城项目签约仪式举行。顾家家居与欧亚达家居集团合作，共同斥资上百亿元在国内三四级市场打造100家大型连锁商贸综合平台，其中位于山东临邑的顾家·欧亚达国际商贸城项目已经开工。	这是顾家向卖场产业链延伸的开始，也是一次工厂与卖场的整合合作目前还很难预测。
好百年家居被华南城收购	2013年7月29日，华南城发布公告，以5.22亿元认购好百年家居75%的股份。	近年，好百年家居逐渐走到家居业边缘，被收购是市场经济的产物，更是自身发展不进的结果。
居然之家与万佳家居强强联合拓展西北市场	2013年10月21日，居然之家万佳雁北路店新闻发布会暨项目说明会隆重举行。	新成立的合资公司的第一个五年规划是，截至2017年，连锁区域覆盖甘肃、新疆、青海、陕西，连锁店面达到10家。
红星美凯龙收购吉盛伟邦（后改为战略合作）	2014年2月9日，红星美凯龙正式对外公布收购吉盛伟邦，双方已签署框架协议，近期将完成全部收购事宜，未来吉盛伟邦品牌将继续保留，红星美凯龙将推进双品牌战略。	这是中国家居行业近年最大的一起并购案，不仅掀起了卖场并购竞争的大潮，卖场洗牌开始真正落地。

资料来源：中国建筑装饰协会材料委整理

调查显示，2013年，排名前11位家居连锁流通企业总收入1222.69亿元，占全国规模以上建材家居流通企业销售总额9.8%，其中红星美凯龙以网点总数113家，总收入超500亿人民币成为中国建材家居流通业的领导品牌；居然之家以网点总数78家，总收入超300亿人民币成为行业亚军。这两个企业已经把其他竞争对手甩在后面。第二梯队的月星、欧亚达、集美家居业绩均约100亿，店铺数量分别为25、18、8。第三梯队的宜家网点数量15家，总收入63亿，单店盈利能力挺强，未来发展势态良好；百安居店铺总数39家，收入36.67亿。无论从规模、影响力还是品牌张力，建材家居流通品牌布局差距越来越大，行业集中度还需提高。

表1-3-18 重点家具流通企业经营业绩一览表

企业名	近年业绩亿元
红星美凯龙	500
居然之家	300
月星家居	100

续表

企业名	近年业绩亿元
欧亚达	100
集美家居	100
宜家	63
百安居	36.67
好百年家居	10.8
HOLA 特力和乐	7
香江家居 \ 金海马	—
第六空间	3.12

资料来源：中国建筑装饰协会材料委整理

（五）行业微利化现象明显

2013 年，多种因素导致建材家居流通环节盈利空间受到压缩。首先是房地产装修转型的压力，精装房、保障房、公装材料部品集中采购对流通企业一站式采购模式的挑战，工程直销的比重逐年加大；其次行业布点缺乏规划、企业跟风扩张、恶性竞争、卖场过剩，造成企业生存和发展空间受到严重挤压。据不完全统计，红星美凯龙营业总面积约 600 万平方米，超过德国家居营业总面积 500 万平方米总和，居然之家营业总面积也超过 200 万平方米，其他总面积在 100 万平方米左右的家居连锁卖场也不在少数。以成都为例，《2012 成都家居市场白皮书》数据显示，2012 ~ 2013 年成都在建和已经营业集中在新都和青白江的建材家居市场将达到 1048 万平方米，是目前成都建材家居市场总面积的 3 倍以上，成都现象在全国各地上演，行业急速扩张背后带来的出租率下降、招商困难、租金难收等问题将进一步加剧，同时电商发展、消费模式改变导致的市场变化也对企业盈利带来较大压力。目前，我国规模以上建材家居流通企业营业总面积已占全国商品市场 15.01%，成交额仅占 6.02%，流通企业只有 28% 企业保持良好经营状态，约 40% 企业生存艰难，其余面临转产歇业问题，行业微利化运行明显，企业运行风险加大，同时，行业暴露出网点缺乏规划、流通成本过高、税负水平偏高、组织化程度较低、人才缺乏、法律法规不健全、制售假冒伪劣产品、商业欺诈等问题，仍比较突出，亟待解决。

表 1-3-19 2012 ~ 2013 年成都部分新建和在建的家居建材卖场

建材市场名称	开业时间	规划占地面积	规划经营面积	总投资
成都佳飞国际家居建材市场	2012 年 5 月 14 日	68 万平方米	80 万平方米	20 亿元
成都华川银地国际建材城	2013 年 1 月 6 日	200 万平方米	120 万平方米	43 亿元
成都青龙国际建材装饰城	2012 年 10 月 27 日	56 万平方米	50 万平方米	8.8 亿元
成都龙河国际建材装饰城	2012 年 7 月	60 万平方米	80 万平方米	15 亿元

数据来源：中国建筑装饰协会材料委整理

（六）展会经济

作为采购平台之一，有关建材家居产业展会快速发展起来。据不完全统计，全国每年建材家居及各类相关的专业展会近 300 个。建筑装饰材料展会，遵照国家产业政策，向着绿色、整合、专业化方向发展。一些规范、诚信、服务好的展会发展壮大。如中国建筑装饰协会参与主办、协办和支持的“中国（北京）国际建筑装饰及材料博览会”、“中国（广州）国际建筑装饰材料博览会”、“中国五金商品交易会、“北京木工展”、“北京家具及木工机械展览会”、和“香港国际建筑装饰材料及五金展览会”等，展会规模、展品档次和影响力逐年扩大，知名度和信誉度不断提高，成为行业专业展的知名品牌盛会，取得良好的社会效益和经济效益，为繁荣会展事业做出了突出的贡献。

表 1-3-20 中国建材家居业知名展会一览表

名称	行业	主办单位	时间地点
中国（广州）国际建筑装饰材料博览会	建筑装饰材料	中国建筑装饰协会 中国对外贸易集团	2014.7.8—7.11 （广州）
中国（北京）国际建筑装饰材料博览会	建筑装饰材料	中国建筑装饰协会	2014． 3.4—3.7 （北京）
中国国际五金博览会	五金	中国建筑装饰协会 中国五金交电化工商业协会	2014.3.12—3.14 （上海）
中国墙纸布艺地毯及家居软装饰展览会	墙纸、饰品	中国建筑装饰协会 中国国际贸易促进委员会	2014.8.06—8.08 （上海）
中国建筑装饰及设计艺术博览会	建筑、装饰设计及景观设计	中国建筑装饰协会 清华大学美术学院 中国贸促会建设行业分会	2014.11.23—11.25 （北京）

续表

名称	行业	主办单位	时间地点
中国国际建筑装饰展览会	建筑装饰材料	住建部中国文化中心	2014.3.31—4.03（上海）
中国（佛山）国际陶瓷及卫浴博览交易会	建筑陶瓷卫生洁具	中国建筑卫生陶瓷协会、中国陶瓷工业协会	2014.4.18—4.22 2014.10.18—10.22 （每年两届）（佛山）
广州国际陶瓷工业展	建筑陶瓷卫生洁具	中国建筑卫生陶瓷协会、中国建筑材料联合会、中国国际贸易促进委员会建筑材料行业分会	2014.5.21—5.24（广州）
北京木工展	木业及机械	中国林业机械协会 欧洲木工机械制造商协会	2014．2.25—2.28（北京）
香港国际建筑装饰材料及五金展览会	建筑装饰	香港贸易发展局	2014．10.29—11.01（香港）
中国国际厨房卫浴博览会	厨卫、建陶	中国五金制品协会	2014.11.05—11.07（上海）
世界地板大会	地板	中国林产工业协会	2014.3.24（上海）
中国国际家具展览会	家具	中国家具协会	2014.9.10—9.14（上海）
中国（广州）国际家具博览会	家具	中国家具协会 广东省家具协会、	2014.3.18—3.22 （广州）（春、秋季展）
国际名家具（东莞）展览会	家具	东莞市人民政府	2014.3.16—3.20（东莞厚街）
成都国际家具展览会	家具	成都市人民政府 四川省商务厅	2014.7.03—7.06（成都）
中国（云浮）国际石材科技展览会	石材	广东省云浮市人民政府、中国国际贸易促进委员会广东省委员会	2014.10.18—10.21（广东云浮）
中国（南安）水头国际石材博览会	石材	福建省人民政府、中国建筑材料联合会、中国石材工业协会	2014.11.08—11.11（福建南安）
中国国际涂料博览会	涂料	中国涂料工业协会	2015（两年一届）
中国国际光电博览会	照明电气	中国科学技术协会	2014.9.02—9.05（深圳）

续表

名称	行业	主办单位	时间地点
中国国际门窗幕墙展览会	门窗幕墙	中国建筑金属结构协会	2014.11.06—11.08（北京）
中国（上海）国际集成吊顶及天花材料博览会	天花吊顶	中国建筑装饰装修材料协会、天花吊顶材料分会等	2014.8.20—8.22（上海）

资料来源：中国建筑装饰协会材料委整理

五、电子商务发展状况

在改革的推动下，国家实施“信息化带动工业化，工业化促进信息化”战略，建材家居领域互联网等新技术迅速普及，电子商务也开始显出成效。电子订单、网上超市、网上卖场等得到了广泛的应用，有效地降低了流通成本，提高了流通速度，促进了内需与出口的增长，为加快融入经济全球化奠定了科学发展的基础。统计显示，2013 年中国网络零售市场交易规模达 18851 亿元，较 2012 年的 13205 亿元增长 42.8%，占到社会消费品零售总额的 8.04%，建材家居线上电商交易额 2012 年达 450 亿元，占整个建材家居零售行业的 3%；2013 年建材家居线上电商交易额达 700 亿元，占比为 3.74%。同时，网络购物交易平台开放化程度更加明显，向追求全品类覆盖的综合性平台以及专注细分市场的垂直类平台两个方向演进，自营网站逐渐向第三方平台发展的态势也较明显（见表 1-3-21）。网络零售经营范围从最初家具、灯饰、地板，到卫浴、涂料，瓷砖等全产业链产品发展，网络销售一定程度上挤压了实体流通企业的市场份额。传统企业正在经历全面而深刻的调整与变革。

表 1-3-21　中国建材家居电商发展模式分析一览表

模式	代表企业	特征
O2O 模式	美乐乐：2013 年美乐乐家居销售额预计在 20 亿元，目前在全国有 200 多家实体体验店	线上拥有独立 B2C 直营官网，线下建立本地化体验店，线上带动线下，线下反补线上，线上线下价格服务统一，消费形成闭环
B2C 模式	我爱我家网：拥有丰富的装修案例、居家生活、精彩家居用品分享，完成传统互联与移动互联的无缝链接，把线上消费者带到现实的线下实体店面及活动现场，更加强调线下服务体验与交付互动	家装资讯门户网站，服务、线上社区粘合、孵化销售以及交易后回到线上

续表

模式	代表企业	特征
纯互联网品牌模式	林氏木业：唯一一家纯互联网家居品牌，2007年从淘宝店开始，2013全年销售额有望达到6亿元	线上利用各大网络渠道销售，生产整合各大工厂资源核心部分自己生产，建立百人以上客服实行高绩效业绩激励，多品牌线持续扩张
C2B定制模式	尚品宅配：数码全屋定制家具，家居一体化设计解决方案。全国经营30多家直营店和700多家加盟店，年销售超10亿，净利过1亿	在线设计师按照客户要求，利用在线家居素材丰富的特点，设计出符合客户要求的家居，完成下单生产配送安装整体消费闭环
宜家模式	宜家把互联网当成新的渠道，只作宣传，不做交易；把线下购物体验做到了极致，塑造家庭"购物嘉年华"，力求打造情景化的购物体验。宜家中国的销售额超过63亿元，比上一财年增长17%	建立以社交＋粉丝＋产品预售。工厂全员做产品经理，做客服，与客户互动交流，订单转型预售形式，制造极致缩短生产日期，半成品可以自由组装。培养粉丝口碑打造网络品碑
天猫海尔F2C模式	日日顺家居商城的线下体验店	依托淘宝商城家装馆平台建立线下体验馆，并由拥有的17000家社区店日日顺提供配送安装服务
综合形态	1. 以顾家、东鹏等传统品牌为代表的，借助淘宝家装馆、京东商城在网上开店； 2. 直营店＋加盟店＋第三方电商平台网店＋外贸出口； 3. 品牌直营店； 4. 以居然之家，红星美凯龙为卖场类的020模式	没有有效解决消费者装修设计买家居一站式服务的便利性和可靠性

资料来源：中国建筑装饰协会材料委整理

为应对激烈的市场竞争，传统建材家居企业纷纷触网，大规模进军电子商务成为2013年行业最突出特点。越来越多的传统企业加大对线上渠道的运营力度，部分企业加强了对自有电子商务平台的投资。以卫浴品牌入住天猫商城为例，建立专卖店已达到200个品牌以上，其中包括科勒、箭牌、美标、东鹏、九牧、中宇等知名品牌。而以美乐乐、齐家网、尚品宅配等垂直电商平台也在积极探索中国建材家居业电子商务之路。尽管从总体看建材家居网络零售规模尚小，因产品标准化程度不够、线下传统渠道的阻力较大、购买环节的体验度不够、物流配送和售后服务管理落后等多方面原因仍制约建材家居电子商务的发展，在全国网络零售整体规模中所占比例较低，但从长远看，传统企业通过调整优化、融合发展，建材家居电商的地位越来越重要，其交易规模也将越来越大。建材家居业将会在网络零售业务中占据更加重要的地位。

第四章 中国建材家居业的主要问题和不足

我国建材家居业经过几十年的发展，取得了长足的进步，但还存在许多问题和不足。

一、结构性产能过剩依然突出，节能减排压力大

2013年，我国建材业在产业规模不断扩大的同时，产能过剩的矛盾也日益突出，成为制约行业发展的主要因素。产能过剩问题主要是产品结构性短缺和结构性过剩矛盾。其突出表现是：产品结构以中低端和通用型为主，高档、专用产品比例较低，产品质量稳定性与发达国家相比还存在一定差距。

建材家居业作为传统行业，能耗高、资源消耗大、面对环境污染、节能减排和结构调整的压力大，任务艰巨。绿色建材市场整体发展水平较差，尚未形成生产、销售、服务的“一条龙”配套市场体系，相关产品的市场占比较小。至今绿色建材没有很明确的行业评价标准和产品目录，相关定量和定性的产品认证指标也不够完善，通过发展绿色建材带动产业转型升级任重道远。

二、产业集中度低、竞争无序，市场环境有待改善

我国建材家居业企业数量多、平均规模小，产业集中度低，部分企业盲目扩张，进一步导致了产能过剩和市场无序竞争，市场环境有待改善。例如，我国建筑卫生陶瓷企业共计1700多家，建筑陶瓷前十家企业的产量不足全行业产量的1/8，卫生陶瓷前十家企业的产量不足全行业产量的1/6，虽然企业数量众多，但在国际上有知名度和影响力的自主品牌为数不多，出口产品中的自主品牌量不足两成，其余多数为贴牌生产。

由于产业集中度较低最终导致了市场混乱，竞争无序。由于企业规模小、品牌影响力弱、产品同质化严重、经营模式和广告活动雷同，致使行业假冒伪劣产品屡禁不止、产品甲醛超标、质量安全问题频出、行业标准老旧、“傍名牌”现象严重等等。

三、自主创新能力依然薄弱，高素质人才缺乏

我国建材家居业普遍存在技术创新投入不足，人才匮乏现象，自主知识产权少，新产品产值占总产值的比重小，科技对行业发展贡献率较低。研发能力和研发资金投入的不足阻碍了建材家居业产品创新能力和核心竞争力的提高。行业大多是依赖进口高端产品、引进高端技术，或是依赖和研究院所合作研发，或是依赖聘请高素质人才来支持企业发展的，很少有企业依靠自身的力量进行新产品开发的，企业自主创新能力薄弱。

随着建材家居产业的快速发展，人才总量不够，人才队伍结构很不合理，高水平青年人才和领导太少，整体培养质量偏低，国际化程度不高，缺乏一体化的培养体系等现象日益突出。以石材为例，我国还没有一所大学设有石材加工专业，石材行业员工素质比其他行业员工素质相对偏低；在电商方面既懂网络、又懂家居产品的人少之又少，制约行业电商的发展。我国建材家居产业发展到今天，人才问题已成为制约行业和企业发展的关键因素。

四、信息化创新不足，标准化亟需深化

当前，我国建材家居业信息化水平快速提升，但信息化创新还存在突出问题。建材家居生产企业和流通企业的信息化发展不平衡，建材家居企业信息化投入力度不够，尤其是大量小微企业信息化水平较低。在建材家居行业，甚至在一个企业内部，都无法统一设备和原料、物品的代码，“信息孤岛”很多。先进的信息化管理技术在行业应用和推广水平较低，企业创新驱动不足，难以满足专业化生产的需要，生产企业的采购、库存、销售、配送、客户管理等供应链的信息化建设严重滞后。

建材家居业涉及管理部门多，不同领域标准的梳理、修订和衔接难以协调推进。建材家居业标准缺乏系统的顶层设计，消防、安防、节能、环保和使用部门要求不够统一，没有形成统一的标准体系，造成行业面对不同的标准难于适从。涂料、陶瓷、家具、板材等制造领域中的技术标准、废旧产品回收网络、产品销售体系等方面空白很多，产业体系很不完整；装饰辅料、空气净化产品环保不达标影响了行业规范与自律发展。门窗、吊顶、石材等行业通用标准的宣贯落实缺乏强制要求，难于推进。智能家居种类繁多且互不兼容，严重影响产业的转型升级。

五、政策有待进一步落实，管理体制需要转换

我国建材家居业是在充分市场竞争环境下发展壮大的，新的业态形式和发展模式不断涌现，需要相应的国家产业政策支持，但现有经济管理体制与建材家居业发展需要不相适应。

一是缺乏专门的行业主管部门。建材家居业涉及生产、流通、设计、施工、应用等环节，部门多，协调难度大，造成行业管理上下不对口，左右不衔接，以至于一方面国家政策协调难度大，另一方面政策标准执行不易落实到位。二是行业管理职能并未明确纳入国民经济管理体系。在国民经济行业分类、产业统计、工商注册、土地使用及税目设立等方面，建材家居业都找不到对应的类别。

第五章　中国建材家居产业发展方向

一、建筑部品化推动整体家居发展

住房和城乡建设部在《关于推进住宅产业现代化提高住宅质量的若干意见》中，明确了建立住宅部品体系是推进住宅产业化的重要保证的指导思想，同时也提出了建立和完善住宅技术保障体系、建筑和部品体系以及质量控制体系，要求积极发展通用部品，逐步形成系列开发、规模生产、配套供应的标准住宅部品体系。目前，我国部品化发展已取得一定成绩，初步建立了符合产业化方向的建筑（住宅）部品体系，一大批建筑材料和部品部件实现了通用化设计和规模化生产，部品部件的开发能力和生产质量明显提高，如家庭用楼梯、集成吊顶、整体厨房、整体客厅等等，都是部品化发展的具体体现。

在国家住宅部品化政策推动下，整体家居是一个不可阻挡的发展大趋势，国内外众多标准化部件供应商将结成战略合作伙伴，共同研究及发展应用产品，延伸产业链并较多地占有产业价值链的高端，从装饰建材、家具、橱柜到家纺、饰品等整体家居产品链拓展，适应住宅部品产业化要求，更多企业将由单纯原材料供应商向整体、系统解决方案提供商转变。

二、绿色装饰产业链是可持续发展必由之路

改善、消除室内环境空气污染的有效途径就是要大力发展各种绿色建筑装饰材料及其制品，随着国家实施绿色建筑行动计划，完善绿色建筑标准及认证体系、扩大强制执行范围及绿色建筑装饰的市场需求，房地产、建筑装饰企业、建材生产企业也逐渐意识到了绿色建材的重要性，越来越多的企业加入到研发、生产、设计、应用绿色建材的队伍中来。绿色设计、绿色施工、绿色选材等绿色产业链是建材家居业可持续发展的必由之路。

三、产业集中度提高，家居装饰一体化

目前整个建材家居产业还处于自由竞争状态，产业集中度偏弱。未来几年，随

着市场竞争的磨炼和国家政策的引导，国内外资本将大批进入建材家居行业中，兼并整合成为常态，行业相对弱小不注重技术创新的中小企业和区域品牌将被淘汰，大品牌的影响力将增强，行业集中度和品牌集中度将进一步提高。同时，以长虹、海尔、美的等家电企业开始整合资源进入建材家居业，组建集成家居系统，智能家居成为装饰建材及产品的新的发展方向，同时，精装修时代软装的兴起，装饰材料新技术产品的出现，建筑部品化逐步推进，集室内装修、家具陈列、创意饰品设计、智能家居的家居装饰一体化开始形成，将提供一站式集成总包整体解决方案，涵盖室内及公共装修、建材、整体厨房、家居、弱电智能化及全套电器部品等，推动整体家居时代到来，促进家居产业大融合。

四、大数据时代家居全渠道营销来临

随着互联网工业革命的到来，电子商务迅猛发展，营销渠道越来越宽，80 后、90 后逐步成为建材家居消费市场的主力军。他们更崇尚个性化，更具参与设计意识，销售实现与之互动显得尤为重要。建材家居业全渠道营销时代来临，营销模式将从产品、服务全面向数字化、移动互联化转移，多平台整合运营。众多企业将在实体渠道、电子商务渠道和移动电子商务渠道布局，线上线下融合。全渠道模式下的供应链的变革与重组将成为所有品牌和渠道共同面临的问题。未来将出现深度整合厂商优势资源的供应链体系的建材家居渠道平台，精准营销、库存计划、甚至包括上游的生产计划、采购计划、设计施工的全面协作，带来行业的重大变革。

五、卖场、工程集采、电商将三分天下

随着精装房时代来临，房地产及建筑装饰公司集采模式形成，销售终端工程比例将加大。同时电商的兴起、80 后 90 后消费习惯和装修习惯的改变，将给未来建材家居流通市场格局带来深刻变化，原有的企业经销商模式将向扁平化方向发展，更多经销商将向售后服务商、物流配送平台转变，未来建材家居流通模式将由卖场一家独大转变成卖场、工程集采、电商三分天下，新的业态形式不断涌现，营销模式不断创新，市场将日趋繁荣。

参考文献

中国建筑装饰协会 . 2013 年中国建筑装饰行业发展报告 [R]

中国建筑装饰协会 . 中国建筑装饰百强企业发展报告 [R]

中国建筑装饰协会 . 中国建筑装饰产业十二五发展规划纲要 [R]

徐朋 . 我国建筑材料行业的基本情况和发展趋势 [R]
泛家居 . 中国连锁家居卖场网点报告 [R]
高翔、陈澎 . 我国家居产业链整合模式研究 [R]
商务部流通业发展司，中国建筑材料流通协会 . 全国建材家居景气指数 BHI [R]
JURA. 家居行业 5 种经营模式 [R]
李霞 . 中国家居卖场并购事件 [R]
中国石材协会 . 2013 年中国石材行业发展报告 [R]
中国林产工业协会地板分会 . 中国地板产业报告 [R]
中国轻工联合会 . 2013 年中国家具发展报告 [R]
中国轻工联合会 . 2013 年中国照明发展报告 [R]
中国木材与木制品流通行业年鉴（2013）[M] . 北京：中国财富出版社，2014

第二部分　专题报告

第一章　2013 年中国建筑装饰行业发展报告

2013 年是我国经济面对国际、国内形势错综复杂，不确定、不稳定因素不断增加，在中央稳中求进的总方针下取得巨大成就的一年。国际上中东、北非局势持续动荡，东北亚因日本政府右倾化局势变得日益不稳。经济上，欧洲主权债务危机得到缓解，美国经济缓慢复苏，全球经济虽然出现了复苏的趋势，但整体复苏乏力。各国为尽快摆脱衰退，贸易保护主义有所抬头，我国面临的国际经济形势依然严峻，出口增速有所下滑，对整个国民经济的贡献仍然不高。我国政府从容应对，国家综合实力得到进一步提升。中国的和平崛起，需要得到世界更多的理解，合作才是今后发展的基本思路，要有更多国家醒悟。

2013 年，在全国人民期盼和全球瞩目下，召开了中国共产党第十八届中央委员会第三次全体会议，通过了中共中央关于深化改革的决定。会议提出了全面深化改革的路线图和工作目标，部署了经济建设、政治建设、文化建设、社会建设、生态建设领域今后改革发展的主要任务，为全面建成小康社会提出了新的发展思路和新的要求。在深入学习和贯彻“十八届三中全会”精神的基础上，进一步贯彻落实科学发展观，转变行业发展方式，全面顺应国家宏观经济战略的调整，成为建筑装饰行业的一项基本任务。要进一步解放思想、凝聚力量、攻坚克难，为建设富强、民主、文明、和谐的美丽中国，实现中华民族的伟大复兴做出新的贡献。

2013 年，我国经济处于增速放缓的时期，经过全国人民的努力奋斗，克服了重重困难，我国经济实现了 7.7% 的增长速度，高于计划 0.2 个百分点。作为全球第二大经济体和最大的发展中国家，我国继续成为领跑全球经济增长、推动世界经济复苏的重要引擎。农业、科技、建筑业等都有新的发展，建筑装饰行业在这一大背景下，经过全行业的共同努力，行业规模与发展质量等方面，都取得了很大成绩。

一、2013 年全国建筑装饰行业发展状况

1. 2013 年全国建筑装饰行业总规模

2013 年，全国建筑装饰行业完成工程总产值 2.89 万亿元，比 2012 年增加了 2600 亿元，增长 9.8%，比宏观经济增速高出约 2.1 个百分点，体现了行业在国民经

济发展中的基础性和超前性。其中公共建筑装饰装修全年完成工程总产值 1.52 万亿元，比 2012 年增加了 1100 亿元，增长 8%；住宅装饰装修全年完成工程总产值 1.37 万亿元，比 2012 年增加了 1500 亿元，增长 12.3%。

在公共建筑装饰装修中，受高层、超高层建设项目快速增加，建筑幕墙全年完成工程总产值 2500 亿元，比 2012 年增加了 300 亿元，增长 13.6%；成品房精装修受国家产业化政策引导和市场认知程度提高等因素的影响，全年完成工程产值 5000 亿元，比 2012 年增加 500 亿元，增长 11.1%；受国际环境的影响，境外工程产值约为 250 亿元人民币，与 2012 年基本持平。

2013 年，全行业实现建筑业增加值在 1.50 万亿元左右，比 2012 年增加了 1600 亿元，增长 11.1%，其中上缴税收约为 2755 亿元，比 2012 年增长了 12% 左右；劳动者收入 8900 亿元，比 2012 年增加了 1400 亿元，增长 19% 左右；全行业实现净利润约为 580 亿元，比 2012 年减少了 70 亿元，下降 10.3% 左右；全行业平均利润率在 2% 左右，比 2012 年下降了 0.9 个百分点。

2. 2013 年行业内企业状况

2013 年，行业内企业总数在 14.1 万家左右，比 2012 年减少了约 0.1 万家，下降 0.7%。退出市场的企业，主要是承接散户装修、没有资质的小型企业，有资质的基本企业数量变化不大。2013 年，行业内企业间的并购、重组力度加大，特别是上市公司对企业的并购数量与规模都超过 2012 年。但企业的并购、重组都是以股权转让的形式进行的，原企业的法人地位没有改变，因此，并购、重组并未引发企业数量的变化。

2013 年，企业结构进一步优化，企业平均产值约为 2050 万元，比 2012 年增长 11.1%，其中公共建筑装饰领域最大企业完成工程产值 243 亿以上，比 2012 年增长 41.3%；建筑幕墙领域最大企业完成工程产值 140 亿以上，增长近 20%。装饰装修行业年工程产值超过 50 亿元的企业增加到 6 家，比 2012 年增加了 1 家。公共建筑装饰装修百强企业平均年产值 15.88 亿元，比 2012 年增加了 1.41 亿元，增长 12.38%；建筑幕墙 50 强企业平均年产值 24.1 亿元，比 2012 年增加了 4.8 亿元，增长 24.88%，都高于全行业企业的年平均增长水平。

2013 年，新增主业为建筑装饰装修施工一级资质企业，据不完全统计为 112 家；新增建筑装饰装修工程设计施工一体化一级资质企业 75 家；新增建筑装饰装修工程专项设计甲级资质企业 56 家。新增主业为建筑幕墙施工一级资质企业，据不完全统计为 48 家；新增建筑幕墙工程设计施工一体化一级资质企业 39 家；新增建筑幕墙工程专项设计甲级资质企业 26 家。行业现共有建筑装饰装修施工一级资质企业 1520 家、建筑装饰装修设计施工一体化一级资质企业 288 家、建筑装饰装修工程专项设计甲级资质企业 1024 家；建筑幕墙施工一级资质企业 444 家、建筑幕墙工程设计施工一体化资质企业 152 家、建筑幕墙工程专项设计甲级资质企业 450 家。以上数据均包含兼营资质。

2013年新增主业为建筑装饰装修施工二级资质企业约为210家；新增建筑装饰装修工程设计一体化二级资质企业约为350家；新增建筑装饰装修工程专项设计乙级资质企业约为150家。新增主业为建筑幕墙施工二级资质企业约为230家；新增建筑幕墙工程设计施工一体化二级资质企业约为260家；新增建筑幕墙工程专项设计乙级资质企业约为150家。新增建筑装饰装修工程设计施工一体化三级资质企业约为610家；新增建筑幕墙施工三级资质企业约为100家。

截止到2013年底，全国共有建筑装饰行业上市公司12家，其中建筑装饰装修类企业6家，建筑幕墙类企业6家。另有2家装饰公司在股权交易所成功挂牌交易。根据2013年福布斯公布的财富排行榜，苏州金螳螂的朱兴良以124.4亿排在第55位；浙江亚厦的丁欣欣以95.8亿排在第82位；深圳广田的叶远西以63.4亿排在第153位；江河幕墙的刘载望以56.7亿排在第187位，成为行业内最有社会价值的企业。

截止到2013年底，在中国证监会等候审核批准上市的装饰企业有7家，分别是深圳奇信建设集团股份有限公司、上海全筑建筑装饰工程股份有限公司、苏州柯利达装饰股份有限公司、深圳建艺建筑装饰股份有限公司、深圳名雕装饰股份有限公司、深圳亚泰建筑装饰股份有限公司、上海康新建筑装饰股份有限公司。另外，有38家企业已经完成股份制改造，同证券商达成上市的协议，开始进入上市的相应程序；有近百家企业正在进行上市的前期准备。

天津皇冠幕墙装饰有限公司、青岛东亚装饰股份有限公司在全国中小企业股份转让中心挂牌交易；另有5家装饰公司准备进入新三板挂牌交易。北湖凌志装饰工程（武汉）股份有限公司、海南金厦建设股份有限公司、上海兆祥建筑装饰股份有限公司分别在武汉股权托管交易中心挂牌交易；在深圳前海股权交易所挂牌交易的建筑装饰企业有25家。加上在天津、重庆两股权托管交易中心挂牌的企业，在股权托管交易中心挂牌的企业已达34家。预计未来几年，将持续有装饰公司上市，资本市场中一板、二板、三板的装饰板块还将持续扩充，登陆资本市场与社会共享企业发展成果的企业数量将不断增加。

3. 2013年行业从业者队伍状况

2013年全行业从业者队伍约为1600万人，比2012年增加了50万人，增长3.2%。全年接受大专院校毕业生约20万人，行业内受过高等系统教育的人数达到230万人，比2012年提高了9.5%，受过高等教育人数占从业者总数的14.4%左右，比2012年提高了0.4个百分点。2013年新增装饰工程设计人员约15万人，增长幅度约为12.5%，全行业设计人员总数约为135万，占从业者总数的8.4%左右。

受长期计划生育政策影响，新生劳动力不足，以及农村政策调整、新生劳动力职业观念影响等因素，建筑装饰工程施工一线劳动力募集日益困难，劳动力成本上涨速度持续加快。目前，建筑装饰行业已经成为农民工工资增长最快、最高的行业，行业一线施工人员平均工资为250元/日，增长13.6%左右；技术工人平均工资为350元/日，增长9.4%左右；其中水、电、镶贴工平均工资为400元/日。

2013 年全行业人均劳动生产率为 18.06 万元，比 2012 年提高了 10.6% 左右。行业劳动生产率的提高，主要影响因素是产业化水平的不断提高，具体表现在施工过程的成品率不断提高。目前公共建筑装饰装修工程的平均成品率在 60% 左右，最高的可达到 90% 以上；住宅装饰装修工程的平均成品率在 40% 左右，最高的可达到 70% 以上。同时，产业化水平提高具体表现在劳动力结构的变化上，目前施工现场作业人员与生产加工基地人员数量比约为 6∶4，大型骨干企业可达到 5.5∶4.5。

行业从业者队伍的年龄构成中，20 ~ 35 岁的从业者主要集中在工程设计、施工管理、工厂加工领域，女性比例在 70% ~ 80%；而施工现场作业人员主要由 35 岁以上的中老年人构成，男性比例在 90% 左右。由于年轻技术工人补充严重不足，施工现场劳动力老化现象日益突出，从业者队伍的年龄、性别结构越来越不合理。行业已经到了改变施工作业方式的临界点，必须通过技术升级才能解决，是转变行业发展方式的重要推动因素。

二、2013 年中国建筑装饰行业的特点

1. 国家宏观政策影响

建筑装饰行业作为建筑业的重要组成部分，在国计民生中占有极为重要的地位，在全面建成小康社会中发挥着无可替代的作用，是社会、政府高度关注的行业。国家宏观经济政策的调整，对建筑装饰行业的发展具有强烈的影响力。

（1）政府停建楼堂馆所造成一定影响

自新一届政府上任后，停建了政府投资的大部分基本建设项目，在建的工程项目也大幅度降低了装修的档次，对建筑装饰市场形成一定影响。政府停建楼堂馆所得到人民群众的广泛赞誉，但对整个建筑装饰市场却是工程资源的减少。各级政府投资的公共建筑装修工程约占建筑装饰工程总量的 5% 左右，虽然所占的市场份额不大，但却是市场中的优质资源，其影响的是行业内的一些大型骨干企业，特别是个别有国企背景的企业受到的影响较大。

（2）保障性住房建设的影响

保障性住房建设和棚户区改造是新一届政府关注的重点，也是调整结构的基本性投资，全部是成品住宅建设，到 2013 年进入室内装修的高峰期。棚户区改造和保障性住房装饰装修，原设想会由结构施工企业完成，但由于各级政府对此项惠民生工程高度重视，现主要是由专业建筑装饰工程企业独立分包完成。2013 年，国家颁布实施了《住宅室内装饰装修工程质量规范》(JGJ 304) 行业标准，进一步规范了保障性住房建设，对建筑装饰行业，特别是住宅装饰装修市场影响极大。

第一是对促进住宅装饰装修的产业化具有强大的推动作用。保障性住房建设是为解决城市低收入家庭的住房问题，全部是精装修的成品房，不需要也不允许二次装修，而且住宅基本功能配置要求十分齐全。保障性住宅装饰装修不仅解决了城市弱势

群体参与享受发展成果问题，对开发商有很强的指导与引领作用，对建筑装饰工程企业形成新的专业市场也具有很强的推动作用。保障房装修提升了企业采购平台建设、资源整合与分户施工管理能力，为适应房地产开发商成品房装修积累了经验。

第二是对住宅装饰装修价格体系的完善发挥了重要作用。保障性住房全部是精装修后的成品房，装修造价一般控制在 350 ~ 400 元 /m^2，还要保证质量和环保。在政府采购平台以大规模集团采购价格优势的支持下，专业装饰装修企业很好地完成工程并有微利。这一价格水平为住宅装饰装修价格体系的丰富和完善起到了重要作用，对商品房精装修造价起到了一定的指导作用。

第三是对提高行业的社会地位发挥了重要作用。由于保障性住房建设是一件"惠民生"的大事，得到各级政府的高度重视，各级领导都亲临施工现场视察和指导，亲自感受了建筑装饰装修从业者的工作、劳动热情与艰辛，对行业的认知水平有了很大提高。建筑装饰工程企业大规模、高品质的参与保障房建设，对社会转变对行业的认识、提高行业的社会美誉度起到了积极的作用。

（3）国家税制改革的影响

营业税改增值税是为了减轻企业的税负，增强企业发展活力，为此国家在 2013 年进行了整个建筑业营业税改增值税的试点工作。根据试点地区的实际情况分析，建筑装饰工程企业，特别是从事建筑室内装饰装修工程设计、施工的企业，由于施工工地分布地域广、涉及材料品种繁多、合作的厂商涉及的经济门类多、甲方供应的材料量大且范围广、绝大多数供应商为小型企业、劳动定额价格与市场实际价格差异巨大、工程付款方式复杂、工程款长期拖欠等诸多因素的影响，税制改革后，企业的税负不但没有减轻，反而大幅度增加，严重恶化了装饰企业的生存状况。2013 年在营业税改增值税后，政府相关部门虽然采取了一定的措施，减少了企业的税务负担，但对企业，特别是运作规范的建筑装饰工程企业，还是产生了一定的影响。

（4）既有建筑物节能改造的影响

国家对既有建筑物节能改造的政策的实施，要通过建筑装修改造工程完成。对既有建筑物进行节能改造，是实现低碳发展，建设资源节约、环境友好型社会的重要内容，也是建筑装饰行业未来发展的一个重要方向。2013 年，国家颁布实施了《房屋建设与装饰工程量计算规范》（GB 50854），对工程量清单报价进行了规范，对既有建筑物节能改造的力度也进一步加大。大城市中老的居民区楼房的楼顶改造、外墙外保温、金属门窗等改造大面积展开，已经形成了一个巨大的细分专业市场，为建筑装饰行业的可持续发展提供了新的市场资源。建筑装饰工程企业应该高度重视这一细分市场，积极做好技术、施工管理等方面的储备，形成新的比较优势，在既有建筑物节能改造中发展好企业。

（5）国家对房地产市场调控的影响

2013 年政府对房地产市场采取了更严厉的调控措施，以抑制投机性、投资性需求为重点，继续使用了限制购房、提高购房贷款首付比例和利率等手段，控制过快增长的房价。经过政府、房地产商、购房者等各方的博弈，房价虽然持续上涨，但上涨幅度明显放缓，刚性需求得到了恢复，购房者是以改善性、刚性自住需求为主体，购房后就装修的比重大幅度提高。政府对房地产市场的调控，对提升住宅装饰装修市场容量，缩小房地产开发增长与住宅装饰装修增长之间的巨大差距发挥了重要作用。

（6）国家农民工政策的影响

农民工是构成建筑装饰行业从业者的重要组成部分，当前国家对农民工的政策，造成建筑装饰企业成本高、风险大、责任超重。国家劳动价格定额一般 5 年以上才做调整，调整的幅度远低于劳动力市场的实际价格，目前差距是 3 ～ 5 倍。同时，国家对劳动力市场价格形成没有任何约束机制，但在工程造价中却严格控制劳动力价格，造成大量劳动力成本无法消化。由于国家政策倾斜于保护农民工，造成对农民工的管理风险加大，目前已出现不论工作效率、质量，干一天就要结一天工资的现象，不仅造成工程运作的困难，也造成严重的质量风险和隐患。拖欠农民工工资的主要原因是建设单位拖欠应支付的工程款，其中以政府在筹备大型活动、标志性建筑、面子工程等建设中尤为突出，而法律责任却要由施工企业承担，严重影响企业生存和行业发展。

2. 房地产行业变化对行业发展影响大

房地产是建筑装饰行业的上游行业，也是建筑装饰工程企业最持久的业主群体。房地产市场的变化，不仅影响住宅装饰装修市场，也对公共建筑装饰装修市场起到重要的影响。2013 年，在国家对住宅地产进行常态化调控的大背景下，房地产开发中住宅地产的投资规模增长速度下降，但仍然保持了 20% 以上的增长速度。在保障房建设和棚户区改造的带动下，房地产开发结构也经过调整与优化，对建筑装饰行业的发展品质产生了重要影响。

（1）精装修成品房影响大

房地产市场需求变化，使成品房装修在房地产开发中的比重持续增加。由于 2013 年房地产市场中的购房者是以改善性需求的二次置业者为主体，而改善性需求是以青年人结婚和老年人改善养老居住条件为主，对精装修后的成品房认知程度比首次置业的购房者高。经过几轮对房地产开发商的严厉调控，继续生存下来并有开发能力的都是有实力的大开发商，很多是以开发成品房为主的开发商，对精装修成品房的开发过程有长期的经历和丰富经验。在国家产业政策和奖励政策的引导下，成品房精装修的比重在房地产开发中继续增长，对建筑装饰行业产生重要影响。

第一是对大型建筑装饰公司的业绩增长提供了可持续的资源。据对业内大企业，特别是上市装饰公司业绩构成的统计分析，精装修成品房的工程量，在企业工程总量中的构成所占的比重很高，最高的可达 70%。有些房地产开发商，同业内装饰大企业已经有长期的战略合作协议，把大量的住宅精装修工程直接交给大型建筑装饰工程企业，为建筑装饰企业带来低成本、模式化、可持续增长的市场资源。

第二是提高了大型装饰工程企业的市场整合能力。由于住宅精装修工程使用的材料、部品的品牌相对固定，采购量大，因此，更能发挥出建筑装饰企业掌握市场终端的优势。由工程企业搭建的采购平台，不断扩大采购的范围与规模，提高采购中的议价能力，实现了低成本采购。经过近几年住宅精装修工程实践，各大型建筑装饰工程企业的材料、部品采购成本都有所下降，提升了住宅装饰工程的创利能力。

（2）房地产开发项目结构变化影响大

国家对住宅建设开发的调控力度增大，使住宅开发项目的增长速度下降。但房地产商要生存与发展，就要持续进行开发，旅游地产、商业地产等其他房地产项目开发比重增加。特别是有实力的大型房地产开发企业，把城市综合体建设作为开发的重点，包括大量商业、办公、金融、旅游、体育等设施的建设，为建筑装饰工程企业提供了大量公共建筑装饰装修工程资源。2013 年，房地产开发商为建筑装饰工程市场提供的公共建筑装饰装修工程量，增长了 15% 左右，有效地抵消了政府投资减少的影响，保持了公共建筑装饰市场的增长。

（3）房地产企业与建筑装饰工程企业的战略合作水平不断提高

经过近几年政府调控和市场的融合，房地产开发企业对建筑装饰工程企业的认知水平和依赖程度不断提高。特别是建筑装饰行业拥有上市公司之后，房地产开发商同装饰工程企业合作不断深入，逐步形成了战略合作伙伴关系，对提高建筑装饰行业发展品质具有重要的影响。房地产开发商与建筑装饰企业的战略合作，不仅大幅度降低工程企业的市场维护成本，提高创利水平，同时，在技术研发体制与机制建设，联合进行技术开发、新技术应用、节能环保产品推广等方面，也具有重要的保障与推动作用。

3. 行业转型发展正在深入

2013 年行业召开了第二次科技大会，1500 多位企业代表参加了会议。会议总结了 2003 年第一次科技大会以来 10 年间建筑装饰行业科技发展的成果；广泛交流了近 10 年来企业在科技创新、管理创新方面的经验和成果；表彰了一批在科技创新、管理创新方面取得成就的企业；命名了一批科技研发院所和专业化工程企业；提出了今后行业科技发展的道路和措施。住房和城乡建设部、工业与信息化部、科技部的有关领导出席了会议并讲了话，会议共设立了 10 个论坛，分别就绿色设计、施工技术创新、管理创新、专业化发展、节能环保材料、幕墙技术等进行了高水平的推广交流，成为 2013 年行业的一件大事、盛事。

行业在宏观经济加快转变发展方式的大背景下，如何全面顺应国家发展战略的调整，已经成为行业发展的一个重要课题。经过行业内企业，特别是领军大型企业经过探索、试验、创新，发挥出引导与示范作用，建筑装饰行业的发展方式正在发生转变，具体表现在以下几个方面。

（1）绿色发展意识增强

建筑装饰行业作为资源消耗性服务业，在建设资源节约、环境友好型社会中具有极为重要的地位。不断提高建筑装饰工程项目的节能减排、低碳环保、生态安全水平，以最小的资源、能源代价，为社会提供安全、舒适、健康的生活、工作环境，是建筑装饰行业可持续发展的关键。2013 年，中国建筑装饰协会举办了一系列论坛、演讲等活动，主题都是围绕行业如何转变发展方式，实现绿色发展这一关键问题展开工作，提高了行业从业者队伍对绿色发展的认知水平，增强了节约意识、循环意识、生态意识、生命意识，强化了行业对绿色发展的紧迫感和使命感。

（2）设计的地位得到了提升

设计在转变行业发展方式中具有突出作用，是行业由劳动密集型行业转化为文化、艺术、技术密集型行业的关键。提高建筑装饰工程设计的地位，增强设计的生存与发展能力，是当前要解决的中心课题，经过全行业的努力，已经取得了一定的效果。2013 年设计在量和质的方面都取得了较大进步，苏州金螳螂建筑装饰股份有限公司在并购全球著名的 HBA 酒店设计公司之后，形成了 3600 人的设计团队，国际、国内设计产值超过 18 亿元。J&A 深圳姜峰设计有限公司作为专业的建筑装饰工程设计企业，已经成功地运作 10 年以上，业务范围包括港澳地区和东南亚，为专业设计公司的发展树立了榜样，提高了专业设计公司发展的信心。

设计地位得到提升的另一个表现就是国际化水平的提高。2013 年不仅有国内设计企业与国际知名设计机构的合作，也有大量国际知名设计师参与国内建筑装饰工程项目的设计，更有大量的国外设计师到国内的建筑装饰企业及设计机构工作，不仅说明我国建筑装饰设计市场得到国际上的广泛认可和重视，也表明了设计在国内业主中的地位在逐步提升。我国建筑装饰工程设计市场虽然还存在很多问题，但在转变行业发展方式中的作用越来越大。

（3）以绿色设计、施工技术推动产业化水平提高

2013 年建筑装饰工程企业，特别是大型骨干企业加大了对绿色设计、绿色施工方面的技术研发力度，在节能减排、低碳环保、健康安全、提高质量等方面取得了一批新成果。在全面持续推进工厂化加工、现场装配式施工工艺的基础上，工程中应用的成品化部品、部件比重有新的提升，在异型吊顶成品化、部件及构件标准化、节能门窗、新型保温材料、节水卫浴产品等方面取得了一批新的专利技术，为实现绿色发展提供了强有力的技术物质保障。

2013 年全国建筑工程装饰奖进一步向绿色节能技术与产品倾斜，全国共有 366 项建筑装饰工程、209 项建筑幕墙工程荣获全国建筑工程装饰奖；65 项建筑装饰工程设计获得全国建筑工程装饰设计奖；科技示范工程 612 项、科技创新成果 493 项，为行业树立了一批在质量安全、节能减排、生态环保方面的新标杆。获奖企业均为行业内的大型骨干企业，工程运作方式的产业化水平普遍高于一般企业，对推进产业化起到了很好的示范作用。

（4）产业园区建设有新的发展

近几年建筑装饰工程企业在政府产业政策的支持和引导下，加大了产业园区的建设力度，投资以文化创意、工程设计、技术研发、新型材料及产品生产等为内容的产业园区建设取得新进展。建筑装饰工程企业以再生产投资的形式为调整企业的发展战略、发展方式、经营结构、创利模式奠定了物质基础，取得了极大的成功。2013 年，有实力的建筑装饰工程企业又投资建设了一批新的产业园区，使全行业拥有的产业园区数量增加，运行能力也得到普遍提高。

建筑装饰工程企业的产业园区投资不仅调整和优化了企业的资本结构、人才结构，提高了建筑装饰工程企业对社会的服务能力，增强了核心竞争力，也为企业开辟了新的投资领域，增强了企业的资本实力，提高了资本市场对建筑装饰工程企业的信心，提升了企业登陆资本市场的能力，对实现企业发展转型具有极为重要的意义。产业园区建设也对行业结构调整和市场结构优化，推动行业提高产业化水平发挥重要作用。

4. 行业结构不断优化

转变行业发展方式的基础，是行业内结构的调整与优化。近几年来，行业在企业结构、市场结构、人力资源结构等方面都在进行调整与优化。2013 年是行业内结构调整与优化力度加大的一年，具体表现出以下特点。

（1）企业结构不断优化

2013 年，是业内企业结构调整力度较大的一年，企业数量减少，但生存下来的企业发展质量有所提高。受国内市场变化的影响，行业内的竞争日益激烈，2013 年有 2 千家左右没有专业特点的小型装饰公司退出市场，新成立的小型装饰公司不足千家，使企业总数下降了 1 千家左右，企业数量持续保持下降的态势。随着产业链的整合，新成立的建筑装饰工程企业，主要是为大型工程企业配套的专业化企业，提高了行业的专业化水平和大型企业的工程配套能力。无特色小装饰企业的退市，优化了企业结构，对净化与规范行业市场，提高建筑装饰工程资源利用水平有积极作用。

2013 年也是业内企业兼并、重组力度较大的一年。行业内大型骨干企业，特别是上市公司着眼于国内经营布局，加大了对区域性优势企业的兼并、重组力度，以尽快开辟区域市场并取得业绩。在全国布局的同时，企业也更重视专业配套，使大型建筑装饰工程企业发展能力普遍提高，百强企业的发展速度明显快于企业的平均水平。大型骨干企业在行业内实施的并购、重组，对全行业转变发展观念，提升现代企业意识，增强先进企业在管理、技术创新成果的溢出能力，提高可持续发展水平方面具有重要的基础作用。

经过 2013 年企业结构的调整与优化，目前企业结构更为合理，业内企业的平均发展进度明显加快，企业平均年工程产值已经达到 2050 万元，比 2012 年提高了 11 个百分点，表明企业的生存能力与发展品质普遍得到提高。由于企业间发展客观存在的不平衡，致使企业层次更加分明，为合理性配置工程市场资源奠定了组织基础。随着企业结构的调整和产业链的整合，目前行业内的核心企业与专业化企业的配套更为科学，对提高工程运作的效率与质量，增强企业创利能力创造了条件，也为行业的产业化发展奠定了组织基础。

（2）市场结构与环境不断优化

除劳动力市场外，建筑装饰行业在资本市场、技术市场、人才市场等方面都发生了积极的变化，结构得到优化。

利用并登陆资本市场，使企业获得超常规、可持续发展能力，不仅有鲜活的榜样，也获得了业内的共识。2013 年是建筑装饰企业做好登陆资本市场准备最积极的一年，在证监会等待审批的企业比 2012 年多了 5 家，达到 7 家之多，为今后几年资本市场中装饰板块的持续扩大打下了基础。虽然当前对公司上市的审批管理很严，但建筑装饰行业惠及民生、资源永续、业态常青的特点，决定了行业的重要性、稳定性和增长性，得到了资本市场的高度认可，建筑装饰企业的上市具有可持续性。虽然 2013 年没有一家新的建筑装饰公司上市，但预计未来几年内，每年都会有建筑装饰企业上市。

在资本市场的作用下，建筑装饰行业内企业结构与梯次将发生重大变化，由上市装饰公司构成第一梯次、由百强企业构成第二梯次、由一级企业构成第三梯次、由有资质企业构成第四梯次、由无资质企业构成第五梯次的企业结构正在形成。这一结构与梯次已经得到社会、投资者的高度认可，已经成为工程资源分配的重要依据，使工程市场资源的配置越来越与企业结构相匹配，推动了市场结构的调整与优化。

与企业结构调整与优化同步，行业技术市场的结构也在不断调整优化。在施工技术、节能技术、环保技术等研发方面，由于大型建筑装饰工程企业具有实力雄厚、人才聚集的优势，由其集成或整合的技术具有先进性，二次研发的能力强，是技术市场的主体。也有一些专业化中等规模的企业，在专用技术和产品研发方面具有比较优势成为技术市场主体。2013 年有一批建筑装饰专利技术得到批准，主要集中在材料、部品、构件方面，特别是在成品化、标准化技术及节能环保产品与技术方面尤为突出。当前行业技术市场结构的构成非常复杂，建设水平仍然不高，很多先进技术还未能经过技术市场得以推广应用，但通过企业之间的整合、重组，先进技术的溢出效应越来越大。

伴随企业结构优化，人才结构日趋合理。在大型装饰企业的生成过程中，高端的复合型人才得到培养、锻炼和提高，形成一批新的能够在大型企业从事决策、管理的人才。经过近几年大专院校的持续扩招，每年进入行业的毕业生逐年增加，建筑装饰行业内专业人员队伍逐年扩充，在从业队伍中的比重日益提高。当前，高端复合型人才、名牌设计师、科技带头人虽然数量不足，但已形成初步基础；项目经理、设计师、科技人员、管理者队伍不断扩大；除一线操作工人外，技术后备人才队伍补充及时、日益壮大，专业人才结构越来越适应行业转变发展方式，实现可持续发展的要求。

5. 劳动力短缺已成为重要瓶颈

建筑装饰行业是一个传统的劳动密集型行业，施工一线劳动力资源的数量、质量和发展性，直接决定了行业的发展质量和企业的生存状况。由于长期的低生育政策，我国新增劳动力逐年减少，有意进入建筑装饰行业的新劳动力就更少，造成行业严重的用工荒。这一现象自 21 世纪开始就已出现苗头，随着国家三农政策的调整、新农村建设等因素的影响越来越严重，已经严重影响到行业的发展，成为制约行业发展的重要瓶颈。

从可持续发展的观念分析，目前高工资募集劳动力已到尽头。当前行业中脑体倒挂的现象十分严重，进入行业的新大学生，月工资水平在 3000 元左右，而一个镶贴工的月工资水平在 10000 元以上，是一个大学生的 3 倍多。造成这一现象的原因，除年轻人就业观念因素外，主要的原因是劳动力短缺和行业生产作业方式艰辛，其中生产作业方式又是根本。不改变建筑装饰工程的生产作业方式，只依靠高工资募集劳动力只能是恶性循环，只会持续拉高一线施工人员工资，削弱企业、行业的可持续发展能力。

2013 年，业内越来越多的企业家意识到，要从根本上解决劳动力短缺，必须通过主导技术的改革与升级，大幅度削减工程运作中的劳动力用量，使劳动力供需达到新的平衡，才能从根本上解决问题。借鉴产业革命和其他行业的发展经验，劳动力供给短缺将引发的自动化、智能化技术革命是产业升级重要的动力。根据行业第二次科技大会确定的策略，要促进建筑装饰行业的技术升级，除行业内企业的努力外，调整劳动定额、理顺定额与劳动力实际价格关系、增加建设投资中工资的比重、提高投资者对新技术的认知水平也很关键。只有整个社会提高对技术革命的认识和行为能力，保障建筑装饰工程企业具有科技研发能力，才能达到以技术手段大幅减少劳动用工的目标。

当前企业拥有一定的能力进行科技攻关，在资金与人员的安排上，重点要放在成品化与机械化两个技术方向上。成品化就是要持续提高施工现场的成品率，要通过精准的设计，实现由工厂化加工向标准化、工业化的转化，提高提供给现场的部品、部件、构件的精度和装配性。机械化就是要在标准化、工业化基础上，研发、推广使用适合装配化施工要求的专业机具，提高施工现场装配施工的机械化水平，以此提高效率和质量。通过成品化、机械化，改革和升级建筑装饰工程施工的主导工艺，改变施工现场的生产作业方式，降低劳动作业的体力支出，是解决劳动力短缺的根本途径。

在现代社会化大生产条件下，建筑装饰作为集成与整合多种行业技术的行业，要改革和再造工程运作模式，提高产业化水平，专业化发展要求日益迫切。以建筑装饰工程企业为核心和龙头，组织专业材料、机具、部品、部件生产厂商，共同进行适用技术研发的体制建设，是充分发挥专业厂商的技术与人才优势，解决好部件、部品的成品化、标准化及施工作业的规范化、机械化的关键，是推动产品、技术换代升级和提高施工现场劳动效率的重要途径，这也是今后一段时期落实行业第二次科技大会要求的重点。

三、2014 年行业发展形势展望

2014 年是贯彻落实党的“十八届三中全会”精神，全面深化改革的第一年，也是贯彻执行“十二五”发展规划纲要，全面实现“十二五”发展目标的重要一年。虽然存在着不确定、不稳定的因素，但根据中央经济工作会议确定的稳中求进的要求，2014 年国民经济的增长指标定在 7.5% 左右，建筑装饰行业在以现代化、城镇化、工业化为经济、社会总发展途径的大背景下，仍将会有很大的发展空间。

1. 国际经济形势分析

根据 2013 年国际经济运行形势分析，虽然欧洲主权债务危机的影响仍未从根本上消除，中东、北非的局势及乌克兰、泰国等国内动荡还在持续，美国战略东移与日本右翼政府的反华政策影响不断加大，但仍存在着积极的因素。经过 5 年与经济危机的抗争，各国在处理经济危机中已经积累了较为丰富的经验；美国、欧洲经济在缓慢复苏；和平与发展仍然是全球的主导思想，对话与协商仍然是解决矛盾与纠纷的主导方式；国际间的经济、技术合作还在不断加强，国际形势仍有利于我国的发展。

在这一大背景影响下，建筑装饰行业的发展空间仍将有所扩展，特别是建筑幕墙行业的发展空间将有较大扩展。我国正处于由建筑幕墙生产应用大国向建筑幕墙研发制造强国转化的关键时期，建筑幕墙行业的领军企业在技术创新、全球布局、提升核心竞争力等方面，都具备了国际工程市场竞争实力。近几年建筑幕墙企业在国际市场的表现十分突出，承接了一批在国际上有影响力的标志性工程，品牌影响力、技术竞争力、工程业绩持续增长。2014 年，这一态势仍将持续，在国际建筑幕墙工程领域中的比重还将提高，特别是在新兴经济体工程市场将尤为突出。

除建筑幕墙外，在公共建筑装饰装修、住宅装饰装修方面，在国际市场中也会有机会。特别是随着我国国际地位的提高、中华文化全球的认知水平的提升和综合实力的增强，企业参与国际经济、文化、科技交流活动频繁，建筑装饰装修工程市场机遇将会持续增加。近 10 年来，我国有一批建筑装饰工程企业已经持续在国际工程市场承接工程，并取得很好的业绩和口碑，具备了在国际工程市场的竞争实力。在国际经济缓慢复苏的过程中，中国作为全球制造业基地，发挥的作用将越来越强劲，建筑装饰装修的国际需求也将不断恢复、增长，我国建筑装饰工程企业的国际工程机遇将会增多。

2. 国家宏观经济形势分析

在宏观经济增长减速的大背景下，政府压缩基本建设项目投资，房地产调控政策等也会形成不利于建筑装饰行业持续增长的因素，需要业内企业予以高度重视并采取积极的应对措施。

我国宏观经济对建筑装饰行业的发展虽然存在着很多不确定、不稳定因素，但也应该看到，通过深化改革进一步释放改革红利，市场在资源配置中的作用进一步提高，我国宏观经济的发展仍然具有较大的优势。对于具有基础性、超前性的建筑装饰行业，在经济、社会、政治、文化与生态建设中，为建设美丽中国，实现中华民族伟大复兴中具有重要的作用，宏观经济发展为建筑装饰行业提供充沛的正能量。宏观经济对建筑装饰行业的可持续发展提供的空间，主要表现在以下几个方面。

加快城镇化建设是我国实现全面小康的基本国策，也是宏观经济调整和优化结构，提高人民生活品质的基本途径。在城镇化过程中，将为以房地产业为龙头，包括建筑业、装饰装修业、建材业等组成的产业集群提供巨大的市场发展空间。2013年我国城镇人口增加了1.1%，达到7.3亿，按1%的年城市化率计算，每年将有1千多万人口转为城市人口，产生的建筑新需求将有数十亿平方米。因此，在未来10年，中国将保持每年20亿平方米以上的建筑工程量，为建筑装饰行业带来巨大的新市场增量。

绿色发展、节能减排是我国的一项基本国策，特别是持续的雾霾天气已经唤醒了民意，也是建筑装饰装修行业可持续发展的重要基础。建筑装饰行业作为资源消耗型服务业，要实现可持续发展，就必须全面顺应基本国策，不仅要加强对450亿平方米既有建筑物进行节能改造的技术、工程运作模式、新型材料应用等方面的投入，同时要在新建筑装饰装修工程实施中推动绿色设计、低碳施工、环保材料、节能运行、循环利用、生态平衡等新理念、新思路，应用新技术、新产品、新工艺，提高各类资源的利用效率与效果。在宏观经济调整带动转变行业、企业、工程运作模式的过程中，不仅能够扩大行业的规模，也能够提高行业的发展品质。

优先保证农业发展也是我国的一项基本国策。随着新农村建设、建材、家电下乡等政策的落实，我国农村及中、小城镇建设的水平不断提高，建筑装饰装修需求也将持续增长。农村及中、小城镇建设中对装饰装修需求，将推动装饰装修业市场结构的变化，特别是在东部经济发达地区，新农村建设中的装饰装修将持续较高地增长，应该引起整个行业的高度重视。深入研究新农村建设中的建筑装饰需求并积极、认真地做好市场开拓的准备，将是全面建成小康社会中建筑装饰行业的一个新亮点。

提高中华文化软实力也是我国的一项基本国策，特别是党的十七届六中全会之后，不断提高对中华民族文化的自信与自觉，已经成为推动经济运行的重要因素。建筑装饰业作为集技术、文化、艺术为一体的行业，在国家文化建设中担负着重要的任务。在提高中华文化软实力中的基础设施建设中，以各类文化、艺术、体育、娱乐设施建筑装饰工程为载体，弘扬中华民族的优秀传统文化，不断提高对民族文化、艺术的应用水平，是国家加强文化建设，提升中华文化国际地位的重要领域，也为建筑装饰行业提供新的发展空间。

2013 年行业在加强对建筑装饰设计领域的管理，重视工程的原创设计；提高装饰装修工程设计人员的文化认知和实用转化能力；增加装饰工程中的文化、艺术含量等方面取得了较好的进展，也将是行业、企业 2014 年面临的一项重要任务。随着国家行政审批制度的改革，在落实和完成这一任务中，将会产生更大的原创动力，吸引更多的人才进入建筑装饰设计领域，将全面提升行业的发展质量，增强企业的可持续发展能力。

3. 房地产及相关行业形势分析

根据 2013 年房地产市场运行状态分析，2014 年房地产市场仍然是稳健发展的一年。国家对房地产市场的严厉调控将继续执行，但市场预期除房地产税制改革外，不会出台新的房地产调控政策；在国家税制改革后，地方财政对土地收入的依赖程度加重，土地价格将持续走高，但在 2014 年可能会有财政制度改革转变这一现象；国家要求非地产主业国有房地产企业退出房地产市场的政策并没有得到认真执行，国有房地产商成为拉动地价上涨的主导因素。在诸多因素作用下，2013 年房价仍然居高不下，而且有较大幅度的上升，在 2014 年大幅下降的概率极低。

经过多轮对房地产日益严厉的调控，房地产市场已经发生了重大变化。特别是政府的限购政策的持续实施，目前投资与投机性购房基本已被挤出市场；当前房地产开发商库存近 10 亿平方米现房，2013 年之前的几年空置率持续走高，目前已售的空置房总量在 40 亿平方米，随着国家房产税的征收由试点向全面展开的临近，投机、投资购房者心理压力加大；特别是拥有大量房产的人士，在强大的反腐倡廉舆论压力和不动产统一登记的作用下，有可能在 2014 年大幅度削减房屋的持有量等因素的作用，将引发二手房市场的交易规模的扩大和价格波动，房价过快上涨的势头可能受到抑制。

房地产市场中政府、房地产商、购房者之间的博弈在 2014 年将继续进行，市场仍存在着大量不确定因素。但在大规模城镇化过程中，房地产的基础地位和保障性作用不但不会削弱，反而会越来越强。作为国民经济的支柱产业，房地产开发的投资与建设规模，还会持续高于国家整体经济增长水平，特别是大型房地产商的开发能力经过几轮调控得到了显著提升，商业地产、旅游地产、文化地产等项目增长较快，大型城市综合体建设，为建筑装饰行业提供可持续增长的工程市场资源，预计 2014 年公共建筑装饰装修增长将在 9% 左右。

在住宅开发建设方面，2013 年由于政府、房地产开发商的共同参与，供给结构得到了优化。保障房、商品房的供应量都保持了持续增加，但保障房供不应求，商品房供略大于求的特点非常明显。这一趋势在 2014 年还将继续保持，住宅开发建设的总体不会有很大波动。同时，改善性需求的实现、二手房市场的活跃、大量既有住宅装饰装修也会不断增加，特别是 20 世纪建设的住宅已经进入装修改造的高峰期等多种因素的作用日益增强。所以，2014 年我国住宅装饰装修市场将恢复较快增长，预计增长幅度在12%左右。

由于购房者以改善刚性需求为主、装修造价在房价中的比重持续降低、开发商开发资源整合实力的不断增强和国家产业政策引导的力度加大等因素，在住宅地产中精装修后的成品房比重还会进一步提升。特别是国家2014年将有700万套左右的保障房建设将进入室内装修阶段，全部是精装修后的成品房。再加上房地产开发商开发建设的精装修成品房，预计2014年成品房装修的工程量比2014年增加15%左右，市场规模将达到5750亿元左右。

在住宅产业化政策和建筑装饰行业产业化发展的作用下，为建筑装饰装修提供物质支持的材料、部品、部件、构件生产经营厂商，在标准化、集成化、成品化等方面将会有很大的技术与市场发展空间。为了同房地产开发商、建筑装饰工程承包商建立长期的战略合作伙伴关系，材料供应商除在价格上要采取创新措施，给开发商与工程承包商留出相应利润空间外，提高产品的集成化水平、节能环保性能、装配化施工操作性和工程配套保障能力，将是2014年工程材料供应商技术与管理创新的重要任务。加强整个产业链的合作，提高全产业链的协同性、互补性和统一性，将对产业链内各行业的持续发展，发挥着重要的基础与推动作用。

4. 行业内运行形势分析

根据2013年行业运行状态分析，2014年建筑装饰行业仍将是调整和优化结构、转变行业和企业发展方式，实现加快产业化目标的重要一年，也是行业贯彻落实十八届三中全会精神，在建设美丽中国中积极发挥正能量的第一年。行业在2014年将预计在以下几个方面会有较剧烈的变化。

行业内一个突出的普遍性问题是劳动定额与市场价格的严重背离，成为制约行业可持续发展、企业提升生存品质和创装饰工程精品的重要瓶颈。按定额计算工作量、按市场价格计算劳动力价格，实行“量价分离”的呼吁已经20多年，但至今仍无结果，成为行业内最为关切的普遍议题。按当前的定额标准支付劳动报酬，既不符合当前的劳动力市场现状，也与党的“十八大”提出的劳动者收入倍增目标相违背，对建筑装饰企业的生存与发展构成极大的困难，也是制约行业发展的重要因素。

发挥好建筑装饰行业在全面建设美丽中国历程中的作用，就要优先解决好企业与从业者关系的问题，包括发展好企业，扩大就业规模和理顺劳动者报酬的两个方面。没有企业就没有就业岗位，因此，要首先为企业的发展奠定基本条件，以企业发展带动就业岗位的增长。劳动者收入增加应该建立在企业服务能力与质量提高的基础上，通过企业创利增加才能实现。其中占从业者队伍近80%的一线生产工人的收入问题，不仅是企业内部分配问题，也是社会收入分配问题，是在经济、政治、社会、文化、生态建设中都绕不开的坎，应该引起政府、社团和各方主体的高度重视，并尽快加以解决。

就企业层面上分析，2014年大型骨干企业的扩张力度还将增强，特别是上市公司未来在全国布局，兼并、重组地方性品牌企业的速度有加快的趋势。企业通过投资与再投资进行结构调整的力度还会持续进行，以基地、园区建设为载体，调整企业的经营结构、转变企业资本、工程的运作方式，提升企业的社会配套服务能力，也将是 2014 年企业运作的亮点。积极做好企业上市的筹备工作，仍然是 2014 年优秀企业的一项重要工作内容，2014 年预计会有 1 ~ 2 家装饰企业上市。

就技术层面上分析，2014 年仍然是大力发展节能减排、低碳环保、生态循环等技术的重要一年。在国家环境污染治理、建筑节能改造、人们低碳生活方式推广、更加注重健康与生命安全、持续关注环境安全等外部压力的作用下，以建筑装饰装修技术发展再造工程的运作模式，推动行业标准化、工业化发展已经成为行业共识。新研发、推广的产品、技术，在提高节能、环保的基础上，更要在成品化、标准化、装配化方面有所突破，以达到提高劳动生产率的目标，特别是要大幅度缩减施工现场的作业人员。

就市场层面上分析，2014 年仍然是工程资源不断得到优化配置的一年。随着行业内部企业结构的不断调整与优化，企业的梯次越来越稳定，社会的认可度越来越高，已经成为工程资源分配的重要依据。特别是在优质工程资源的分配中，上市公司、百强企业逐步成为参与大型工程资源分配的必要条件，对工程资源分配的影响作用越来越大。规模不大、实力不强、专业不突出的企业，在市场中生存与发展的空间会越来越小，而集团化、专业化的大企业，在市场中的发展会越来越快，形成市场资源的优化配置和良性循环。

由于建筑装饰行业是一个完全竞争性行业，又是一个以民营经济为主体的行业，行业协会在行业发展中的作用就尤为重要。2014 年，将继续在健全和完善行业的标准、规范体系；以标准化、工业化推动行业产业化发展；扶持业内大型骨干企业做强、做大；清理和整顿行业市场，维护公平竞争秩序；加强行业分类指导，提升企业发展品质；推动行业文化建设，共筑行业核心价值观体系；加强产业链建设，搭建跨行业合作平台；反映行业诉求，加强同政府相关部门联系等方面，发挥行业社团组织的作用。2014 年中国建筑装饰协会成立 30 周年，将举办务实、热烈、简朴的庆祝活动，总结发展经验，提升行业社团在行业内的影响力凝聚力。

综上所述，2014 年在有利的宏观、中观经济环境的支持下，建筑装饰行业发展前景是光明的，增长速度应略高于整个国民经济的增长速度，预计年增长幅度在 10% 左右。要实现这一增长目标，需要全行业的共同努力，进一步凝聚共识、攻坚克难、不断创新、艰苦奋斗来完成。

第二章　2013 年石材行业发展报告

——2013 年行业运行分析及 2014 年行业发展趋势

2013 年，石材行业加快转型升级步伐，不断深化产业布局调整和产品结构调整，产业集中度和产业集群建设水平进一步提高。在积极巩固传统市场的同时，更加重视家装和新兴市场的开拓，全年规模以上石材企业保持了平稳较快增长，除出口外，主要经济指标增速继续回落。

一、2013 年行业总体运行情况

1. 生产持续快速增长，增速有所回落

2013 年，规模以上企业板材产量为 66355 万平方米，比上年增长 17.1%。其中，大理石板材产量为 19822 万平方米，比上年增长 30.0%，增速比上年回落 1.1 个百分点；花岗石板材产量为 46533 万平方米，比上年增长 12.3%，增速比上年回落 14.4 个百分点。

从下图可以看出，2013 年板材产量增速回落，花岗石板材产量显著。

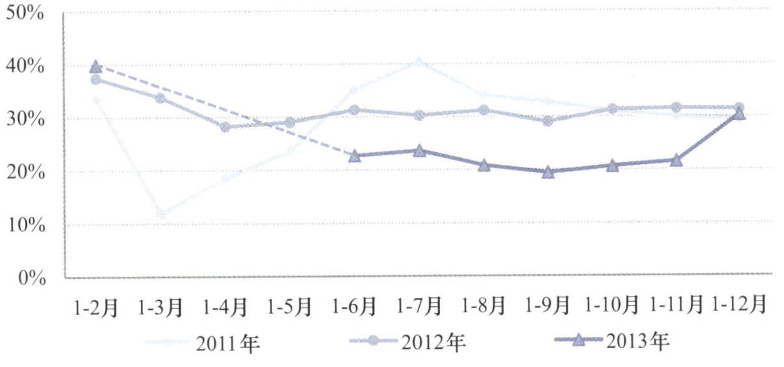

图 2-2-1　规模以上企业大理石板材产量累计增幅

从区域看，中部地区规模以上企业大理石板材产量增长最快，增速达 85.9%；湖北和河南是增长最快的两个省，增速分别为 133.6% 和 79.2%。西部地区中，贵州和陕西两省增速最快，分别为 89.2% 和 63.0%。东部地区中，福建、广东和山东大理石板材产量分别比上年增长 4.1%，35.4% 和 16.4%。虽然东部地区增幅不及中、西部地区，但东部地区产量所占的比重超过 45%，远高于中、西部地区。

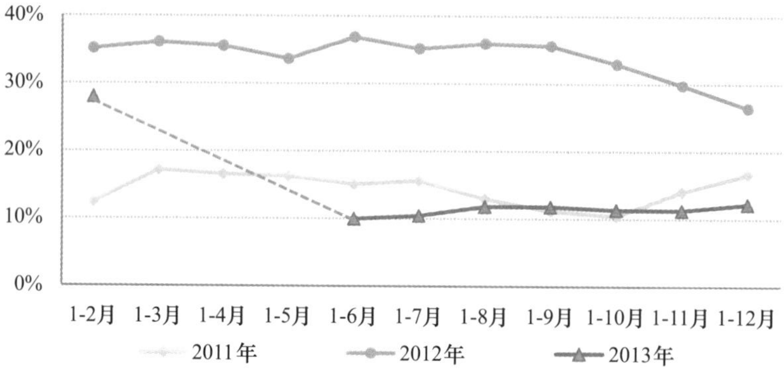

图 2-2-2　规模以上企业花岗石板材产量累计增幅

从区域看，西部地区规模以上企业花岗石板材产量增长最快，增速达 23.2%；甘肃和四川是增长最快的两个省，增速分别为 92.2% 和 35.0%。中部地区主要省份中，尽管河南、湖北和湖南三省增速分别为 15.5%，29.4% 和 19.1%，但由于吉林省增速为 –35.1%，影响了中部地区的整体表现。东部地区的主要省份：福建和广东花岗石板材产量分别比上年增长 22.3% 和 61.5%，而山东则下降了 6.4%。受吉林省板材产量下降 35% 的影响，中部地区花岗石板材产量出现下降。由于东部地区保持了一贯的增长速度而中部地区的增速下降，使得东部地区产量所占的比重再次超过 70%，市场、技术和人才优势使得东部地区在花岗石加工方面更具优势。

表 2-2-1　2013 年规模以上企业大理石、花岗石板材产量变化

地区	大理石板材产量			花岗石板材产量		
	增幅	本年比重	上年比重	增幅	本年比重	上年比重
东部地区	9.6%	38.9%	46.1%	16.2%	71.1%	68.7%
中部地区	85.9%	21.9%	15.3%	–7.7%	16.2%	19.7%
西部地区	32.2%	39.2%	38.6%	23.2%	12.7%	11.6%
环渤海地区	17.4%	7.8%	8.6%	0.6%	21.9%	24.4%

2. 主营业务收入及利润持续增长

2013 年，规模以上企业主营业务收入达 3477 亿元，比上年增长 21.6%，增速比上年回落 2.1 个百分点。累计实现利润 304 亿元，较上年同期增长 28.2%，增速比上年回落 2.3 个百分点。每百元主营业务收入中的成本为 82.80 元，比去年同期高出 1.50 元；主营业务收入利润率为 8.74%，比去年同期提高 0.45 个百分点。应收账款比上年增长 26.1%，增幅比上年回落 4.8 个百分点；存货及产成品分别比上年增长

21.2% 和 20.1%，低于主营业务收入增幅。

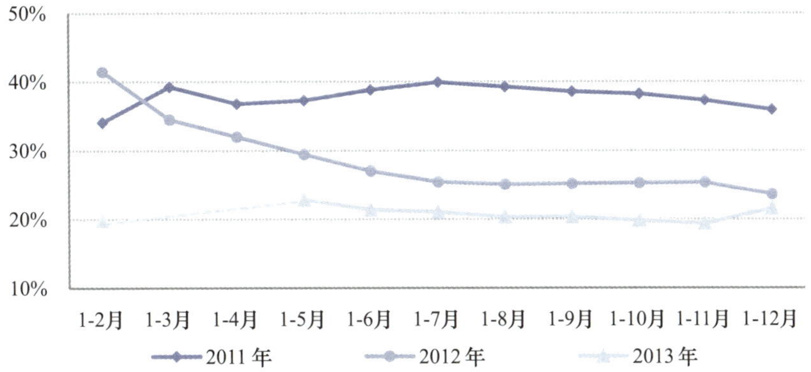

图 2-2-3　规模以上企业主营业务收入累计增幅

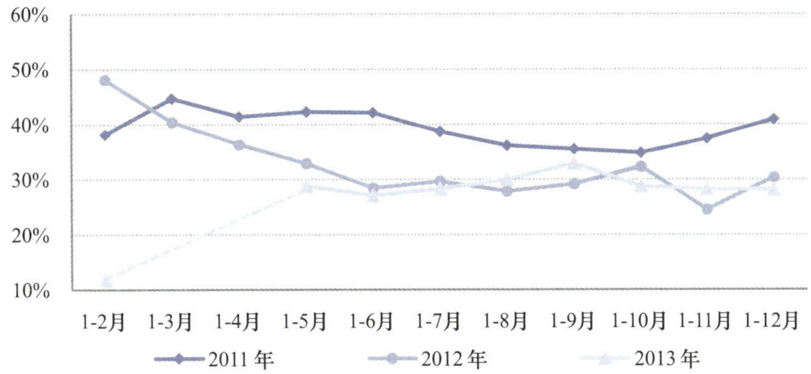

图 2-2-4　规模以上企业利润总额累计增幅

2013 年，开采企业主营业务收入比上年同期增长 21.0%，利润总额增长 29.6%，每百元主营业务收入中的成本为 81.84 元，比去年同期高出 1.02 元；主营业务收入利润率为 8.28%，比去年同期提高 0.55 个百分点。从区域看，虽然中部地区规模以上企业主营业务收入增长最快，比上年同期增长 27.2%，但其利润总额增长 28.1%，仅高于收入增速 0.9 个百分点；而东部、西部及环渤海地区的利润增速分别比收入增速高出 12.2 个百分点，13.4 个百分点和 19.5 个百分点。

加工企业主营业务收入比上年同期增长 21.8%，利润总额增长 27.9%，每百元主营业务收入中的成本为 83.03 元，比去年同期高 1.61 元；主营业务收入利润率为 8.85%，比去年同期提高 0.43 个百分点。从区域看，西部地区规模以上企业主营业务收入与利润总额增幅均超过其他地区，分别比上年同期增长 41.8% 和 44.5%。东部、西部及环渤海地区的利润增速分别比收入增速高 10.0 个百分点，2.7 个百分点和 10.5 个百分点，而中部地区利润增速比收入增速低 2.5 个百分点。

表 2-2-2　2013 年规模以上企业收入利润变化

地区	开采企业		加工企业	
	主营业务收入	利润总额	主营业务收入	利润总额
东部地区	17.8%	30.0%	19.8%	29.8%
中部地区	27.2%	28.1%	19.9%	17.4%
西部地区	17.3%	30.7%	41.8%	44.5%
环渤海地区	15.8%	35.3%	15.9%	26.5%

3. 投资加速增长

2013 年，建筑用石开采与加工累计投资 1595 亿元，比上年增长 28.9%，增速比上年提高 5.1 个百分点。其中，建筑用石开采累计投资 482 亿元，比上年增长 23.0%，增速比上年回落 2.8 个百分点，主要原因是东部地区投资下降；建筑用石加工累计投资 1113 亿元，比上年增长 31.6%，增速比上年提高 8.7 个百分点。东部地区开采投资首次出现下降。而中西部地区随着资源的不断开发，开采投资不断增长，特别是西部地区增速仍在 50% 以上。东部地区各省市除上海外在加工方面的投资全部呈现快速增长，在加工设备更新、完善环保设备以及厂房等基础设施建设方面加大了投资力度。

表 2-2-3　2013/2012 年区域投资额变化

地区	开采投资			加工投资		
	增幅	本年比重	上年比重	增幅	本年比重	上年比重
东部地区	–10.7%	23.8%	32.7%	45.7%	43.1%	38.9%
中部地区	29.9%	42.2%	40.0%	38.7%	37.0%	35.1%
西部地区	53.2%	34.0%	27.3%	0.8%	19.9%	26.0%
环渤海地区	–1.6%	23.1%	28.9%	31.8%	19.4%	19.4%

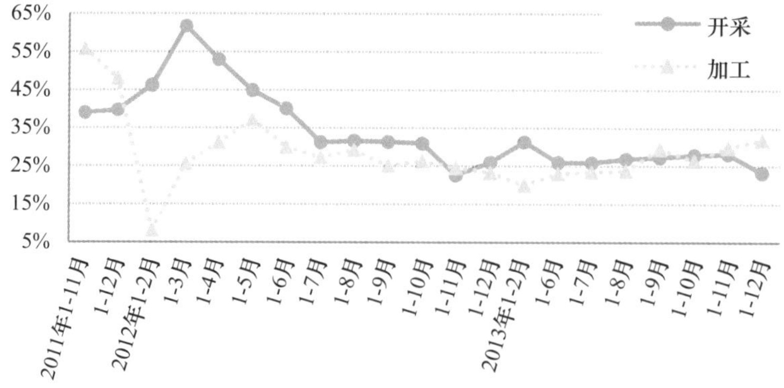

图 2-2-5　规模以上企业石材开采与加工投资累计增幅

4. 进出口同比大幅增长

2013 年，石材进出口累计 4238 万吨，同比增长 12.4%，增速比上年提高 11 个百分点；进出口额累计 95.1 亿美元，同比增长 18.0%，增速比上年提高 12.5 个百分点。

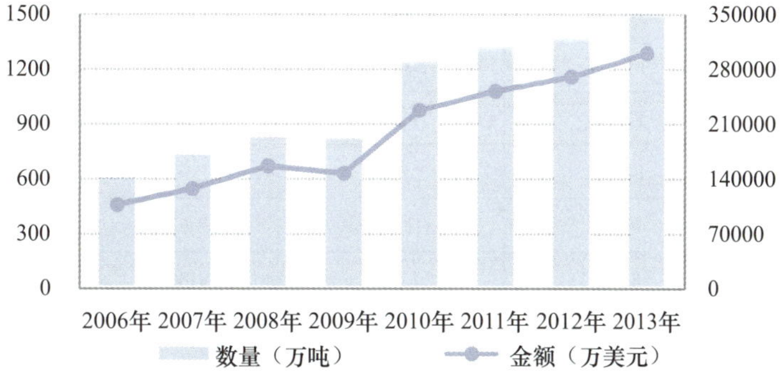

图 2-2-6　进口石材量值走势图

2013 年，进口石材 1497 万吨，同比增长 9.7%，增速比上年提高 6.0 个百分点；进口额 29.9 亿美元，同比增长 11.2%，增速比上年提高 4.0 个百分点。其中，进口大理石荒料 935 万吨，18.2 亿美元，同比分别增长 9.2% 和 10.8%；自土耳其和埃及进口的大理石荒料量分别占 45.1% 和 19.8%。进口花岗石荒料 439 万吨，8.9 亿美元，同比分别增长 9.4% 和 11.6%；自印度和巴西进口的花岗石荒料量分别占 62.3% 和 18.5%。

2013 年，石材出口 2742 万吨，同比增长 13.9%，增速比上年提高 13.7 个百分点；出口额 65.3 亿美元，同比增长 21.4%，增速比上年提高 16.7 个百分点。其中，石材制品占出口总量的 40.6%，占出口总额 97.1%；各种石料的碎粒、碎屑及粉末，占出口总量的 55.8%，占出口总额 0.9%；各种石材荒料占出口总量的 3.7%，占出口总额 2.0%。

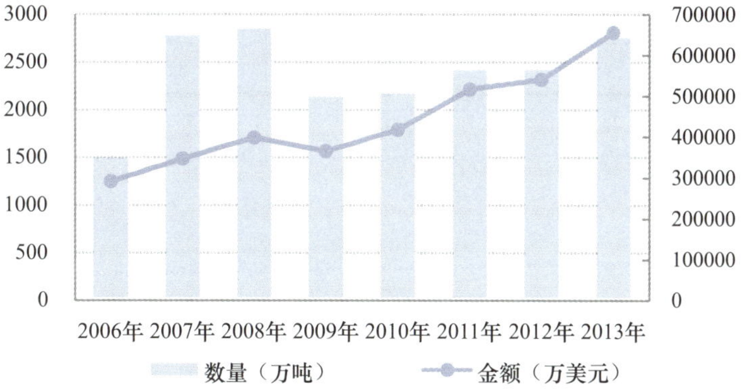

图 2-2-7　出口石材量走势图

2013 年，中国对中东、北美及东盟的出口数量和金额均有大幅增长。特别是沙特（9.4%，53.0%）、阿联酋（3.1%，36.8%）、伊拉克（44.4%，106.3%），越南（17.2%，59.6%）、马来西亚（9.0%，40.7%）和新加坡（111.9%，140.1%）。

表 2-2-4　2013 年主要关区进口数量、金额及比重变化

关别	同比		本年比重	
	数量	金额	数量	金额
厦门	12.1%	14.2%	61.6%	61.6%
深圳	-1.6%	-0.5%	10.8%	11.4%
上海	11.8%	13.1%	9.8%	9.4%
广州	14.3%	10.0%	9.3%	9.0%
天津	-9.0%	1.8%	6.5%	5.9%
合计	8.9%	11.0%	98.0%	97.4%

表 2-2-5　2013 年主要关区出口数量、金额及比重变化

关别	同比		比重	
	数量	金额	数量	金额
厦门	14.3%	11.8%	56.8%	52.5%
深圳	107.5%	24.6%	4.5%	18.3%
青岛	1.1%	11.9%	9.0%	6.5%
福州	-12.0%	135.6%	7.7%	4.6%
天津	4.9%	7.0%	2.3%	4.4%
广州	13.0%	101.8%	0.9%	3.1%
上海	-2.3%	10.6%	0.4%	2.2%
乌鲁木齐	50.0%	120.3%	0.4%	2.1%
合计	12.1%	20.2%	82.0%	93.7%

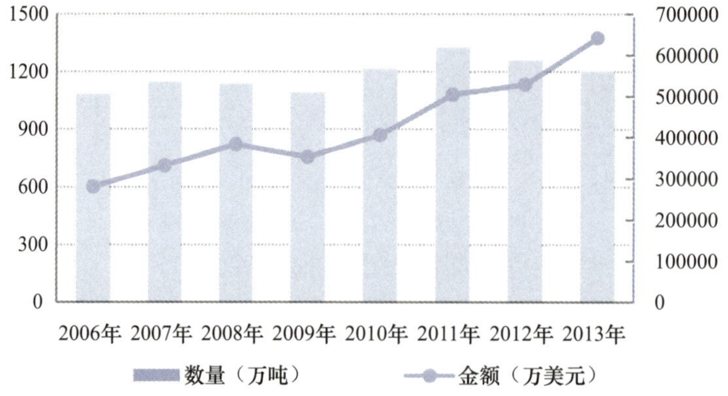

图 2-2-8　出口石材量值走势（不含 25174900）

表 2-2-6　中国主要出口地区及国家变化

地区及国家	同比		比重	
	数量	金额	数量	金额
欧盟	-8.7%	8.5%	21.5%	15.5%
中东	12.9%	53.7%	12.8%	13.1%
东盟	41.4%	60.1%	14.1%	10.8%
韩国	-6.6%	8.7%	20.1%	14.2%
日本	-3.5%	5.7%	8.4%	11.7%
美国	16.6%	22.8%	5.6%	11.4%
其他	-30.7%	20.5%	16.5%	21.8%
合计	-4.5%	21.2%	100.0%	100.0%

注：以上为不含碎石及石粉的量值变化

5. 行业转型升级加速，结构调整、产业布局取得新进展

以南安市为代表的石材产业集群地在引领行业转型升级方面迈出更大步伐，定位更清晰、目标更明确。立足水头，布局全国，是南安石材企业转型的一个重要方向。通过资本市场助力企业转型也是不少南安石材企业的选择，通过上市融资完善从矿山到加工再到装饰工程应用的石材全产业链，进而实现企业的转型升级。环球石材在 2013 年成功完成石材行业第一单私募债券融资为众多石材企业提供了向资本市场直接融资的一个样本。差异化服务、主攻高端市场为中小企业提供了一条与石材大佬们不同的转型之路。作为我国最大的石材产业集群地，南安的石材产业已初步形成了产业集聚程度高、产业链条完整、集群效应明显、资源循环利用的专业化特色产业集群，石粉和碎石综合利用率分别达到 65% 和 90%。2013 年南安市石材产业被商务部确认为全国首个国家级外贸转型升级基地。南安市正加速实现从石材加工基地，向世界石材交易中心的转变。

广东省云浮市石材产业的转型升级，以弘扬石文化、打造百亿元石材集群和世界石材采购中心为目标，以石材产业园区化发展入手，通过“云浮国际石材产业城”建设，使石材产业从“马路经济”走向园区经济，推动石材行业的可持续发展向前迈进。依托国家石材产品质量监督检验中心（广东）和广东省石材标准化技术委员会，为云浮石材提高产品整体质量、淘汰落后产能、规范行业发展、促进行业转型升级提供了有力的标准和技术支撑。云浮通过举办国际石材展和石文化节以及建设网上交易平台为世界了解云浮、云浮走向世界搭建了优质的平台。

山东省莱州市通过发展循环经济、引进新型建材项目和石材深加工项目，提高行业整体科技创新水平，积极打造国内花岗石品牌，引导石材产业向高端化、国际

化、环保化转型升级。山东省平度市和日照市对辖区石材加工企业实行园区化管理，完善企业和园区的环保配套设施建设，实现了集中生产、集中配置资源、集中治污，加快对环保不达标企业的淘汰力度，使石材行业整体面貌改善，提升了行业清洁生产水平，促进了产业升级。

作为东北亚地区最大的石材开采和加工基地的吉林省蛟河天岗石材产业园区加快石材产业升级和生态文明建设，园区石材企业更新先进设备步伐加快；液体废弃物集中处理企业落户并投产；已投产的废弃物加工企业产量提高；新落户的废弃物加工项目和石材集散地市场等项目建设稳步推进。资源利用率提高、产业链延长、附加值提升、生态环境改善，花岗石材产业呈现良性发展态势。

2013 年，石材行业加大资源开发力度，在产品结构和产业布局方面也取得了可喜的成绩。贵州思南、屏东、安顺，甘肃瓜州，新疆博乐、和硕，云南丘北，河南信阳、南阳、平顶山以及江西吉安、遂川等地，依托当地丰富的石材资源，加快园区建设，按照“科学规划、合理布局、有序开采、保护环境、持续发展”的思路，合理开发利用资源，发展循环经济，使石材业成为区域经济新的增长点，解决了当地大量劳动力的就业问题，带动了餐饮、住宿、商贸等第三产业的快速发展。以贵阳金石产业园为代表的西部石材园区化建设，不仅依托资源、促进了当地石材产业的规模化发展，更是形成了产业发展、人口聚集、市场扩大的良性互动，经济效益、社会效益双双显现，有力地促进了区域石材产业和城镇化的共同发展。

二、主要问题

在行业取得了可喜成绩的同时，我们应该清醒的看到，石材行业整体小、散、乱的面貌尚未根本改变，由于矿山开采不规范而造成资源的浪费，由于管理粗放掩盖了石材行业、石材产品绿色、环保、节能的本来面目，加深了政府、社会对石材行业的误解。石材行业在很多地方被认为是生态文明建设的破坏者，面临整体退出的无奈处境。当前行业存在的主要问题包括：

1. 资源浪费严重、管理落后

虽然我国石材资源十分丰富，但过度开采，随意开采，浪费资源的现象十分严重，不仅破坏了生态环境，还危及矿区周边群众利益；同时品种单一，同质化恶性竞争现象十分严重。石材矿山普遍缺乏统一规划，开采过程矿山和加工企业产生的石粉和废渣未完全处理，大量堆放在加工厂和矿山周边，困扰企业的正常生产和长远发展。已进入园区的石材加工企业管理普遍缺失，石粉和废渣随意倾倒，清洁生产还未推开；资源开发处于粗放状态，矿山企业基本没有做过详细的地质矿产资源勘探，无法掌握资源分布储量的详细信息，不利于石材规划的制定和实施。

各地政府和行业主管部门也就此采取了不同的应对措施。到 2015 年，福建泉州将全部关闭所有饰面石材矿山，实现整体退出。贵州省人民政府办公厅发布通知，大幅提高石材资源税税率。新疆奇台、广西贺州通过加强税收监管，加强石材资源的管理。尽管石材正成为更多地方的支柱性产业，但加大对石材行业的整治力度也逐渐成为各石材产地的重要工作。浙江的丽水、杭州、萧山，四川成都，山东日照、平度，福建晋江、泉州，河南驻马店，辽宁大连，重庆万洲，广东云浮，湖北麻城、黄冈，江西九江等地纷纷开展石材加工行业污染整治。

2013 年 11 月 14 日，国家安监总局发布了《关于加强水泥制造和石材加工企业粉尘危害治理工作的通知》，在为期一年的时间里集中开展专项治理，针对石材行业的清洁生产和安全生产又一次拉响了警报，不达标企业将面临依法关闭的处罚。

2. 专业人才匮乏严重制约行业发展

企业生产经营的每个环节都离不开人工，职工素质的高低直接影响着企业运作质量的优劣，直接决定着企业管理的好坏。目前，我国还没有一所大学设有石材加工专业，就普遍意义而言，石材行业员工素质比其他行业员工素质相对偏低，我国石材行业发展到今天，人才问题已成为制约行业和企业发展的关键因素。目前，石材企业一线从业人员多以初中毕业生为主，缺乏相关职业技能培训、安全意识薄弱，石材专业技术和管理人才也严重不足。专业人才的缺乏将极大影响行业的健康发展。

3. 创新能力亟待提高

产品创新、技术创新和营销模式的创新是企业把握需求，引领消费需的关键，与发达国家相比我们还有很大差距。中央经济工作会议提出“把拉动增长的消费、投资、外需这‘三驾马车’掌握好”的要求。“消费”将在今后的经济发展中起到“基础”的作用。石材业的产品结构、加工工艺以及营销模式如何创新，是我国石材业必须认真对待的问题，关系到石材业未来如何更好更快发展，关系到产业升级和现代石材业建设。

三、2014 年行业发展展望

1. 行业发展的新形势

从 2013 年的出口统计数字看，欧盟市场持续疲软，美国市场正在复苏，中东和东盟强劲增长，英国（23.2%，24.7%）和哈萨克斯坦（26.6%，49.0%）也表现不俗。根据美国大理石协会的问卷调查，2014 年石材企业的设备采购意愿增强，从侧面表明了美国企业对市场的正面预期。联合国《2014 年世界经济形势与展望》报告显示，2014 年世界经济形势有望进一步改善，整体经济复苏步伐将加快。尽管美国经济将加速复苏、欧洲经济也有望走出衰退，但世界经济仍面临诸多不确定和不稳定因素，贸易保护主义的形式可能变得更加隐蔽。

2013 年，我国经济呈现出稳中有进、稳中向好的发展态势。根据中央经济工作精神，2014 年我国经济社会的首要任务是“要努力释放有效需求，充分发挥消费的基础作用、投资的关键作用、出口的支撑作用，”把拉动增长的消费、投资、外需这“三驾马车”掌控好。在改革激发活力、新型城镇化和服务业加快发展、消费加快增长、外部环境总体向好等有利因素的支撑下，中国经济增长将保持在合理增长区间。

预计，2014 年固定资产投资增速将继续保持在 19%，居民收入水平稳步增长，消费能力进一步提高。

2. 2014 年石材行业发展预测

2014 年，是全面贯彻落实党的十八届三中全会精神、全面深化改革的一年，是石材行业完成“十二五”规划目标的关键一年，各地石材主管部门、各省市石材行业组织以及广大石材企业，面临着更为紧迫转型升级压力，石材行业在资源的合理开发、利用，在清洁生产和安全生产，在产品创新和管理水平提升、扩大石材的消费及应用方面都将做出更大的努力，取得更大的进步。

预计，2014 年，石材行业将继续保持平稳增长，规模以上石材企业大理石板材产量比上年增长 20%；花岗石板材产量比上年增长 10%；主营业务收入增长 15%，实现利润增长 20%；投资增速仍将超过 15%；石材进出口总额增长 5%。

四、2014 年协会工作重点及建议

1. 加强调研、做好规划引领

重点围绕石材业节能减排，为城镇化提供的产业支撑，做好《石材行业“十二五”发展规划纲要》的中期评估，开展“十三五”发展规划的前期调研，为各地石材业的发展指明方向。

2. 进一步加强标准的引领作用

积极做好《饰面石材露天矿山技术规范》、《石材行业清洁生产技术规范》和《石材加工生产安全要求》的宣贯；推动《饰面石材矿产地质勘察规范》、《装饰石材矿山露天开采工程设计规范》、《装饰石材应用护理技术规范》的制修订，推动《石材行业清洁生产评价指标体系》的出台，加快《石材产业园区建设规范》和《石材矿山管理规程》的起草，健全石材标准体系，为各地产业升级和行业准入提供依据，强化标准引领作用。

3. 拓展培训范围

不断完善石材护理行业人员的职业培训，启动石材护理技师的培训。重启石材生产工职业培训，并逐步扩大培训范围。努力提高石材行业从业人员的从业水平，提升从业人员技术水平，促进行业的进步发展。

4. 加大行业宣传力度

2013 年伊始，国家公发布了《绿色建筑行动方案》，“十二五”期间，完成新建绿色建筑 10 亿平方米；到 2015 年末，20% 的城镇新建建筑达到绿色建筑标准要求。石材是所有建材中，最具绿色、节能、环保特质的建筑装饰材料。我们应该抓住这

一机遇，加大宣传，使石材作为提档升级的装饰装修产品获得更广泛的应用。

2014 年协会将在上海、广州、成都、武汉等主要消费城市进一步宣传《白皮书》及“三家联合通告”，在行业支持下开展万里行活动，推动石材产品进入家装市场。

5. 争取政策支持

为鼓励企业积极利用石材加工过程中产生的碎石和石粉，开发新技术、提高资源利用率，减少废弃物的排放，协会将开展人造石利废政策调研，为企业争取税收等政策优惠。

针对石材行业近年兴起的宝玉石热，开展对含有方钠石等矿种的归类做出系统调研及分类建议，从根本上解决企业可能面临的高额进口关税，为海关检验放行提供科学依据。

6. 支持各地产业升级

深入调研，加强指导。在中西部及新兴石材产区加大调研工作力度，支持湖北咸丰、麻城、贵州思南、兴义等地发展特色产业，力争在国家重点推动的连片贫困区的资源调查及石材产业规划中有所建树，指导区域石材业的跨越式发展。

第三章　2013 年中国家具行业发展报告

一、经济运行分析

2013 年，家具行业为较好地适应宏观经济调整带来的变化，在宏观经济增速放缓、国际市场需求不足的情况下，加快推进产业转型升级，较好地实现了发展速度与发展质量的统一。随着宏观经济调整的基本到位，调整压力得到有效释放，家具行业的经济运行质量全面回升，经济总量保持了较快的增长。从运行特征看，表现出以下特点：

（一）行业发展稳中求进，经济运行整体平稳

2013 年，家具行业规模以上企业 4716 个，累计完成主营业务收入 6462.75 亿元，同比增长 14.30%。

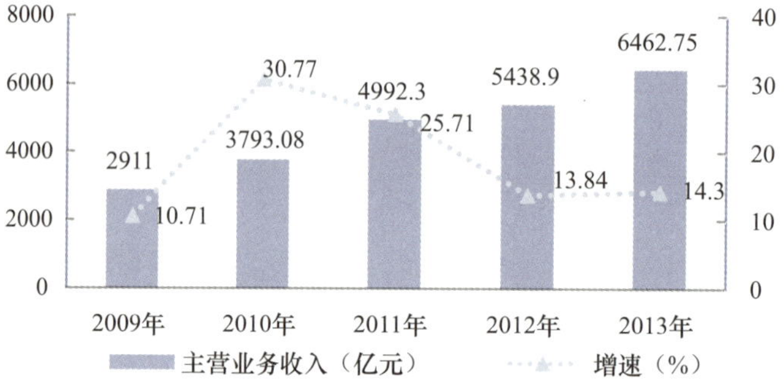

图 2-3-1　近五年家具行业主营业务收入变化

注：（1）图中均为规模以上企业数据，2011 年起规模以上企业的统计标准变为年主营业务收入 2000 万元及以上全部工业法人企业。

（2）2009 年和 2010 年的数值均为当年 1 ~ 11 月的累计值。

数据来源：中国轻工业经济运行及预测预警系统

伴随着国家宏观经济调整，2013 年上半年家具行业的经济增速放缓，这种阶段性的趋势变化，是市场为适应宏观经济调整做出的必然反应。随着宏观经济调整基本到位，家具行业的运行质量全面回升，发展速度进入比较合理的区间。从家具行业的经济运行轨迹看，与全国工业经济运行走势相似，上半年工业增加值的月度增

速呈震荡下行走势，下半年企稳回升后保持平稳发展的态势。

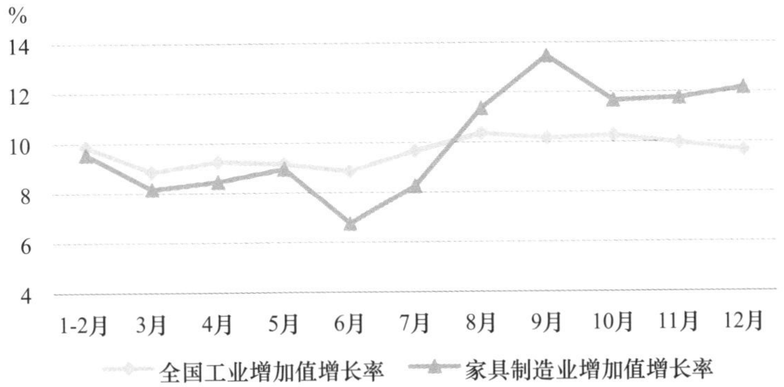

图 2-3-2　2013 年全国工业与家具行业月度工业增加值增速比较

数据来源：国家统计局

（二）调整压力得到释放，发展环境有所改善

随着宏观经济调整的快速到位，调整压力得到释放，此轮宏观经济调整对家具行业的直接影响相对有限。2013 年，行业经济运行启稳向好，与调整后的宏观经济增速相适应的行业合理的发展速度初步形成，从全年经济运行走势分析，15% 左右是较为合理的增长区间。

发展环境有所改善的主要表现是：行业发展的基本面向好，民生工程、新型城镇化建设等政策导向更加清晰，发展前景更加明朗；市场在资源配置中起决定作用，政府对经济的人为干预减少，企业市场地位增强；发展混合所有制经济、自由贸易区建设、扩大内陆沿边开放、支持非公有制经济发展等一系列改革，为行业健康持续发展提供了制度保障。

（三）效益实现同步增长，经营状况整体稳定

提质增效是产业转型升级、产业结构优化的必然要求。在产业规模保持合理适度增长的同时，效益指标得到改善，产业结构优化，产业集中度、劳动生产效率稳步提升。2013 年，家具行业经济运行反映出上述特点，主要表现为利润增速与主营业务收入增速基本持平（表 2-3-1），企业平均规模继续扩大，大中型企业主营业务收入占比增加，企业结构有所优化。

表 2-3-1　近五年家具行业规模以上企业效益变化

指标名称		2009 年	2010 年	2011 年	2012 年	2013 年
利润总额	金额（亿元）	127.32	186.08	289.42	344.66	403.88
	增速（%）	28.92	46.80	32.20	19.39	14.01

续表

指标名称		2009 年	2010 年	2011 年	2012 年	2013 年
投资额	金额（亿元）	644.26	838.83	1192.33	1557.25	1948.79
	增速（%）	25.9	30.0	28.8	30.2	27.2
资产总计	金额（亿元）	2002.08	2440.21	2867.55	3278.95	4039.11
	增速（%）	12.31	23.46	23.50	13.71	16.85
亏损额	金额（亿元）	14.59	11.14	12.21	16.75	17.70
	增速（%）	−3.80	−19.96	66.71	19.74	13.10

注：（1）2011 年起规模以上企业的统计标准变为年主营业务收入 2000 万元及以上全部工业法人企业。

（2）2009 年和 2010 年的“利润总额”、“资产总计”和“亏损额”对应的数值均为当年 1 ~ 11 月的累计值。

（3）“投资额”在 2009 年和 2010 年为“行业城镇投资”，2011 年起为“固定资产投资（不含农户）”。

数据来源：“中国轻工业经济运行及预测预警系统”和国家统计局

（四）内需增长贡献突出，居民消费成为热点

表 2-3-2　2013 年限额以上企业（单位）家具类商品零售情况

	本月		累计	
	零售额（亿元）	增速（%）	零售额（亿元）	增速（%）
2 月	—	—	241.7	20.9
3 月	147.1	24.9	388.9	22.4
4 月	142.4	22.0	531.1	22.3
5 月	151.8	21.1	684.1	22.0
6 月	165.6	18.2	849.8	21.3
7 月	153.9	17.6	1002.8	20.7
8 月	161.1	21.3	1164.4	20.8
9 月	174.7	19.9	1340.2	20.6
10 月	194.7	20.6	1534.6	20.6
11 月	198.3	24.8	1733.0	21.1
12 月	222.9	20.1	1957.5	21.0

注：表中增速均为未扣除价格的名义增速。

数据来源：国家统计局

二、出口贸易分析

（一）市场格局有所优化，新兴市场成为亮点

2013 年，全球经济仍处于脆弱的复苏阶段，消费需求不足，我国家具传统出口市场表现不佳。在市场倒逼机制的作用下，出口市场多元化的步伐加快，新兴市场及自贸区成为出口贸易的增长点。对东盟的出口占比连续五年超过日本，2013 年达到了 12.21%。

从出口市场国别和贸易额看，2013 年，我国对美国、欧盟、日本三大传统市场累计出口 277.52 亿美元，同比增长 2.02%，占出口总额的 52.26%，比上年减少了 2.20 个百分点。对新兴市场出口整体增速较快，其中对自贸区和金砖国家（除中国外）出口额 117.67 亿美元，同比增长 27.17%，对新增出口值的贡献率达到 79.86%，拉动全行业出口值增长 5.03 个百分点。

表 2-3-3　2013 年家具行业主要商品出口主要国际市场情况

主要国际市场		2013 年出口值（亿美元）	2012 年出口值（亿美元）	增速（%）	占比（%）
家具行业主要商品		531.01	499.53	6.30	100.00
传统市场	美国	149.02	139.02	7.19	28.06
	欧盟	100.18	105.31	−4.87	18.87
	日本	28.33	27.71	2.22	5.33
自贸区	中国—东盟	64.83	50.36	28.73	12.21
	中国—新加坡	16.68	12.17	37.05	3.14
	中国—巴基斯坦	0.39	0.27	45.99	0.07
	中国—新西兰	2.22	1.94	14.19	0.42
	中国—智利	2.33	2.98	−21.63	0.44
	中国—秘鲁	1.43	0.74	93.95	0.27
	中国—哥斯达黎加	0.21	0.21	3.19	0.04
	内地—港澳	18.69	9.62	94.28	3.52
	内地—台湾	3.10	2.64	17.42	0.58
	中国—冰岛	0.04	0.03	63.40	0.01
	中国—瑞士	0.48	0.64	−25.23	0.09
金砖国家（除中国外）		23.95	23.12	3.60	4.51
其他市场		135.81	134.96	0.63	25.58

数据来源：海关总署、中国轻工业经济运行及预测预警系统

（二）不确定性因素增加，外贸形势依旧严峻

从近几年家具行业月度出口情况对比看，2013 年月度出口额增速回落，共有 7 个月的增速为负，其中 5 ~ 9 月连续 5 个月出现负增长（图 2-3-3）。月度负增长的情况在近年也曾出现过，但都是在同比基数高增长的情况下发生，与今年的情况存在很大的不同。这种状况提供了以下启示：一是，外贸市场不确定性增加，增速放缓或将成为一种常态；二是，可开发的新增市场容量减少，未来国际市场竞争更加激烈；三是，传统竞争优势受到更多挑战，转变外贸发展方式的任务显得更加急迫。

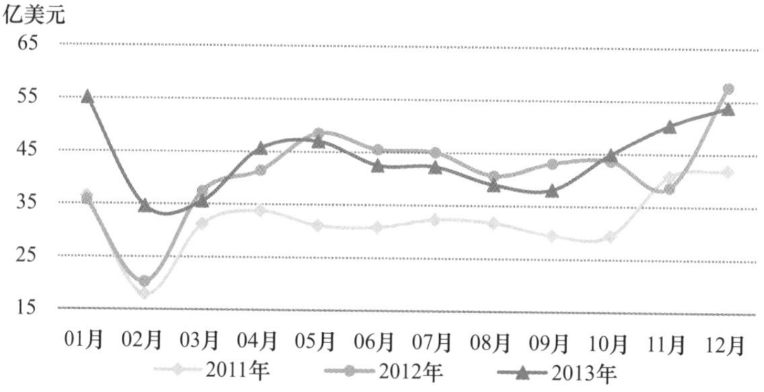

图 2-3-3　家具行业近三年月度出口值对比

数据来源：中国轻工业经济运行及预测预警系统

（三）出口单价继续提升，盈利模式有所优化

出口商品单价提升，已经成为家具行业出口增长的主要实现形式。根据海关数据统计，近三年有 65% 的出口家具的单价逐年提升。2013 年，家具行业 40 种八位编码出口商品中，累计出口值为正增长的有 31 种，占 77.50%，其中有 9 种实现了 20% 以上的增长；累计出口量呈负增长的有 15 种，占 37.50%；量减价增的有 8 种，占 20.00%；量价齐跌的有 7 种，占 17.50%；出口单价提升的有 28 种，其中 15 种（占 28 种商品的 53.57%，下同）提价增幅在 0 ~ 10% 之间（不包括 10%），7 种（占 25.00%）在 10% ~ 20% 之间（不包括 20%），6 种（占 21.43%）在 20% 及以上，这些商品出口单价提升，对家具出口值增长的贡献率达到了 86.80%。

（四）外贸环境整体趋紧，传统竞争优势弱化

2013 年，外贸环境整体趋紧表现在以下三个方面：一是贸易保护措施有增无减。据英国智库“全球贸易预警（Global Trade Alert）”的统计，国际金融危机爆发以来，二十国集团成员出台的贸易限制措施中，近 90% 仍在实施。世界各国新出台了近

300 项以邻为壑的贸易措施。二是贸易摩擦常态化和多样化的趋势更加明显。发达国家推行的木材采伐溯源制度，对木制家具出口产生影响。三是以美国主导的自贸区谈判正在潜移默化地改变着贸易规则，打破现有的贸易格局，对未来出口的负面影响开始显现。

同时，受国内生产要素成本上涨、人民币升值、融资成本增加等因素影响，家具出口的综合成本不断攀升，出口企业的利润空间遭到严重挤压，经营压力持续增加，部分订单流失，部分产能向周边国家转移。

三、区域经济分析

（一）东部家具行业发展分析

1. 行业发展现状

在我国家具产业版图上，东部的产业基础好，产业规模、质量效益、出口占比等方面都拥有举足轻重的地位，形成了珠三角、长三角、环渤海三大家具产业区，产区内产业集聚效应明显，是我国家具生产制造和出口的主要地区。2013 年，东部家具行业规模以上企业 3386 个，占全国家具行业（下同）的 71.80%；累计完成主营业务收入 4515.74 亿元，占 69.87%；累计出口 484.60 亿美元，占 91.26%；累计实现利润 255.54 亿元，占 63.27%；累计资产总计 2990.78 亿元，占 74.05%。

2. 发展环境分析

受区域市场容量、环境承载能力等条件的制约以及区域经济结构调整等因素的影响，近年来区域优势弱化，发展速度明显放缓。产业转型升级的任务艰巨。

从区域发展环境分析，东部地区仍具有明显区域优势，主要表现为：产业发展基础好，产业链完整；市场成熟，销售渠道和配套设施齐全；就原料和市场两头在外的企业而言，区域优势较内陆更加明显；东部地区实现的出口额占比超过九成，巩固东部地区在出口贸易中的地位，对巩固我国家具出口贸易大国地位具有战略性意义。

从区域发展环境分析，东部地区也暴露出劣势和不足。主要表现为：资源环境压力逐年增大，面临产业结构调整的冲击；劳动力等生产要素成本逐年增加，企业的盈利能力降低；出口市场需求不足，一些出口企业经营风险和市场转型风险加大；国内市场重心向内陆转移，地域市场优势逐渐弱化。

（二）中部家具行业发展分析

1. 行业发展概况

随着“中部崛起”战略的实施，依靠趋于比较优势，家具行业中部地区快速发展，成为东部产业梯度转移的重要承接地。外部企业和资本注入，改变了本土家具行业的构成，缩小了东部与中部的发展差距。区域内家具产业集群迅速崛起，促使企业从“小而散”向“聚而集”的方向发展，并且立足于本地和周边市场，最大限度地扩大本地市场占有份额，分享改革对地方经济发展带来的红利，推动行业步入了发展的黄金期。

中部家具行业发展后劲足，规模迅速扩大。2013 年，规模以上企业的累计资产总计为 649.72 亿元，同比增长 41.16%，是全国家具行业投资增长最快的区域；累计完成主营业务收入 1310.81 亿元，同比增长 19.17%；累计实现利润 100.46 亿元，同比增长 20.43%，基本实现了规模和效益的同步增长。

2. 发展环境分析

中部人口约占全国总人口的 32%，GDP 约占全国经济总量的 25%，具备丰富的劳动力资源和巨大的潜在市场，属于产业凹地。

从区域发展环境分析，中部地区的区域优势主要表现为：地理位置优越，贯通南北、连接东西，交通运输便利，辐射面较广。尤其是国家规划的“三纵两横”城市群辖区，具有较好的投资潜力；在承接东部产业转移中，综合成本优势明显，国家统计局数据显示，2013 年，中部地区家具行业规模以上企业平均主营业务收入利润率为 7.66%，远高于东部地区 5.66% 的平均水平；国内家具市场重心向内陆转移，区域市场优势逐步显现。

从区域发展环境分析，中部地区也存在不足。主要表现为：行业发展基础不及东部。在发展过程中，部分地方政府在未多方调研的情况下，盲目上马家具园区和家具市场的建设，企业良莠不齐，产能的急剧扩大与市场需求之间的矛盾开始显现。

（三）西部家具行业发展分析

1. 行业发展概况

受地域和发展水平的限制，西部家具行业除四川外，其他地区的行业基础薄弱，企业规模小、布局分散、专业化程度低。2013 年，西部规模以上家具企业 396 个，占全国家具行业总量（下同）的 8.40%；累计完成主营业务收入 636.14 亿元，占 9.84%；累计实现利润 47.88 亿元，占 11.85%；上述两项指标的增速分别比中部同行业低了 2.04 个百分点和 13.23 个百分点。

2. 发展环境分析

从区域发展环境分析，西部地区产业基础薄弱，发展水平与东中部地区有较大的差距。区域市场相对封闭，不同地区、不同民族间文化特色鲜明，产品主要满足区域内市场需求。在西部大开发战略推动下，区域内家具行业的生产经营状况向好，盈利能力提升。随着内陆沿边开放、周边国家和区域基础设施互联互通建设的加快，以及丝绸之路经济带的推进，西部地区的区域优势将逐步显现。

四、产业转型升级分析

（一）从企业经营状况分析

1. 企业平均规模分析

近五年来，家具行业规模以上企业的平均规模保持逐年增长。2010 年，企业平均规模（按主营业务收入计算）跨上 1.2 亿元台阶，达到了 1.21 亿元，2013 年达到 1.37 亿元，表现出较好的成长性。

表 2-3-4　近五年家具行业规模以上企业平均经济规模变化

指标名称	2009 年	2010 年	2011 年	2012 年	2013 年
企业平均主营业务收入（万元）	5379.79	6455.21	12102.54	12327.52	13703.89
企业平均利润总额（万元）	235.29	316.68	701.63	781.19	856.41
企业平均资产总计（万元）	3700.02	4152.85	6951.63	7431.90	8564.69

注：（1）2011 年起规模以上企业的统计标准变为年主营业务收入 2000 万元及以上全部工业法人企业。
（2）表内 2009 年和 2010 年的数值均为当年 1 ~ 11 月的平均值。
数据来源："中国轻工业经济运行及预测预警系统" 相关数据计算得出。

2. 不同规模企业构成分析

从家具行业不同规模企业构成看，2013 年大型企业占比不到 2%，中型企业约为 17.5%，小型企业占比 80% 以上。自 2011 年以来，小型企业的占比呈现减少趋势，中型企业的占比增加。企业结构有所优化。2013 年大中小型企业的占比变动不大。

表 2-3-5　近年来家具行业不同规模企业数分布变化

年份	指标名称	大型企业	中型企业	小型企业
2009 年底	企业数（个）	20	465	4956
	占比（%）	0.37	8.55	91.09
2010 年底	企业数（个）	20	457	5406
	占比（%）	0.34	7.77	91.89
2011 年底	企业数（个）	26	553	3546
	占比（%）	0.63	13.41	85.96
2012 年底	企业数（个）	77	783	3552
	占比（%）	1.75	17.75	80.51
2013 年底	企业数（个）	89	825	3802
	占比（%）	1.89	17.49	80.62

数据来源：中国轻工业经济运行及预测预警系统。

3. 不同规模企业盈利能力分析

从不同规模家具企业的经营状况看，大型企业的表现较好。2013 年，大型企业的平均主营业务收入利润率为 7.70%，高于中小型企业 5.56% 和 6.24% 的水平。

近五年，大型企业的主营业务收入在家具行业的占比（下同）由 6.88% 增加到 15.78%，利润总额占比由 10.39% 增加到 19.44%，资产总计由 8.17% 增加到 21.33%，增幅均较大，说明此类企业在行业中的领军作用增强；中型企业的经济总量呈现扩容趋势，在优化企业结构、提高产业集中度中发挥了重要的作用。

表 2-3-6　近五年家具行业不同规模企业经济指标占比变化

指标名称	企业规模	2009 年	2010 年	2011 年	2012 年	2013 年
主营业务收入占比（%）	大型	6.88	6.52	7.49	13.47	15.78
	中型	29.42	26.54	29.96	31.04	32.02
	小型	63.70	66.95	62.54	55.48	52.21
利润总额占比（%）	大型	10.39	9.32	10.60	16.66	19.44
	中型	26.79	23.87	25.97	27.19	28.47
	小型	62.82	66.81	63.43	56.15	52.09
资产总计占比（%）	大型	8.17	9.84	11.57	18.66	21.33
	中型	39.38	35.41	40.25	37.52	34.76
	小型	52.44	54.74	48.18	43.82	43.91
主营业务收入利润率（%）	大型	6.60	7.01	8.20	7.83	7.70
	中型	3.98	4.41	5.02	5.55	5.56
	小型	4.31	4.90	5.88	6.41	6.24

注：（1）表中均为规模以上企业数据，2011 年起规模以上企业的统计标准变为年主营业务收入 2000 万元及以上全部工业法人企业。

（2）表内 2009 年和 2010 年的数值均为当年 1 ～ 11 月的累计值。

数据来源：中国轻工业经济运行及预测预警系统。

（二）从出口变化分析

在加快转变外贸增长方式的政策指导下，家具行业出口增长方式发生了可喜的变化。主要表现在以下几个方面：

1. 出口贸易方式得到优化

家具行业的出口贸易方式结构得到优化，一般贸易方式占比逐年扩大。五年来，一般贸易方式出口占比由 74.71% 增至 84.98%（表 2-3-7）。家具行业一般贸易方式的出口稳定性高、持续性强，涉及国内的产业链较长，对配套产业的带动作用较大。

表 2-3-7　近五年家具行业主要出口贸易方式占比变化

贸易方式	2009 年	2010 年	2011 年	2012 年	2013 年
一般贸易	74.71	77.55	80.24	84.09	84.98
进料加工贸易	21.47	18.96	16.45	12.98	11.82
其他贸易	3.82	3.49	3.31	2.93	3.20

数据来源：中国轻工业经济运行及预测预警系统。

2. 市场多元化取得新进展

我国家具行业加快调整出口市场结构，近年来家具出口市场的区域结构也有所优化。国际金融危机后，对美国、欧盟与日本三个国际传统市场的出口值比重逐渐回落，增速明显放缓；以东盟、金砖国家（除中国外）为代表的新兴市场成为我国家具出口的新方向，贸易增多，增速较快，市场地位日益凸显，对家具行业新增出口值的贡献率不断提升。

表 2-3-8　近五年我国家具出口至对主要国际市场情况

年份	指标名称	传统市场			部分新兴市场	
		美国	欧盟	日本	东盟	金砖国家（除中国外）
2009 年	出口值增速（%）	-12.75	-4.55	-7.42	126.88	-53.06
	占比（%）	34.05	23.30	6.79	8.77	2.43
2010 年	出口值增速（%）	26.59	29.24	19.01	53.03	75.00
	占比（%）	33.17	23.18	6.20	10.33	3.27
2011 年	出口值增速（%）	7.99	12.97	15.16	3.71	23.47
	占比（%）	31.06	22.70	6.20	9.29	3.50
2012 年	出口值增速（%）	15.15	18.97	15.30	39.40	69.81
	占比（%）	27.84	21.02	5.55	10.08	4.63
2013 年	出口值增速（%）	7.19	-4.87	2.22	28.73	3.60
	占比（%）	28.06	18.87	5.33	12.21	4.51

数据来源：中国轻工业经济运行及预测预警系统。

（三）从技术进步分析

1. 技术装备水平提高，促经济增长方式转变

技术装备水平的提高，是家具产业转型升级的一个亮点。全行业在节能环保技

术、信息化技术、自动化技术应用等方面取得新进展，企业生产条件和劳动环境持续改善，劳动生产率普遍提高。2012 年，家具行业规模以上企业全部就业人员平均人数的增幅为 0.23%，全员平均劳动生产率为 52.82 万元。2008 ~ 2012 年的五年间，家具行业全员劳动生产率增长了近 1 倍。根据近五年家具行业规模以上企业就业人员变化的趋势分析判断，2013 年，家具行业规模以上企业平均就业人数将出现零增长或是负增长，全员平均劳动生产率同比增幅超过 5%。这种情况对反映经济增长方式转变具有标志性意义，说明经济增长方式发生了质的转变，全行业整体进入了依靠提高劳动生产率实现经济增长的时代。

2. 产学研一体化发展，推动科技成果产业化

产学研一体化对家具行业的技术进步发挥了越来越重要的作用。家具行业通过运用“产学研一体化”，使各个环节紧密相接，以提升科技成果的转化率。在专用技术装备、节能环保、原材料综合利用、信息化技术应用、标准制修订等领域取得了一定的成果。龙头骨干企业的技术装备水平和研发能力基本达到或接近了国际先进水平。

3. 产品原创设计兴起，强化自主品牌影响力

家具行业产品研发和设计能力有所提升，各产业集群和骨干企业把产品研发和设计能力作为核心竞争力，通过加强国际合作与交流、传承与创新相结合，开展了多种形式的创新活动，努力强化各个自主品牌的影响力。

2013 年 3 月，中国家具协会与大岭山政府共同主办的“大岭山杯”中国家具设计大赛在广州国际家具展启动。据不完全统计，上半年各地行业组织、专业机构组织的各类家具设计赛事活动 20 余次，专业设计队伍培养受到广泛重视。2012 年，中国家具企业首次携原创设计产品，集体亮相米兰家具展；2013 年，20 多个家具品牌再度走出国门，向世界展示中国设计，提升中国家具行业的整体形象。

4. 加快标准化进程，提升行业质量管理水平

近年来，为了适应新材料、新工艺、新技术应用和产品在质量、安全、环保方面的要求，家具行业标准化在有关部门的支持下，工作呈现出新局面，骨干企业积极参与行业标准的制修订，标准制修订速度明显加快，标准化体系不断完善。据统计，目前我国已发布家具标准 121 项，其中国家标准 60 项，行业标准 61 项。2013 年 3 月 1 日，实施新标准 8 项；7 月 22 日国家工业和信息化部发布修制定行业标准 32 项，12 月 1 日起实施。

标准化体系的不断完善，对提升产品质量和技术水平、节能环保、规范经营行为、促进品牌建设、强化市场监管起到了积极的作用，带动了产业升级。

（四）从区域结构变化分析

1. 各地区产业集群快步发展

家具产业集群集中了国内家具生产的主要力量，成为行业发展的主流。当前，

珠江三角洲、长江三角洲、环渤海、东北、西部五大板块已形成以生产、流通、出口及专业性为特征的家具产业集群33个。

经过多年培育，产业集群由自然集聚转向有效聚集，集聚效应逐步释放。产业集群的快步发展，促进了上下游产业的协调发展，使产业的工业化、集约化、配套化、区域品牌化等得以实现，企业间的包容性加强，区域综合竞争优势和市场地位更为突出。

通过企业自主研发能力的加强和自主品牌的培育，将产业集群由低成本型向创新型升级，实现产业集群的可持续性发展；充分结合不同地区的区位优势，对既有产业集群进行调整与优化，实现多元化发展；建立起完善的知识产权保护体系、社会化服务体系等，构筑良好的产业集群环境，为集群在市场竞争中形成竞争优势提供基本保证，促进集群的孕育和发展。

2. 中西部经济总量占比提升

中西部地区蕴藏着巨大的潜在市场。按照国家统计局综合发展指数计算，目前中西部地区的经济比东部地区至少落后5～10年。如果中部和西部地区的经济分别达到东部和中部地区的水平，将是一个巨大的消费市场。

中西部在劳动力、土地、能源等要素成本上的比较优势明显，具备了承接产业转移的基础和条件。有效的产业承接，带动中西部家具产业的发展，表现出良好的成长性。

表 2-3-9　近三年东中西部家具行业规模以上企业各项运行指标比较

指标名称	年份	东部	中部	西部
主营业务收入增速（%）	2011年	17.73	48.17	63.10
	2012年	10.01	27.01	18.68
	2013年	12.59	19.17	17.14
利润总额增速（%）	2011年	17.10	53.71	118.44
	2012年	17.61	21.54	24.63
	2013年	12.99	20.43	7.20
资产总计增速（%）	2011年	18.40	48.73	49.22
	2012年	8.41	41.58	27.93
	2013年	12.46	41.16	18.34

注：各项指标的增速均为当年值。

数据来源：根据“中国轻工业经济运行及预测预警系统”相关数据计算得出。

从家具产业发展水平看，中西部受地域和发展水平的限制，发展家具产业首先要立足于本地市场，在有效承接产业转移中，最大限度地扩大本地生产份额，分享改革给地方发展带来的红利。同时，积极培育产业竞争力，提高市场辐射能力，在壮大产业规模的同时，区域业务化市场。这种渐进式的发展路径更贴近于实际，有利于产业与市场的协调发展。

表 2-3-10　近五年东中西部家具行业规模以上企业主营业务收入占比变化（单位：%）

区域名称	2009 年	2010 年	2011 年	2012 年	2013 年
东部	80.44	78.22	72.66	70.42	69.87
中部	12.78	14.44	17.26	19.88	20.28
西部	6.79	7.34	10.08	9.70	9.84

注：（1）2011 年起规模以上企业的统计标准变为年主营业务收入 2000 万元及以上全部工业法人企业。
（2）表内 2009 年和 2010 年的数值均为当年 1 ~ 11 月的平均值。
数据来源："中国轻工业经济运行及预测预警系统"相关数据计算得出。

在产业有序转移中，外部企业和资本的注入，改变了中部地区本土家具产业的构成，缩小了发展差异，产业集群发展模式促使企业从"小而散"向"聚而集"的方向发展，发展后劲足，效益指标明显优于东部地区。2013 年，东、中、西部家具行业规模以上企业的主营收入比重为 69.87 ∶ 20.28 ∶ 9.84（表 2-3-10）。可以清晰地看到，中西部的产业规模逐年扩大，且发展增速明显快于东部，产业梯度转移的特征比较明显。

（五）从两化融合现状分析

随着信息技术的突飞猛进，"两化融合"发展成为家具行业转型升级的重要实现形式。信息化技术应用带动了行业的技术创新、管理创新和营销模式创新，全行业进入了信息化集成应用和两化深入融合的阶段。主要特征是：多数企业实现了在一个信息化平台上的资源共享，信息化已经成为实现企业管理手段和服务水平升级，推进扁平式管理，提高经营管理系统化、流程化、透明化和规范化的技术保证条件和实现的路径；信息化技术广泛应用于生产制造过程，有效地提高了产品设计软件化、生产设备数字化、加工制造精准化的水平；信息化促进了营销模式创新，更多的企业实现了网络营销，一些家具经销商率先通过卖场实体店与网络虚拟店结合的方式实现了营销方式升级。家具行业"两化融合"亮点纷呈。

1. 产品设计方面

计算机辅助设计已广泛应用于家具企业，全行业已基本实现了产品设计软件化。电脑、打印机和扫描仪替代了传统的尺、笔、图版和纸，不仅有效地提高了工作效率，也大大提高了设计水平，软件工具的应用，使家具设计实现了从平面结构设计到多维立体设计的转变。工信部《关于推进信息化与工业化深度融合的若干意见》明确提出，在推进两化深度融合的战略中，将推进家具产品作为个性化定制服务试点，通过建立开放式的产品研发设计平台，运用计算机设计系统，让消费者直接参与设计，提供私人定制的个性化服务。

2. 生产制造方面

近年来，重点企业的技术装备水平大幅提高，制造设备自动化、数字化和智能化是重要的标志。信息化技术的应用有效地提升了精细加工能力和制造水平，大大提高了产品质量，提高了劳动生产效率和原材料的综合利用水平，降低了能耗，改善了环境，缩短了生产周期。

尚品宅配从个性化定制的角度，重视自主技术研发，通过家具设计系统、网上订单管理系统、条形码应用系统、混合排产及生产过程控制系统，并结合生产设备的改造升级，建立了“家具企业大规模定制成产系统”，实现了个性化、低成本的大批量定制生产，提升了企业竞争力。

3. 市场销售方面

网络技术的发展，成就了电子商务、在线购物的营销模式的创新，带来了新的发展契机。多元化电子商务平台的快速发展，正在改变人们的消费习惯，卖场实体店与网络虚拟店结合成为趋势。全友家居、顾家家居、曲美家具等品牌家具企业纷纷进军电子商务；红星美凯龙、居然之家、集美家居、蓝景丽家等大型卖场开设网上商城，探索“线上 + 线下”营销模式；淘宝天猫、京东商城、1 号店、美乐乐等网站涉足家具产品交易。

家具行业除了与电子商务结合之外，电子身份证的启用成为市场销售的新亮点。2013 年 4 月，东阳市御乾堂宫廷红木家具有限公司率先在业内启用第三方红木家具智能防伪电子身份证，出产的每件红木家具经过浙江省木雕古典家具产品质量监督检验中心检验，然后由第三方将产品检验结果及相关信息通过技术手段写入射频芯片（标签），再植入红木家具中永久定型。消费者只需要用手机下载专用软件，然后对准该芯片的位置一扫，就可以读取包括家具名称、材质、制造企业、质量监督部门的检测结论等信息。此外，消费者还可以根据家具销售标签上所附的产品防伪系列号、产品编号等信息，在相关网站输入上述信息来了解家具的有关信息。

4. 企业管理方面

联邦家私、健威家具、圣奥集团、酷漫居等知名家具企业依托于信息化平台，充分利用 Internet 技术及信息集成技术，将企业、用户、供应商及其他商贸活动涉及的职能机构集成起来，完成信息流、物流和价值流的有效转移与优化，包括企业内部运营、供应链管理、渠道管理和客户关系管理等的网络化，实现了对业务流程的标准化及全业务链综合集成管理。

（六）从产业链协同分析

在经济全球化、高新技术迅速发展的大背景下，受到生活方式、消费理念、市场导向、上下游配套关系等诸多因素影响，相关产业相互渗透、交叉和重组，已成为一种动态发展趋势。就家具行业而言，行业融合是提高生产率和竞争力的一种发展模式和组织形式，主要体现在四个方面：

1. 流通与制造之间的融合

家具制造与家具流通从博弈走向融合，“制造向流通延伸，流通向制造拓展”成为发展趋势。部分家具制造企业进入流通领域，谋求制造流通一体化战略，由单纯的制造向生产流通转型，直接对接终端，自主进行市场运作和管理，掌握流通渠道控制权。一些规模较大、市场集聚效应和辐射能力较强的家具专业流通市场带动了当地家具产业的发展，在周边形成新的产业聚集区，强化了区域内的产业分工与协作，增强了区域竞争优势。

2. 泛家居行业之间的融合

家具与家电、陶瓷、室内装饰等行业结合，形成了“家居”这样的跨越原有产业的概念。其特点是突出了“整体”的思想。如整体厨房、整体卧室、整体卫浴等概念。把整个室内装修作为一种产品进行设计和制造，形成全方位的家居服务模式。从行业融合的角度观察，“整体”的概念比较突出地表现在功能的融合上，并得到了新技术的支撑，如嵌入式技术的推广与应用。在“整体厨房”的概念下，一些电器厂家将厨房电器与厨房家具进行整体设计，推出了系列产品；家具生产厂家在开发厨房产品时，也更多地考虑到相关电器以及其他用具的设计要求，注重整体配套与协调。

3. 上下游行业之间的融合

由于市场分工更加精细，不同行业之间形成了更加紧密的上下游关系，成为不可分割的整体。目前，家具产业集群建设正朝着这种模式发展。即以某类家具产品为主导，形成了材料加工、玻璃金属配件、各种面料辅料等配套的加工制造体系。这种行业的融合，打破了传统的产业概念，形成了新的“家具产业”的概念。这种融合涉及皮革、纺织、五金、玻璃、塑料等众多行业。由于家具产品市场需求大，对相关产业的拉动作用十分明显。

4. 国际交流提升行业地位

为保持家具行业稳定健康发展，在行业组织机构的指导下，以参加国内外家具展会为契机，将“请进来”与“走出去”相结合，在设计、技术、学术动态、经贸活动等方面展开广泛的国际交流，以增强行业综合素养，提升中国家具行业在国际业界的地位。

五、发展的政策建议

家具行业健康持续发展，离不开国家产业政策的支持。从行业面临的内外部环境看，发展环境整体趋紧的状况没有改变。主要表现为，产能过剩矛盾日益突出，市场无序竞争的状况难以改变；虽然企业融资难的状况有所缓解，但没有根本改变；

受生产成本、人民币升值、国际市场需求放缓等综合因素的影响，传统竞争优势弱化，出口企业经营状况堪忧；木材进口受到出口国的贸易保护以及采伐许可等措施的制约，成为制约行业发展的瓶颈；美国主导的泛太平洋自贸区谈判进程对现有的区域贸易格局构成威胁，对出口产生重大影响。对此，提出以下政策建议：

（一）控制人民币升值速度，减小出口企业经营风险

2013 年，人民币升值的频率快、幅度高，对家具出口的影响突出。不仅加快了传统竞争优势的丧失，也加大了企业的经营风险。这种快节奏、大幅度的汇率调整超出了企业的承受能力。需要引起政府的重视。

（二）加大鼓励出口政策导向，保持出口贸易市场稳定

2012 年，商务部等十部委联合发布了《关于加快转变外贸发展方式的指导意见》，对加快外贸方式转变、扭转外贸出口下滑起到了积极的作用。需要加大鼓励出口政策导向力度，推进各项措施的贯彻落实。家具出口基地和重点出口企业在出口中占比大，加大出口基地建设和重点出口企业的扶持力度，对增加出口、巩固出口大国地位，意义重大。

（三）建立“走出去指导目录”，加快“走出去”步伐

家具行业对进口木材的依赖程度高，国内红木家具的原料全部依靠进口。一些国家从保护本国资源出发，限制或禁止原木出口，对国内相关产业造成影响。要加快“走出去”步伐，在国外建立原料加工基地或生产基地，建议政府有关部门建立鼓励企业走出去的产品指导目录，政府与企业形成合力，并辅以必要的经济措施。

（四）加大传统产业政策扶持，继续改善融资环境

随着国内生产要素成本的不断提高，国内传统产业的经营环境趋紧，一些外资企业减小国内生产规模，开始将产能向国外转移。家具行业也面临类似的情况。建议采取税收优惠等措施，有选择地鼓励企业向国内内陆地区转移。企业普遍反映，困扰企业发展的融资难、融资贵的状况没有改变，需要继续改善企业融资环境，尤其要加大对出口企业的信贷支持。

第四章　2013 年全国建筑卫生陶瓷发展综述

一、我国建筑卫生陶瓷生产情况

2013 年全国 1400 多家建陶企业的主营业务收入为 3831 亿元，相比 2012 年增长 17.43%，利润同比增长 24.55%。2013 年全国陶瓷砖总产量 96.90 亿平方米（968979 万平方米），相对 2012 年 89.93 亿平方米的产量增长了 7.8%，相对 2012 年 3.5% 的增速明显提升。自 2004 年以来，继 2012 年，再次告别两位数增长，增幅持续回落。2013 年全国陶瓷砖产量数据特征与 2012 年数据基本相似，最显眼的变化是四川省陶瓷砖产量在全国的位置，由 2012 年开始从第四大产地下降到第五大产地，2013 年这种趋势继续，在被江西超过之后，再次被辽宁超过，四川已经下降到全国第六大陶瓷砖产地，尽管 2013 年四川省保持了两位数的增长（10.9%）。

表 2-4-1　2013 年全国主要省、自治区、直辖市陶瓷砖产量（单位：万平方米）

排名	地方	产量	增长（%）	排名	地方	产量	增长（%）
	全国	968979	7.8	12	湖南	12854	5.6
1	广东	234049	5.1	13	重庆	11677	–5.1
2	福建	229196	5.6	14	浙江	11594	24.0
3	山东	83961	–9.9	15	贵州	7241	4.2
4	江西	76684	19.9	16	云南	4180	14.6
5	辽宁	69791	24.2	17	安徽	3078	–44.2
6	四川	64538	10.9	18	甘肃	3270	37.9
7	湖北	38176	5.8	19	新疆	2970	–8.0
8	河南	34464	27.8	20	宁夏	2778	12.5
9	广西	28356	30.5	21	山西	1066	–16.9
10	陕西	25594	21.7	22	上海	894	–22.3
11	河北	21101	9.0	23	内蒙	848	–25.7

全国各省份的陶瓷砖产量中，广东省陶瓷砖产量在2012年下滑15.4%之后，2013年增长5.1%，继续保持陶瓷砖生产制造第一大省份的地位，但是与排在第二位的福建省产量几乎不相上下，相差仅5000万平方米。

2013年全国陶瓷砖产量主要省份的排位顺序比往年有所变化，但没有动摇全国陶瓷产业的基本格局，最大的变化是：江西省、辽宁省、四川省陶瓷砖产量同时大幅增长，四川省陶瓷砖产量继2011年的第四大产地，2012年下降到第五大地，2013年继续下降到第六大产地。2013年全国31个省市自治区陶瓷砖产量中，有10个省份陶瓷砖产量出现负增长（2012年陶瓷砖产量负增长有11个省份），其中有：含鄂尔多斯产区的内蒙古产量增长–25.7%（2012年：1.9%）；含有阳泉、阳城产区的山西产量增长–16.9%（2012年：–53.2%）；含有淄博、临沂产区的山东省产量增长–9.9%（2012年：–4.1%）。2012年全国11个省份陶瓷砖产量出现负增长，2011年全国11个省份出现负增长，2010年全国仅山东、重庆、湖南三省份出现负增长。发展明显放缓是整个行业的特征。

2013年我国的表观年人均瓷砖消费量=[（年产量–出口+进口）/人口总数]达到6.325平方米（产量：96.8979亿平方米；出口：11.4778亿平方米；进口忽略；人口13.5亿），已经处于世界高位，明显超过绝大多数的世界瓷砖生产制造和消费大国，如：巴西、印度、伊朗等国。这是我国表观年人均瓷砖消费量数据的历史新高。这已经表明我国的年人均陶瓷砖表观消费量明显处于高位，目前位于全球第一。历史上2005年西班牙年人均瓷砖消费量达6.7平方米。我国目前表观年人均瓷砖消费量是全球第一，越来越接近全球历史上的第一。表明我国的瓷砖产量与消费已经接近饱和边缘。

我国的陶瓷砖产能与实际产量人均水平虽未突破世界历史极限，但应该已经处于相对过剩的边缘，过剩是市场经济的终极目标，无论是过剩前夕还是过剩到来，“十二五”期间行业的洗牌、调整都会明显加剧，关门倒闭、兼并重组或会时有发生。

2013年全国卫生陶瓷总产量是2.06亿件（20621万件），相对2012年产量19971万件，增长3.3%。相对于2012年4.05%、2011年7.71%的增幅，再次下降。2013年全国各省数据统计中，卫生陶瓷产量前六大省份排序与2012年一样，河南省产量在下降0.6%的情况下，继续维持全国卫生陶瓷第一大省的地位。

表2-4-2　2013年全国主要省、自治区、直辖市卫生陶瓷产量（单位：万件）

排名	地区	产量	增长（%）	排名	地区	产量	增长（%）
	全国	20621	3.3	7	四川	713	693.4
1	河南	6425	–0.6	8	广西	424	67.8
2	广东	6222	3.8	9	重庆	349	–38.2
3	河北	2502	–7.9	10	山东	330	275.0
4	湖北	1688	–4.8	11	北京	167	–6.0
5	湖南	975	34.5	12	上海	183	–46.1
6	福建	492	–19.2	13	江苏	53	–45.6

仍是河南（6466 万件）、广东（5996 万件）、河北（2717 万件）三省，与 2011 年全年广东（6115 万件）、河南（5968 万件）、河北（2546 万件）相比，顺序已经发生变化，河南第一次成为我国卫生陶瓷产量第一大省。

2013 年全国河南、广东、河北三省的卫生陶瓷总产量为 15149 万件，占全国总产量的 73.46%；2012 年这三省产量 15179 万件，占全国总产量的 76.0%；2011 年三省产量占全国总产量 76.58%，河南、广东与河北三省卫生陶瓷产量占全国比重继续小幅下滑。2010 年的这个相对比重是 81.04%，2009 年是 82.04%，2008 年是 80.51%。

全国 31 个省市自治区的数据还表明，到目前为止，全国仍有山西、内蒙、辽宁、吉林、黑龙江、浙江、安徽、江西、海南、贵州、云南、西藏、陕西、甘肃、青海、宁夏、新疆等十七个省级地区没有卫生陶瓷生产制造，较 2012 年增加了江西、新疆两省份。

二、建筑卫生陶瓷产品进出口情况

1. 全国建筑卫生陶瓷产品出口情况

2013 年全年陶瓷砖产品出口 11.48 亿平方米（114778 万平方米），占全年总产量的 11.85%，出口额 78.93 亿美元，较 2012 年全年出口 10.86 亿平方米增长 5.71%，较 2012 年全年出口额 63.52 亿美元增长 24.26%。2013 年陶瓷砖出口平均单价 6.88 美元 / 每平方米，较 2012 年陶瓷砖出口平均单价为 5.85 美元 / 平方米，大幅增加，增长 17.61%。2013 年我国陶瓷砖出口又是量增、价涨、平均单价升的一年。2013 年陶瓷砖出口量增长幅度较前几年继续减缓，仅个位数增长，出口额与平均单价大幅增长与汇率的变化也有一定的关联。

表 2-4-3　2006 ~ 2013 年中国陶瓷砖产品出口数据

年份	出口量（万平方米）	增长	出口金额（亿美元）	增长
2006	54373	29.2%	17.09	44.8%
2007	59007	8.62%	21.31	24.7%
2008	67090	13.7%	27.11	27.2%
2009	68547	2.15%	28.62	5.54%
2010	86720	20.96%	38.51	25.68%
2011	101528	17.07%	47.64	23.72%
2012	108621	6.99%	63.52	33.33%
2013	114778	5.71%	78.93	24.26%

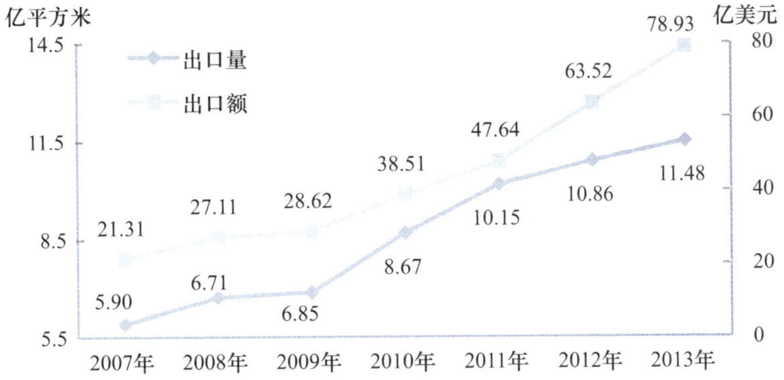

图 2-4-1 2007 年 ~ 2013 年全国建筑陶瓷出口量与出口额

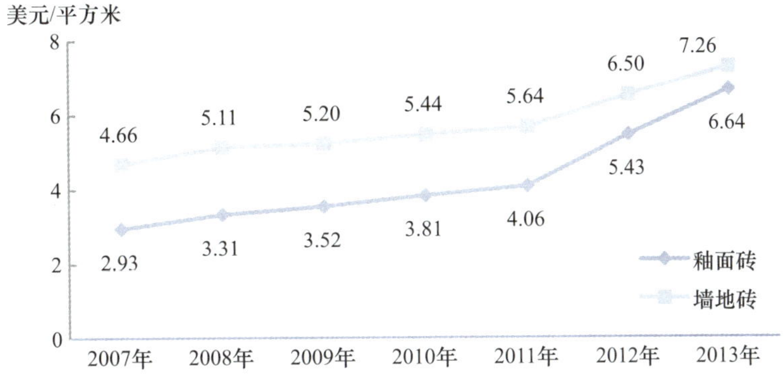

图 2-4-2 2007 年 ~ 2013 年建筑陶瓷砖出口平均价格

数据显示，2013 年是中国陶瓷砖出口增长继续放缓的一年，其中沙特阿拉伯、美国、尼日利亚成为是我国陶瓷砖出口的三大目的国。2013 年尼日利亚（替代泰国）第一次成为我国陶瓷砖出口三大目的国之一。在全国陶瓷砖产品出口方面，广东省仍是最大的陶瓷砖出口省份，出口量占全国 67.26%（2012 年：68.64%），出口额占全国 75.89%（2012 年：71.76%）。

十多年以来，中国陶瓷砖产品在国际上几乎年年遭受反倾销，但是出口却是年年增长，而且是“三增”（量增、价增、平均单价增）并进，2013 年也是如此。尽管中国陶瓷砖的出口总量已经超过了世界第二大陶瓷砖生产制造大国的产量，但中国的陶瓷砖产品出口仅占国内全年陶瓷砖总产量不足 12%，而我国卫生陶瓷行业出口约占 30%，卫生陶瓷的出口依赖度更高。应该看到出口的增幅已经下降到个位数，随着出口基数的庞大，面对多国的反倾销，可以预计我国建筑卫生陶瓷的出口将进入平缓发展的时期。

2013 年，全国出口卫生陶瓷 6093 万件，卫生陶瓷出口量约占全国总产量的 29.55%，相对 2012 年出口 5512 万件，增长 10.54%；出口金额 19.88 亿美元，相对 2012 年出口 9.33 亿美元，增长 113.08%；出口产品平均单价 32.63 美元 / 件；相对

2012 年出口平均单价 16.93 美元 / 件，增长 92.73%。

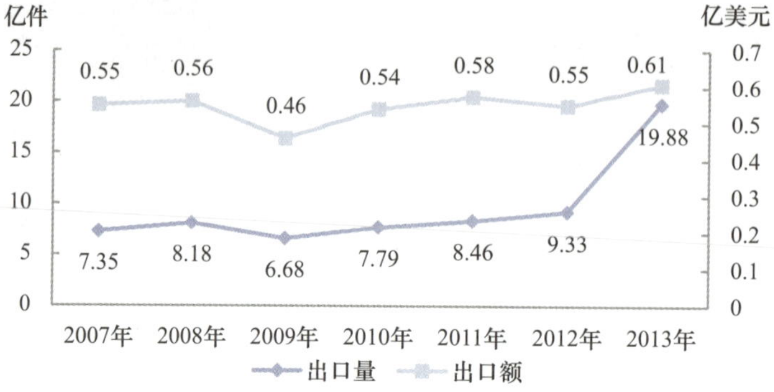

图 2-4-3　2007 ~ 2003 年卫生陶瓷出口量及出口额

2. 2013 年全国主要省市出口情况

2013 年，建筑陶瓷砖出口的主要省份有广东、福建、山东、江西、辽宁。

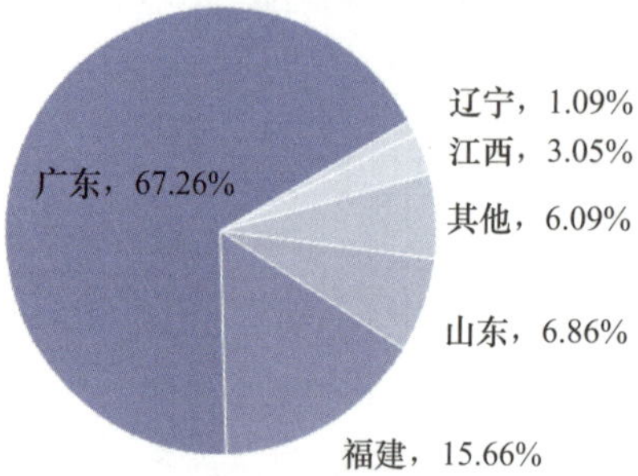

图 2-4-4　2013 年建筑陶瓷砖（出口量）各省市所占比例

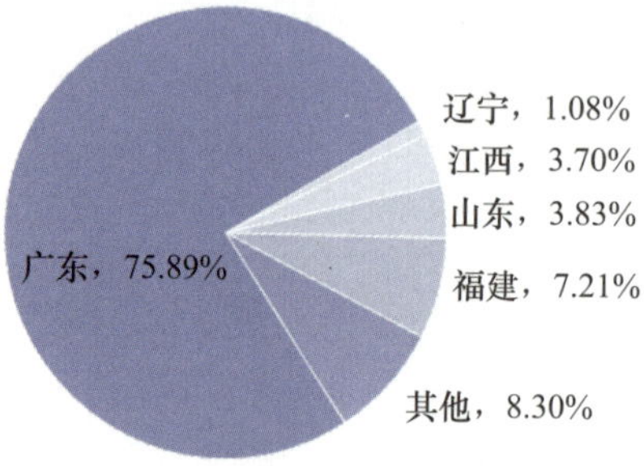

图 2-4-5　2013 年建筑陶瓷砖（出口额）各省市所占比例

2013 年，卫生陶瓷出口的主要省市有广东、河北、福建、山东、河南、江苏、上海、浙江。

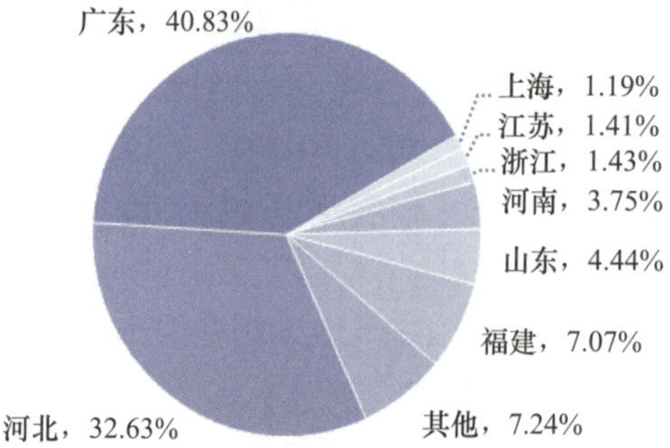

图 2-4-6　2013 年卫生陶瓷（出口量）各省市所占比例

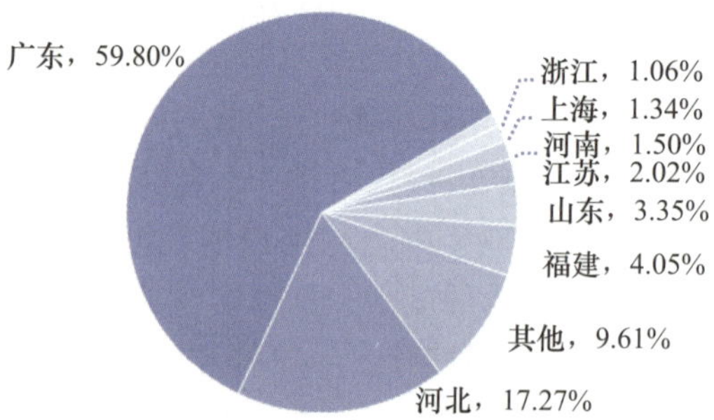

图 2-4-7　2013 年卫生陶瓷（出口额）各省市所占比例

3. 2013 年全国建筑卫生陶瓷出口目的国

2013 年，建筑陶瓷砖出口的主要目的地是亚洲、非洲、南美洲和北美洲。

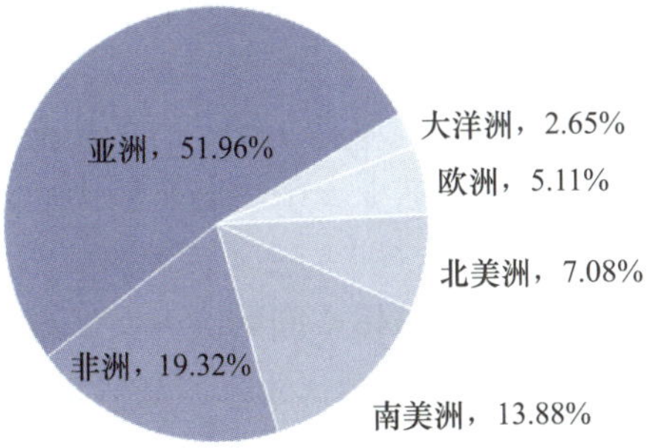

图 2-4-8　2013 年建筑陶瓷（出口量）流向各大洲所占比例

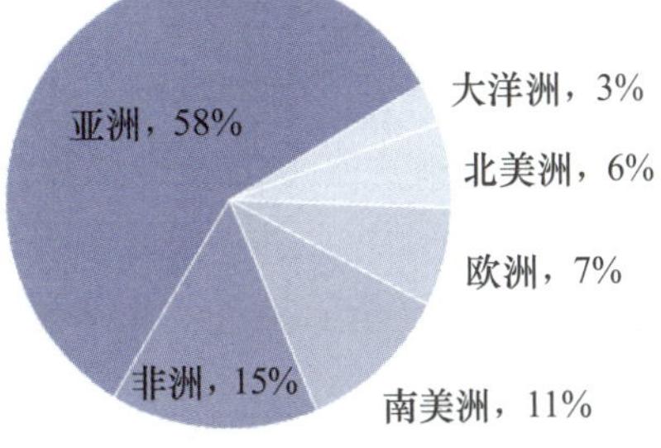

图 2-4-9　2013 年建筑陶瓷砖（出口额）流向各大洲所占比例

2013 年，卫生陶瓷出口的主要目的地是亚洲、北美洲和欧洲。

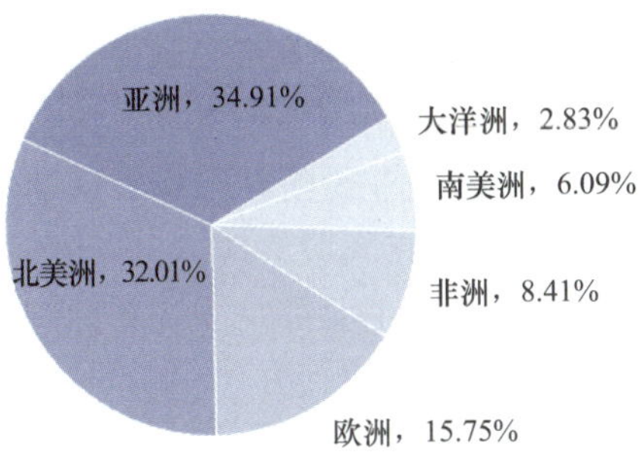

图 2-4-10　2013 年卫生陶瓷（出口量）流向各大洲所占比例

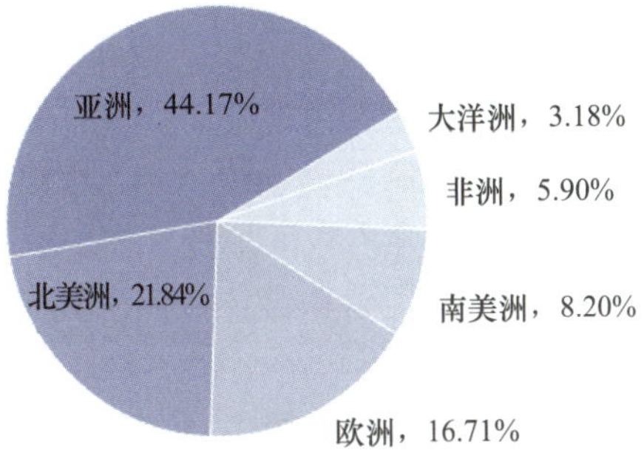

图 2-4-11　2013 年卫生陶瓷（出口额）流向各大洲所占比例

2013 年，建筑陶瓷砖出口的主要国家有沙特阿拉伯、美国、尼日利亚、泰国、巴西和韩国。卫生陶瓷出口的主要国家有美国、韩国、尼日利亚、加拿大、英国等。

三、建筑卫生陶瓷产品国内市场与营销

1. 市场概况

关于我国建筑卫生陶瓷产品国内市场的销售，可以说长期缺少完整的数据，且不说全年的份额、销值，就是全年的销量、每年产品的产销率都缺乏完整的统计数据或相对的权威数据。2013 年，全国 1400 多家建陶企业的主营业务收入为 3831 亿元，相比 2012 年增长 17.43%，利润同比增长 24.55%。2013 年，整体国内销售形势比 2012 年好，特别是上半年。尽管如此，产能过剩已经初见端倪，2013 年新增的 100 多条生产线，进一步增加了这方面的压力。

2. 营销新动向

品牌集中度明显提高：2013 年瓷砖行业大部分知名品牌销售额大幅增加，普遍在 30% 左右。同时全国性的知名品牌逐步形成，行业的高端品牌开始成长，越来越凸显品牌的作用。

工程比例加大：销售终端工程比例加大。万科房地产坚持 100% 的精装房，全国不少大型房地产开发商大幅提高精装房的比率，同时不少大中型城市的中心范围禁建毛坯房。

“整体家居”全面推进：几年前就有陶瓷砖企业提出整体空间解决方案，现在集设计、配件等于一体的整体厨卫以及整体空间概念已经从样板房走入消费者的住宅。

渠道下沉：三四线市场全面发展，经销商扁平化扩大，县、镇级的分销商纷纷独立扁平，新农村建设与城镇化进程进一步繁荣了三四线市场的建筑卫生陶瓷产品销售。

促销活动充满终端营销：无论明星代言、总裁签售、泛家居联盟、团购等终端促销活动常年不断，几乎无活动不销售。

混合多极营销组合：主要是部分陶企调整一贯的区域代理体系而融入部分地区的分公司制。随着精装修房的比例不断提高，工程项目的销售不断增加，分公司溶于区域经销代理制的营销模式体现了优点。不少大品牌企业纷纷在终端大区建立分公司，或是直接介入大区销售管理，或是直接代表公司直接入股终端。

建筑卫生陶瓷营销整体战略的调整与各种方法的尝试主要都是围绕着品牌、渠道、终端的建设。

3. 建材大卖场大肆扩张

北京地区的红星美凯龙、居然之家、集美家居三大连锁建材卖场巨头都纷纷在全国各地扩张。至 2013 年，红星美凯龙集团在全国开店已经超过 100 家，居然之家连锁店在全国有 70 家。红星美凯龙收购吉盛伟邦（未果，改为战略合作）。

具有坚实建筑卫生陶瓷背景的华美立家，也在全国三线城市开始建立 10 多家大型建材卖场。2013 年底，由中国建筑卫生陶瓷协会及我国最大的瓷砖卫浴流通企业华耐家居集团共同发起、由 20 家瓷砖卫浴知名企业共同出资的中陶投资发展有限公司宣告成立，并建立行业发展基金，实现了业界主流企业的抱团发展，初步建立起了产业联盟，与社会上的各类家居卖场项目竞争，全面摆脱瓷砖卫浴企业在销售终端卖场被动受制的局面，同时加快专业家居广场项目的建设、培育、成熟，增强市场变化危机的承受能力。

类似的建材大卖场在全国各地到处都是，有局部连锁的，也有单打独斗的，建材家居卖场在全国快速扩张导致了同质化竞争严重，甚至推高了卖场的空置率，过度膨胀在不少地方还造成卖场脆弱、盈利能力下降、导致卖场租金不断上涨，供应商还要“被扩张”，经销商成本压力越来越大，卖场与销售商之间的利益、矛盾将决定建材大卖场的下一步发展。

4. 电商渠道快速发展

2012 年，参与天猫与淘宝的商家已经超过了 1 万家，“双十一”全天交易额达到 191 亿元，2013 年，参与商家数量达到 2 万家以上，交易额突破 350 亿元。九牧、箭牌、中宇等国内品牌在天猫的旗舰店参加“双十一”促销活动，勇夺卫浴行业前三甲！中宇成为本年度“双十一”销量黑马，呈现爆发式增长。2012 年“双十一”时独进 3000 多万的九牧卫浴，在 2013 年定下了破亿的销售目标。最后成绩虽然未破亿，但也依然雄踞建材卫浴品牌销量榜首位置，成交金额为 7363 万元，销量同比成功翻一番。加上九牧其他地区网店的成绩，九牧“双十一”当天在全国的实际销售额接近 1.2 亿元。2013 年在天猫旗舰店参加“双十一”促销的箭牌，也成为本年度“双十一”销量热门品牌，其大件卫浴产品销售也让同行刮目相看，紧随九牧之后，销量达 4437 万元，同比前年淘宝店销量 270 万翻了十多倍，销量呈现爆发式增长。2013 年中宇卫浴成交金额超过 2208 万元，位列整个家居建材类第七，同时位列卫浴类第三，成为本年度“双十一”电商大战中名副其实的黑马。此外，美标、科勒、摩恩、TOTO、惠达、东鹏等上榜品牌，2013 年亦有不错的成绩，都有不同程度的增长。

尽管 2013 年“双十一”前夕，国内 19 家较大规模的家居卖场，对于天猫等电商平台的冲击，实施联合防御，导致天猫紧急叫停了 O2O 的相关条款。但传统家居卖场无法挡住电商发展的潮流，电商的发展也不能割裂客户体验，线上线下融合发展才能达成多方共赢。

四、陶瓷新产品与创新

陶瓷砖行业新产品制胜的案例比比皆是，甚至一个新产品拯救了一个陶企或助力一个陶企上一个新的台阶，这其中给人们印象颇深的有；水晶釉、金花米黄、木纹砖、普拉提、洞石等等。2013 年陶瓷砖行业的新产品开发主要仍是以花式创新为主，还有一些功能创新、品质创新与环保创新。给人们留下较深印象的产品有：

1. 围绕喷墨印花应用的陶瓷砖产品

由于喷墨印花技术的普遍应用，使陶瓷砖行业的大部分企业都能够生产逼真的大理石瓷砖、木纹砖、布纹砖、皮纹砖等产品，直接推动了全抛釉、微晶石产品大行其道，遍地都是，特别是大理石瓷砖几乎成为瓷砖产品的一大门类，不仅拓宽了瓷砖产品的市场消费，而且高档仿石瓷砖产品已经将触角伸进了石材领域。喷墨印花技术与全抛釉微晶石的结合，使仿玉石瓷砖产品丰富多彩。2013 年喷墨印花与渗透釉的结合应用，产生了喷墨印花抛光砖。

2013 年，喷墨印花技术开始了喷釉技术方向的发展，使瓷砖产品出现了许多喷釉新产品，如：糖果釉、下陷釉、金属釉、贵金属釉等，甚至喷干釉产品。

2. 陶瓷板材

陶板（或称陶土板），是一种挤压成型的较大型板材。大型陶板干挂具有特别的装饰效果，早期我国的这类产品基本都是依赖进口，近几年随着瑞高、新嘉理、华泰等陶企陶板生产制造的成功，陶板开始大量应用，甚至用于高层建筑，2013 年新嘉里陶板开始结合应用各种陶瓷釉，使陶板产品增加了很多新品。

陶瓷薄板，蒙娜丽莎陶瓷薄板产品 2013 年在国内多处高层建筑成功应用，大大推广了陶瓷薄板的高端应用。传统压机制造陶瓷薄板，不仅尽降低了生产成本，也为其拓宽应用打下了良好基础。陶瓷薄板与喷墨技术结合，为陶瓷薄板进入家装应用提供了丰富的品种素材。

利用抛光砖废渣作原料生产的发泡陶瓷板材，具有隔热保温、隔音降噪、防火等优异功能，欧神诺陶瓷、豪山陶瓷的发泡陶瓷板与发泡陶瓷砖产品相继投入市场，好评多多。这些具有多重环保性能的产品如果能得到政府政策上的支持，有可能得到更广泛的应用。

五、洗牌重组，资本运营

资本介入行业并购重组事件：2013 年 3 月，中宇和高仪互换股份，高仪增持在德国上市的中宇卫浴股权，蔡氏家族拥有高仪 12.5% 的股份，成为高仪第一大个人股东。

6 月 28 日，日本著名建材公司骊住集团（Lixil Group）正式宣布，将以 5.42 亿美元价格收购美国著名卫浴和管道设施生产商美标公司（American Standard）。这是继骊住收购通世泰（TOSTEM）、伊奈（INAX）、庭思（TOEX）以后，又一次大手笔收购世界知名品牌，而这也预示着美国美标这个成立于 1872 年的百年卫浴品牌正式归于骊住旗下。

9 月 26 日，骊住再次出手，骊住集团同德国高仪集团达成基本协议，日本骊住株式会社（Lixil Group Corp）和日本政策投资银行（DBJ），同意从全球私募基金公司（TPG Capital）及瑞士信贷旗下的私募部门手中斥资 4000 亿日元（约合 24.8 亿英镑）收购高仪集团 87.5% 股权，从而成为了 9 月日本企业在欧洲市场规模第二大的收购交易。

同样的收购大戏国内也在继续。2013 年，行业盛传联塑收购益高的事情，到 11 月终于被证实，联塑全资收购益高卫浴。这个中国最大的塑料管道及塑料挤出生产设备的制造企业之一，自 2009 年进军卫浴市场后，终于在卫浴行业开始了一次大手笔的并购。

12 月，东鹏陶瓷香港上市，正式进入资本市场。

曾经中国卫浴行业的一匹“黑马”在一阵吁吁中轰然倒下，其女总裁苏丹晓创新推出的“唯一商业模式”也引起行业的热烈讨论。在这种模式下，唯一卫浴并没有自己的工厂，产品都是委托其他工厂代工，但因其投资其他行业发生变故导致出现资金缺口，从而影响了唯一的正常运作，进而诱发“唯一欠款事件”。

2013 年，温州水暖基地作为中国最大的水暖基地之一，虽然温州部分水暖企业 2013 年销量上升，但因融资和互保及企业决策失误等因素出现部分水暖企业家跑路，整个新工业区近 2/3 企业资金链断裂，经营维艰，部分申请破产或正在申请破产。

同时，一些行业外的企业也开始加快进入卫浴行业的布局步伐。2013 年，不少卫浴相关行业的跨界巨头纷纷进军卫浴行业。荣事达太阳能 2012 年宣布携手卫浴经销商，强势介入卫浴行业；知名太阳能品牌四季沐歌也在同年宣布，借强势的销售网络和企业实力进入卫浴行业；此外，电器行业龙头企业华帝进入卫浴领域，厨具小家电品牌苏泊尔电器自推出苏泊尔卫浴品牌以来，2013 年在行业内可谓风生水起，大打无铅水龙头牌，亚洲最大的金属软管生产企业菲时特在卫浴领域的建树也非常可观。

第五章 中国照明行业 2013 年经济运行报告

一、2013 年行业运行分析

（一）效益分析

1. 主营业务收入分析

（1）主营业务收入月度情况

2013 年，全国照明行业累计完成主营业务收入 3463.62 亿元，同比增长 16.12%。与去年同期相比，增速下降了 0.85 个百分点。从月度增速情况看，除 5、8 月份外，全年增速均在 10% 以上，特别是 12 月份，绝对值和增速均达到了年内最高。

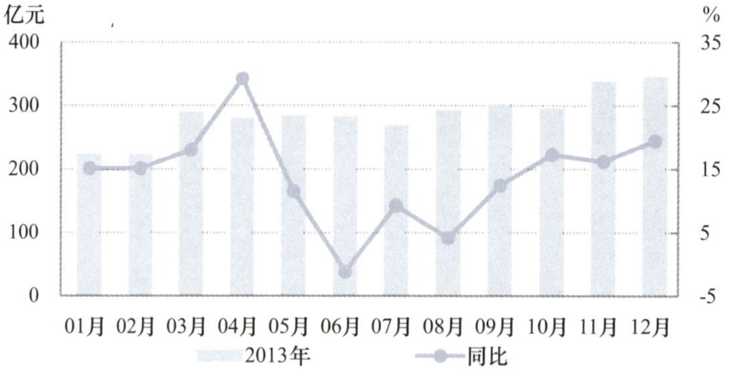

图 2-5-1 2013 年全国照明行业月度主营业务收入及同比

从近三年主营业务收入月度走势来看，除 6 月外，2013 年各月的主营业务收入均高于 2011 年和 2012 年同期水平。

（2）重点子行业主营业务收入分析

从子行业主营业务收入贡献率分析，2013 年，照明灯具制造累计主营业务收入 2010.22 亿元，是对全行业主营业务收入贡献率最大的子行业，占照明行业累计主营业务收入的 58.04%；电光源制造累计主营业务收入 1147.4 亿元，占照明行业累计主营业务收入的 33.13%；灯用电器附件及其他照明器具制造累计主营业务收入 306 亿元，占照明行业累计主营业务收入的 8.83%。

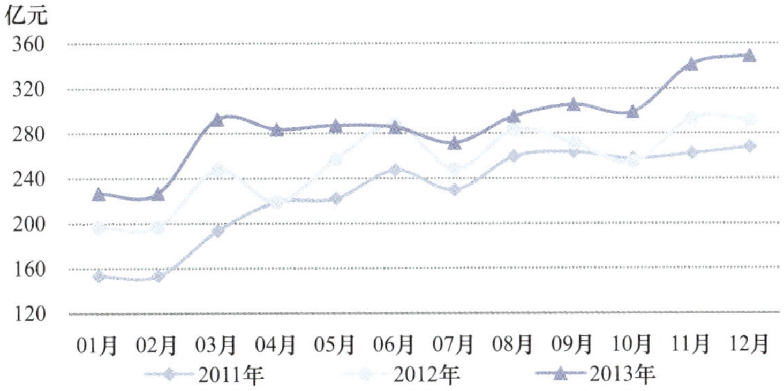

图 2-5-2　2013 年全国照明行业连续三年月度主营业务收入对比

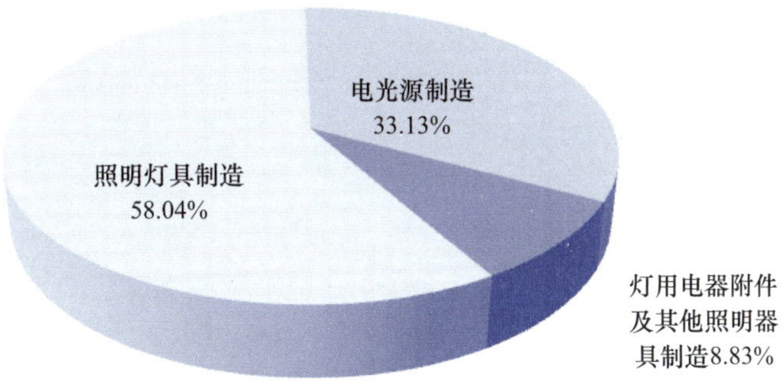

图 2-5-3　2013 年全国照明行业累计主营业务收入行业小类占比情况

从子行业的增速情况看，电光源制造以 18.5% 的增长速度居于首位，高于全行业增速 2.38 个百分点。

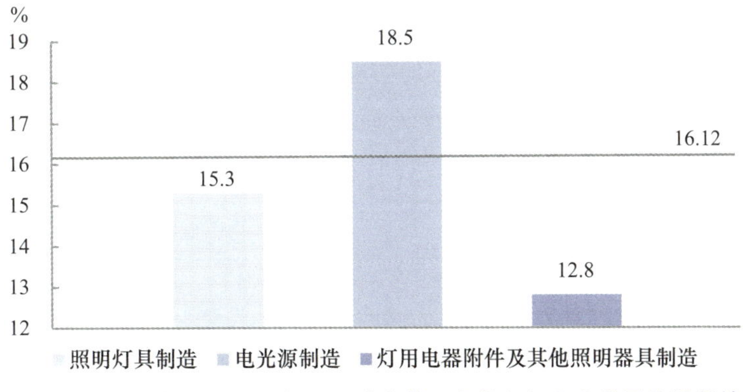

图 2-5-4　2013 年全国照明行业累计主营业务收入行业小类同比增长情况

（3）内外资企业主营业务收入贡献率分析

从企业注册类型分布情况看，内资企业占主导地位，且增速优势明显。2013 年，内资企业完成累计主营业务收入 2359.68 亿元，占全行业累计主营业务收入的 68.13%，比重比去年同期提高了 2.45 个百分点。

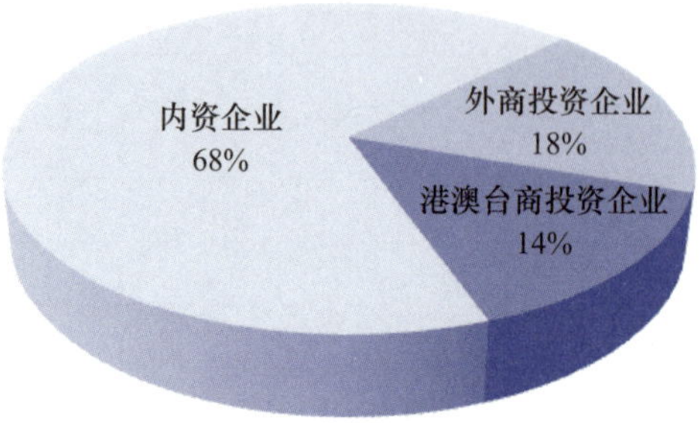

图 2-5-5　2013 年全国照明行业累计主营业务收入企业注册类型占比情况

从增速看，内资企业主营业务收入增长最快，达到了 18.95%。增速比去年同期上升了 0.98 个百分点。

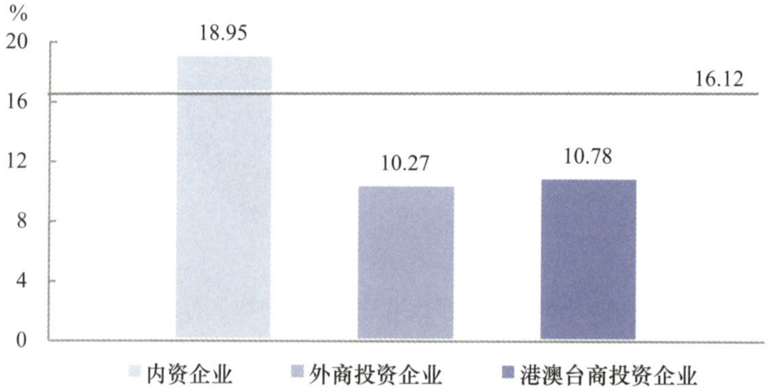

图 2-5-6　2013 年全国照明行业累计主营业务收入企业注册类型同比增长情况

同时，从各子行业的内外资企业主营业务收入贡献率分析，内资企业也是每个子行业主营业务收入贡献率的主体，其中电光源制造累计完成的主营业务收入中，七成以上来自于内资企业。

表 2-5-1　2013 年全国照明行业各子行业累计主营业务收入贡献率占比情况

子行业名称	内资企业主营业务收入贡献率
电光源制造	70.96%
照明灯具制造行业	68.6%
灯用电器附件及其他照明器具制造行业	54.38%

（4）不同规模企业主营业务收入贡献率分析

从不同规模企业主营业务收入贡献率分析，2013年，小型企业完成累计主营业务收入1450.54亿元，占到了全行业累计主营业务收入的41.88%，与2012年相比，比重下降了3.76个百分点，与2011年相比，比重下降了7.43个百分点，说明中型企业和大型企业在主营业务收入的完成比重中贡献呈逐年加大趋势。

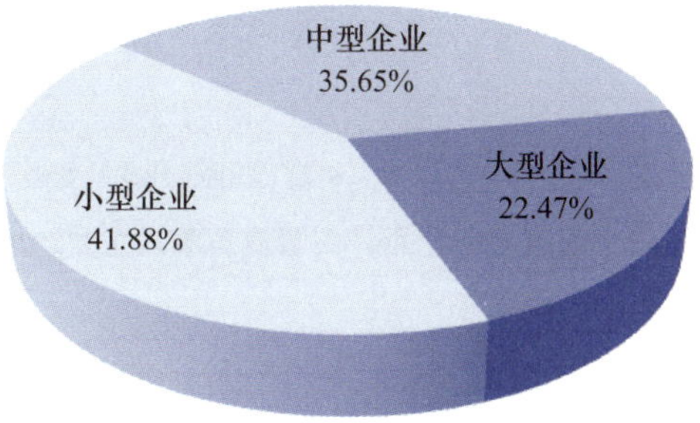

图2-5-7　2013年全国照明行业累计主营业务收入企业规模占比情况

（5）重点产区主营业务收入贡献率分析

2013，全国照明行业完成累计主营业务收入比重仍集中在中东部地区，其中广东、浙江、江苏、河南和上海五个区域的主营业务收入占到了全行业主营业务收入的65.55%。

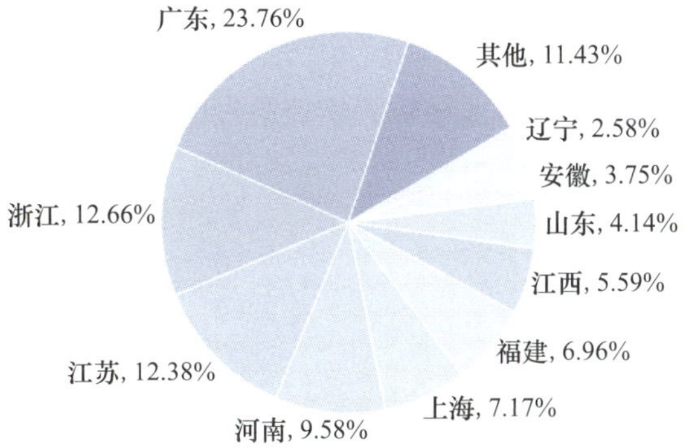

图2-5-8　2013年全国照明行业累计主营业务收入地区占比情况

从增速情况看，江西和河南成为主营业务收入增速最快的省份，增速均超过30%。

（6）主营业务收入控股分布情况

从主营业务收入控股分布情况看，私人控股占主体地位，完成累计主营业务收入2191.26亿元，同比增长17.25%；其次为外商控股，完成累计主营业务收入466.53亿元，同比增长10.69%；国有控股所占比例最小，完成累计主营业务收入92.25亿元，同比增长13.66%。

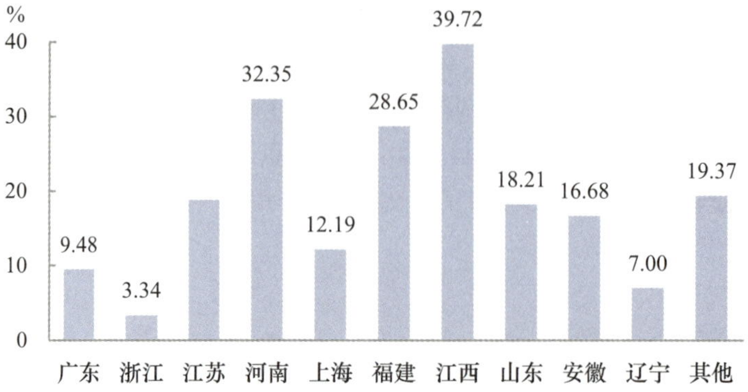

图 2-5-9　2013 年全国照明行业累计主营业务收入主要地区同比增长情况

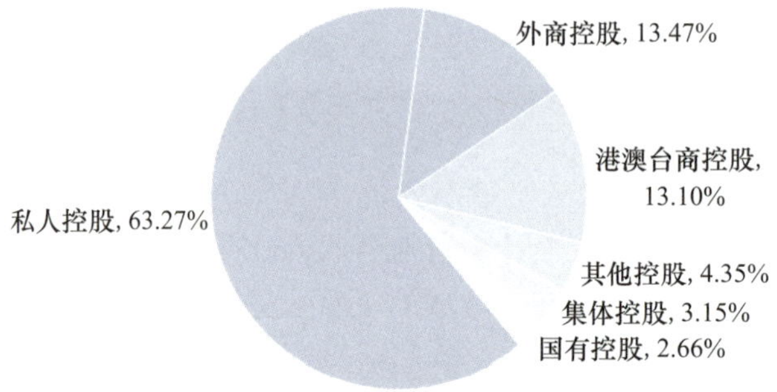

图 2-5-10　2013 年全国照明行业累计主营业务收入控股占比情况

从增速情况看，集体控股增速最快，增速最慢的是外商控股企业。

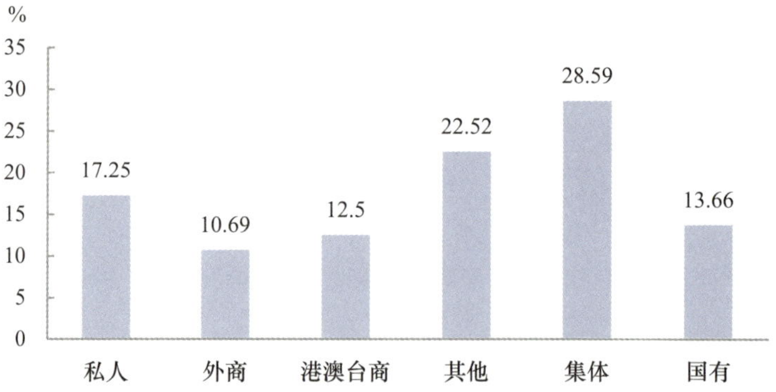

图 2-5-11　2013 年全国照明行业累计主营业务收入控股同比增长情况

2. 利润总额分析

（1）月度走势及子行业情况分析

2013 年，全国照明行业累计完成利润总额 245.65 亿元，同比增长 15.42%。与去年同期相比，增速下降了 3.02 个百分点。从单月利润完成情况看，12 个月呈平稳上升态势，12 月份达到全年最高值。

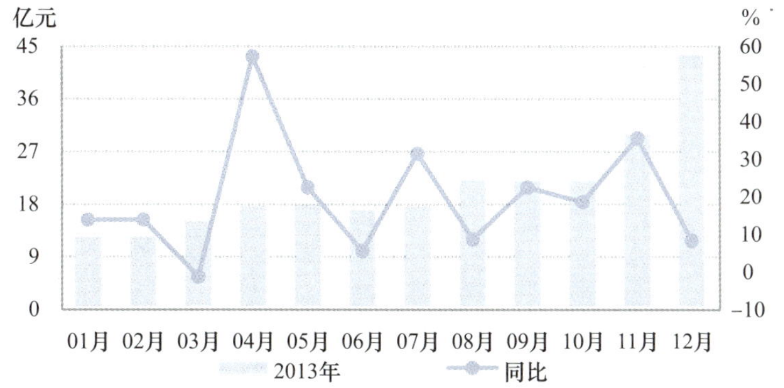

图 2-5-12　2013 年全国照明行业月度利润总额及同比

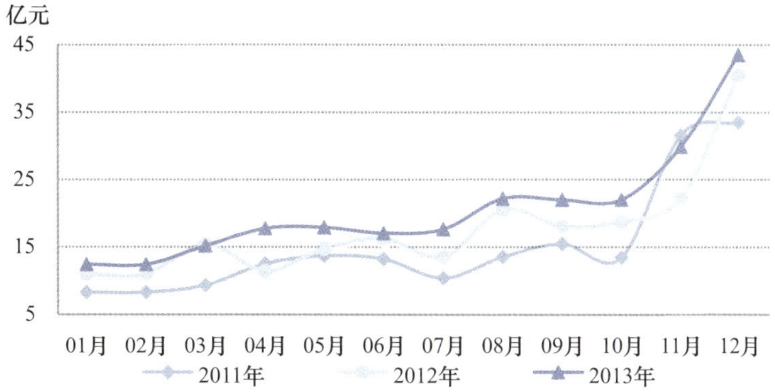

图 2-5-13　2013 年全国照明行业连续三年月度利润总额对比

从子行业利润贡献率分析，2013 年，照明灯具制造完成累计利润总额 135.02 亿元亿元，占照明行业利润总额的 50.93%，比重比去年同期下降了 4.04 个百分点；电光源制造完成累计利润总额 95.16 亿元，同比增长 19.6%；灯用电器附件及其他照明器具制造完成累计利润总额 15.46 亿元，同比增长 –2.47%。

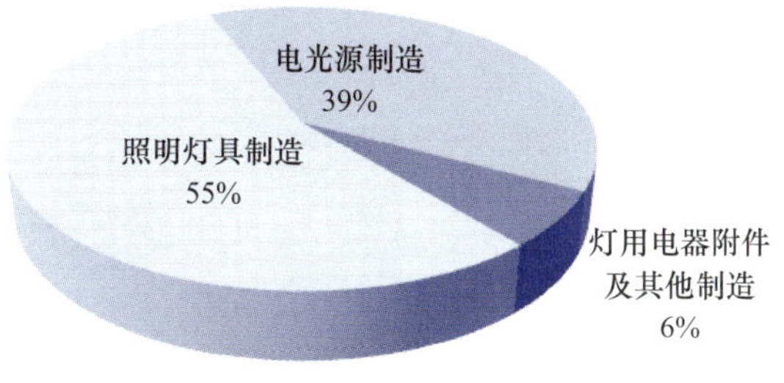

图 2-5-14　2013 年全国照明行业累计利润总额行业小类占比情况

在增速方面，电光源制造的利润增速达到了 19.6%，超过了全行业平均增速 4.18 个百分点，显示出了高涨的增长势头。

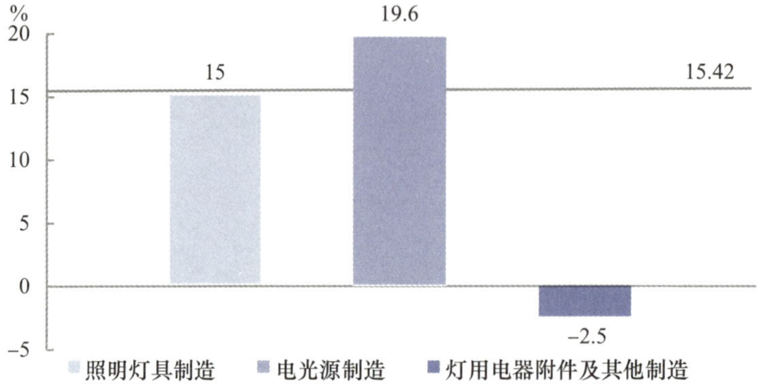

图 2-5-15 2013 年全国照明行业累计利润总额行业小类同比增长情况

（2）内外资企业利润贡献率分析

2013 年，内资企业是利润贡献率的主体。内资企业完成累计利润总额 186.8 亿元，超过了全行业利润总额的七成；外商投资企业完成累计利润总额 36.09 亿元，同比增长 3.14%；港、澳、台商投资企业完成累计利润总额 22.75 亿元，同比增长 29.39%。

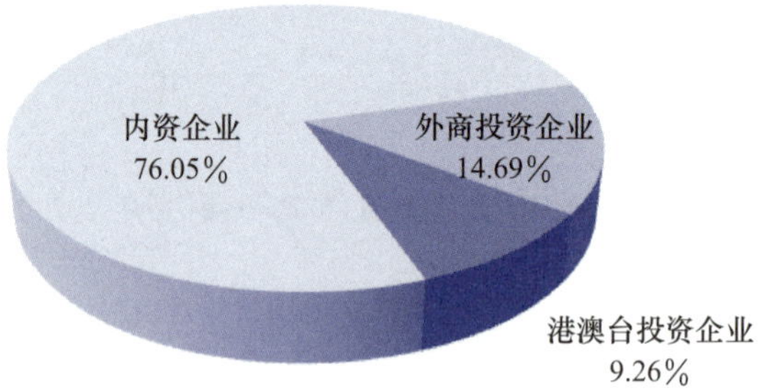

图 2-5-16 2013 年全国照明行业累计利润总额企业注册类型占比情况

从子行业企业注册类型完成利润情况看，内资企业仍是各子行业完成利润的主体。

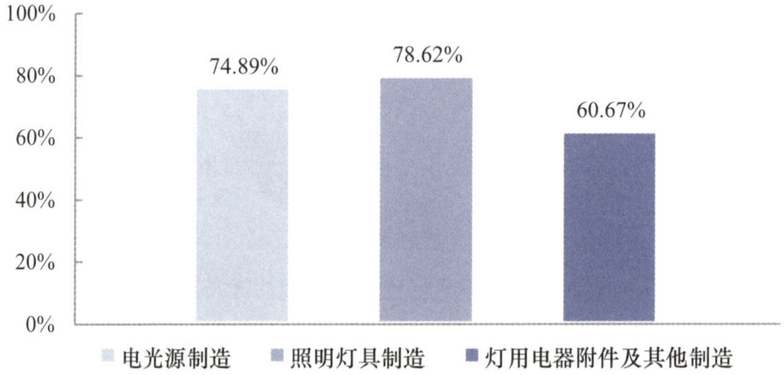

图 2-5-17 2013 年全国照明行业分子行业内资企业利润完成占比

（3）规模企业利润贡献率分析

照明行业以小企业为主，2013 年，大型企业占照明行业企业数的 2.71%，中型企业占 19.62%，小型企业占 77.67%。

从规模企业利润贡献率分析，大型企业盈利能力高于中小型企业。小型企业以 77.67% 的企业数完成了 37.64% 的利润总额，中型企业以 19.62% 的企业数完成了 37.64% 的利润总额，大型企业以 2.71% 的企业数完成了 26.41% 的利润总额。

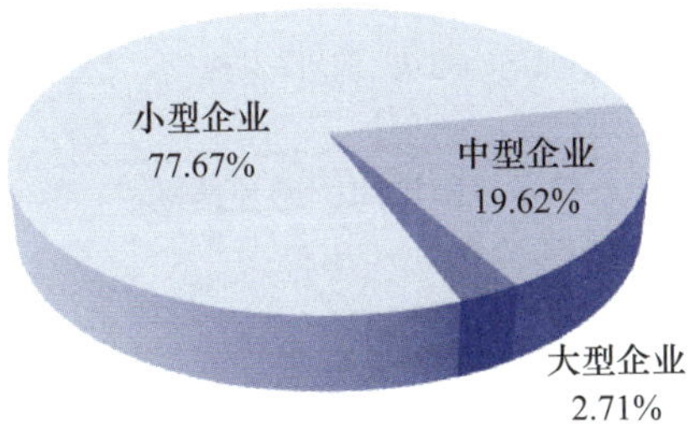

图 2-5-18　2013 年全国照明行业企业规模占比情况

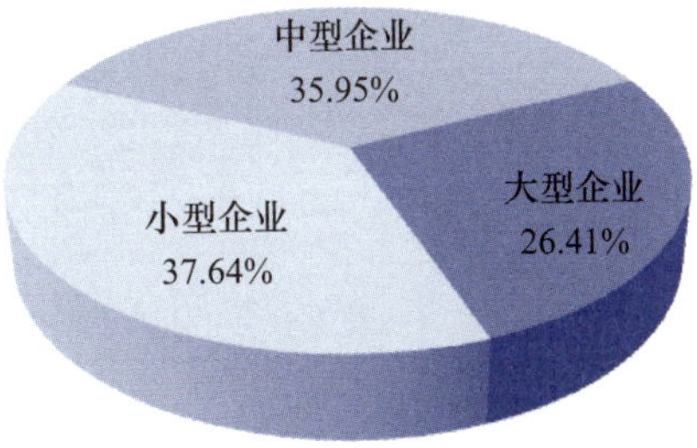

图 2-5-19　2013 年全国照明行业累计利润总额企业规模占比情况

（4）地区利润贡献率分析

从地区利润贡献率分析，中东部地区利润贡献比重较大，2013 年，河南完成累计利润总额 47.53 亿元，居全国第一位。2012 年居首位的广东今年排在了第二位。河南省、广东省、江苏省、福建省、浙江省五个区域的总利润占到了全国利润总额的 63.09%。

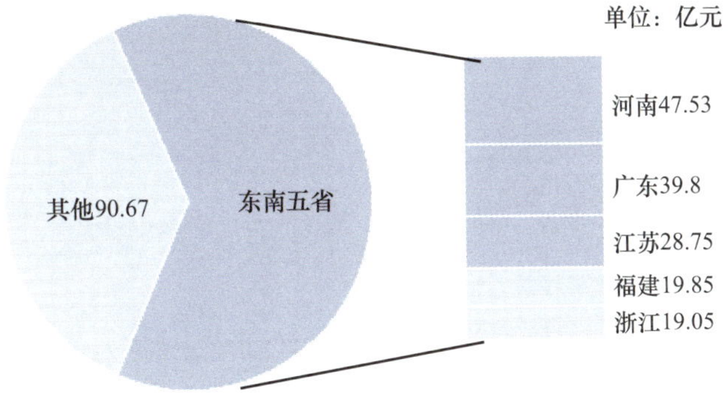

图 2-5-20　2013 年全国照明行业累计利润总额分地区情况

从地区利润增速情况看，江西以 62.79% 的增速居全国第一位，其次是福建，增速为 58.78%。

从子行业地区利润贡献率看，各子行业利润总额和增速排在首位的区域见表 2-5-2。

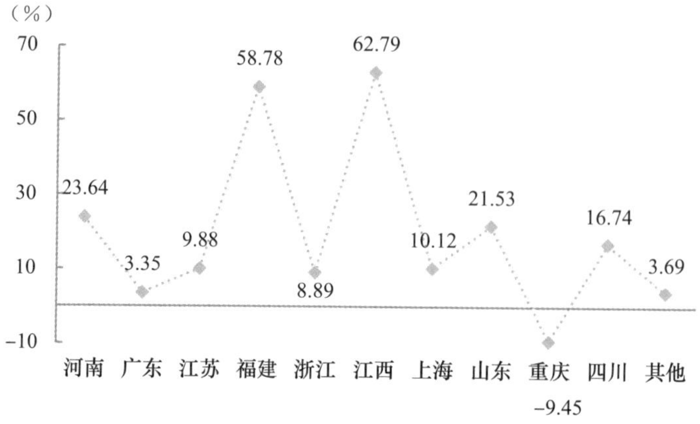

图 2-5-21　2013 年全国照明行业累计利润总额主要地区同比增长情况

表 2-5-2　2013 年照明各子行业地区利润贡献情况

子行业名称	利润贡献排第一的区域	利润增速最快的区域
电光源制造	河南	福建
照明灯具制造	广东	福建
灯用电器附件及其他照明器具制造	广东	浙江

3. 累计利税分析

2013 年，全国照明行业累计完成利税 348.72 亿元，同比增长 16.69%。从月度情况看，12 月的利税总额和增速均为全年最高。

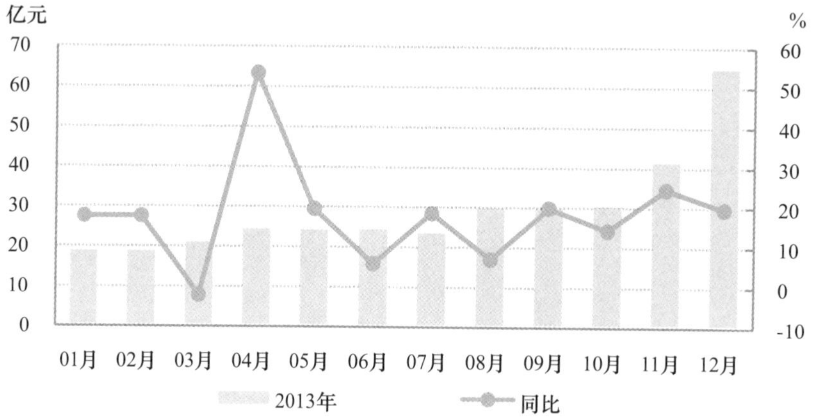

图 2-5-22　2013 年全国照明行业月度利税总额及同比

从子行业累计完成利税情况看，照明灯具制造完成利税总额超过了全行业的一半以上。

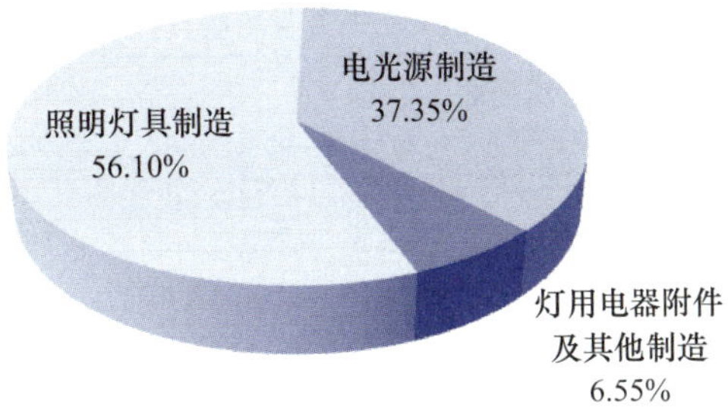

图 2-5-23　2013 年全国照明行业累计利税行业小类占比情况

从子行业利税增速情况看，照明灯光制造增速最快，超过全行业平均增速 4.99 个百分点。

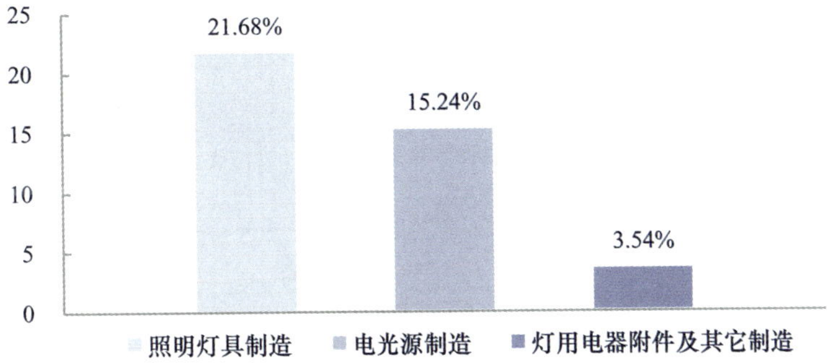

图 2-5-24　2013 年全国照明行业累计利税行业小类增速情况

从地区利税完成情况看，2013 年，广东是利税总额完成第一大省，广东完成累计利税占全国的 16.68%。从增速情况看，江西、福建、河南、山东、江苏五省的增速超过了全行业的平均增速。

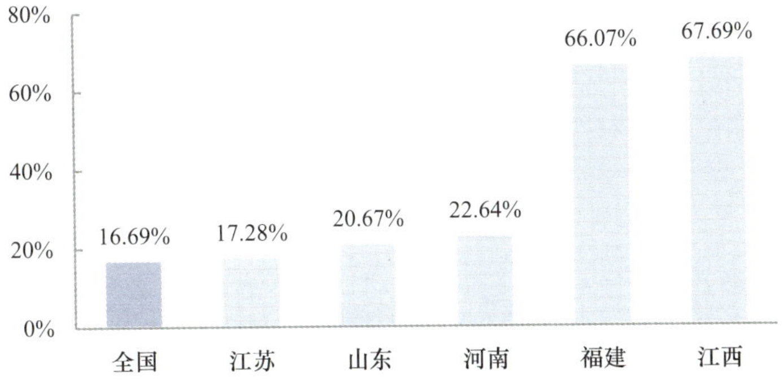

图 2-5-25　2013 年全国照明行业累计利税地区增速情况

从企业注册类型看，内资企业完成利税总额超过了全行业的七成。

表 2-5-3　2013 年照明行业分企业注册类型利税完成情况

企业注册类型	累计完成利税（单位：亿元）	增速	占全行业比重
港、澳、台商投资企业	34	25.71%	9.75%
内资企业	266.9	19.00%	76.54%
外商投资企业	47.82	0.63%	13.71%

4. 行业亏损企业数、亏损面变化情况

（1）企业数变化情况

2013 年，全国规模以上照明企业 2365 家，比 2012 年增加了 13 家。其中广东企业数居全国第一位，占到了全国的 26.05%，其次依次为浙江、江苏、福建、安徽等。

照明企业以小企业为主，2013 年，大型企业数只占全行业总企业数的 2.76%。从子行业企业数看，照明灯具制造企业数目超过了全行业企业数的六成。

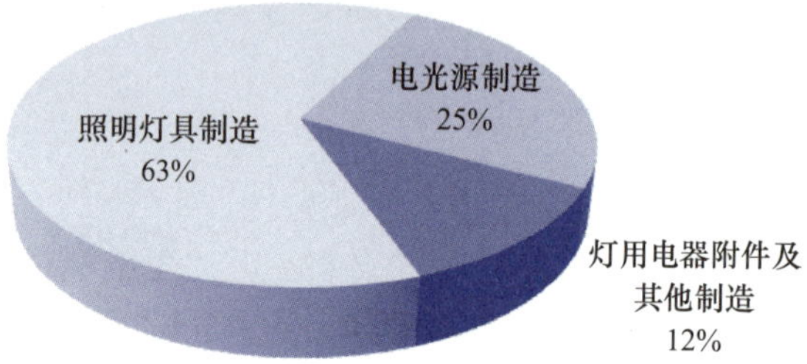

图 2-5-26　2013 年全国照明行业分子行业企业数情况

（2）亏损面情况

2013 年，全国照明行业累计亏损企业数 312 家，亏损面为 13.19%。比 2012 年亏损面扩大了 0.19 个百分点。

从亏损企业区域分布来看，亏损企业数最多的五个区域依次为浙江、广东、江苏、上海和福建。

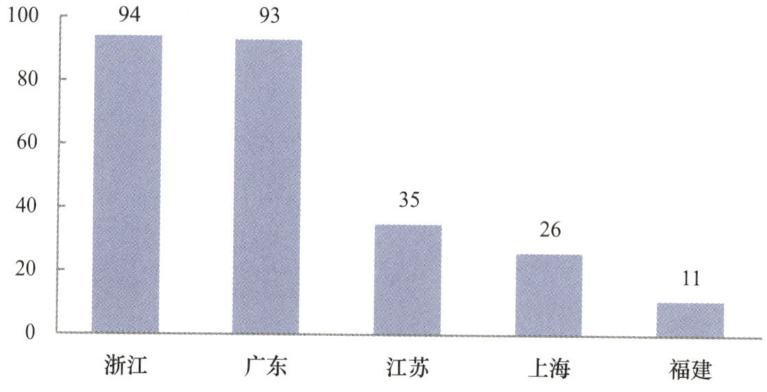

图 2-5-27　2013 年全国照明行业累计亏损企业数排在前五位的省区

（3）亏损额情况

2013 年，全国照明行业累计完成亏损额 10.68 亿元，同比增长 11.17%。其中照明灯具制造亏损额为 7.3 亿元，占照明全行业累计亏损额的 68.35%。

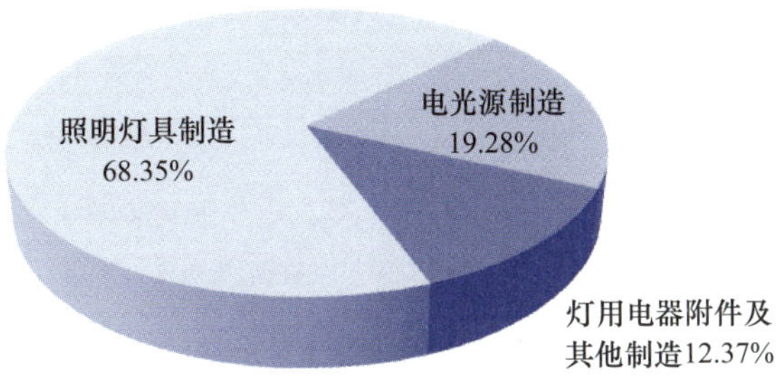

图 2-5-28　2013 年全国照明行业累计亏损额行业小类占比情况

亏损额最大的地区为广东，累计亏损 2.61 亿元，占全行业累计亏损额的 24.44%。

（二）主要产品生产量分析

1 电光源

2013 年，全国电光源完成累计产量 205.57 亿只，同比增长 3.63%。其中 7 月份和 11 月份增速出现了负增长 (图 2-5-29)。较去年同期相比，电光源产量增速提高了 2.11 个百分点，较 2011 年同期相比，电光源产量增速回落了 0.41 个百分点。

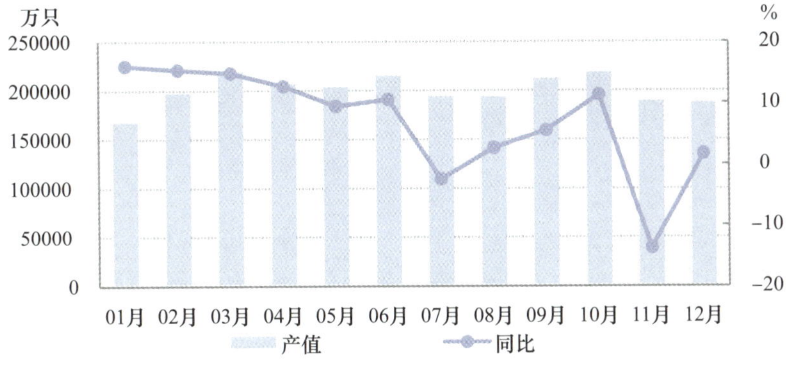

图 2-5-29　2013 年全国电光源行业月度产量及同比

从区域分布看，江苏、浙江、广东、湖北、江西位居电光源产量的前五位。五个省区的总产量占到了全国产量的 67.69%。

作为最早的电光源，白炽灯在 2013 年全国完成累计产量 46.21 亿只，同比增长 −3.55%。连续两年出现负增长。江苏是最大的白炽灯产区，2013 年完成累计产量 17.44 亿只，占到了全国总产量的 37.75%。湖北连续两年增速居全国第一位。

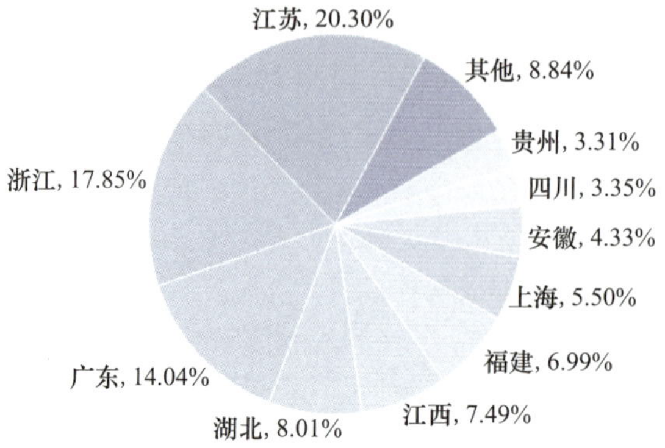

图 2-5-30　2013 年全国电光源累计产量地区占比情况

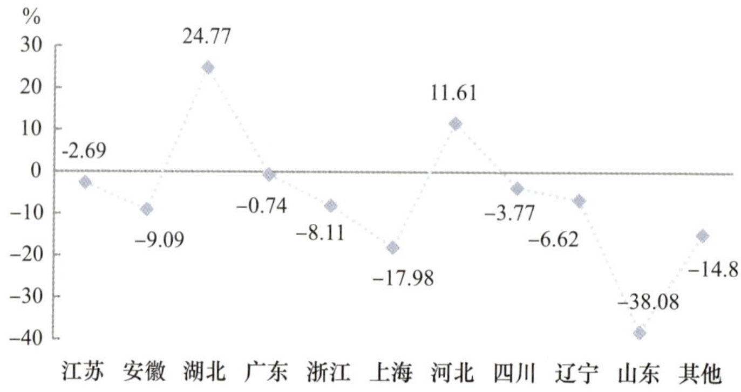

图 2-5-31　2013 年全国白炽灯行业累计产量主要地区同比增长情况

荧光灯俗称日光灯，2013 年，全国荧光灯完成累计产量 44.53 亿只，同比增长 9.49%。比重主要集中在浙江、江苏、福建、广东和安徽。其中：浙江省完成累计产量 10.15 万万只，同比增长 17.96%。

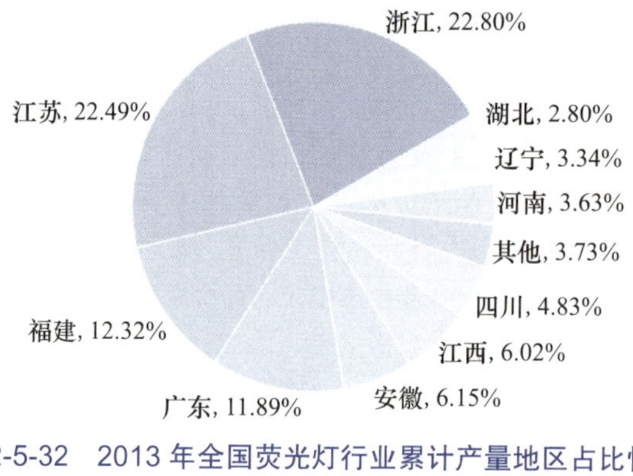

图 2-5-32　2013 年全国荧光灯行业累计产量地区占比情况

2. 灯具及照明装置

2013 年，全国灯具及照明装置完成累计产量 26.58 亿套，同比增长 8.34%。增速比去年同期上升了8.29个百分点。全年连续12个月保持稳步增长态势。12月达到全年最高值，完成产量2.64亿套，同比增长7.68%。

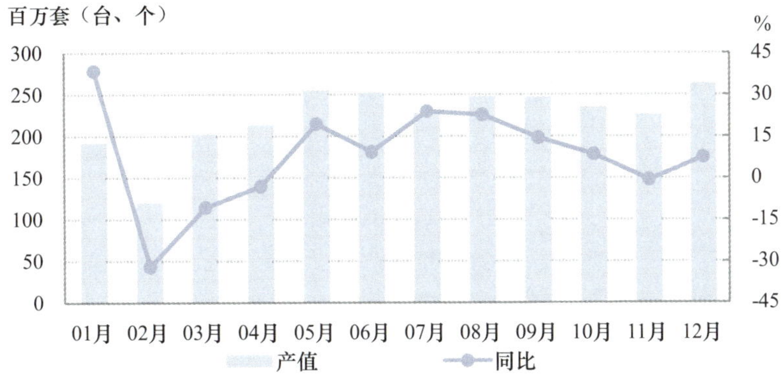

图 2-5-33 2013 年全国灯具及照明装置行业月度产量及同比

从产区分布看，中东部地区仍旧占据主要位置。广东、浙江、重庆三个地区产量占到了全国总产量的81.43%。

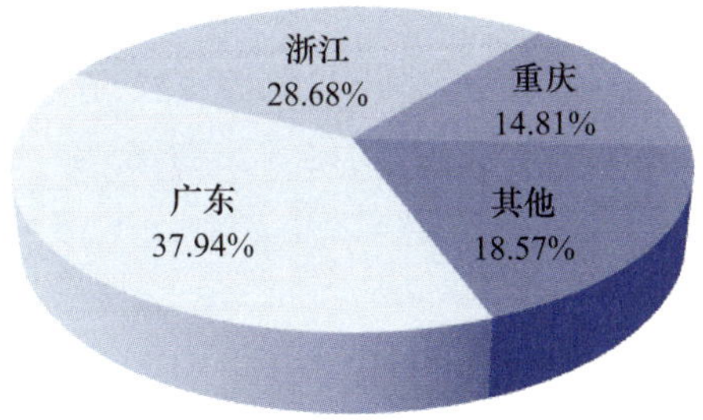

图 2-5-34 2013 年全国灯具及照明装置累计产量地区占比情况

作为照明灯具中的重要产品，2013年，LED全国发光二极管(LED）继续保持高速增长，完成累计产量2035.13亿只，同比增长22.99%，增速比去年同期增加了近一倍。

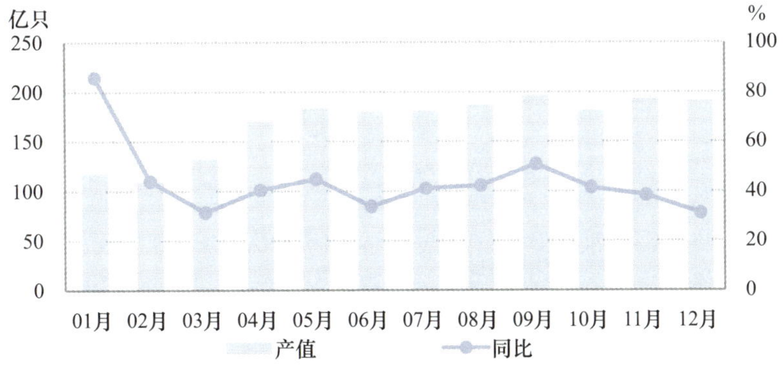

图 2-5-35 2013 年全国发光二极管 (LED) 行业月度产量及同比

广东省是发光二极管（LED）目前全国最大的产区，2013 年完成累计产量 1132.46 亿只，占全国总产量的 55.65%，其次依次是福建、江苏、天津和安徽。从增长速度上看，广东保持了良好的增长势头，全年累计增速达 87.96%。

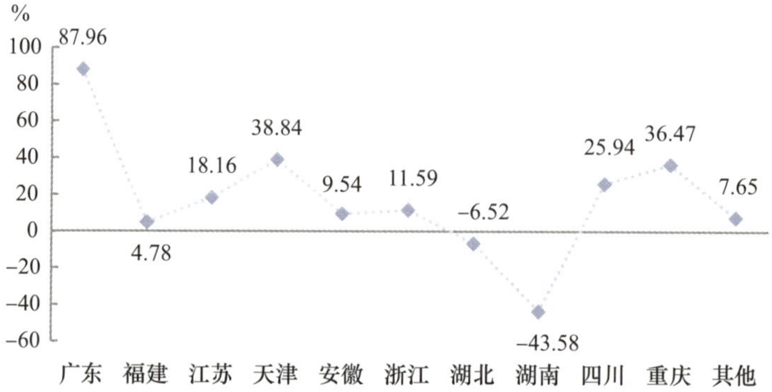

图 2-5-36　2013 年全国发光二极管 (LED) 行业累计产量主要地区同比增长情况

（三）进出口情况分析

2013 年，全国照明行业完成累计进出口总额 377.56 亿美元，同比增长 19.01%。其中，完成累计出口额 360.72 亿美元，同比增长 20.65%。进口额 16.85 亿美元，同比下降 7.77%。

1. 出口情况分析

（1）月度及子行业情况分析

2013 年，全国照明行业累计完成出口额 360.72 亿美元，同比增长 20.65%。增速比去年同期回落了 12.08 个百分点。其中 12 月份达到年内单月出口最高值，12 月份完成出口额 37.98 亿美元，同比增长 17.99%。

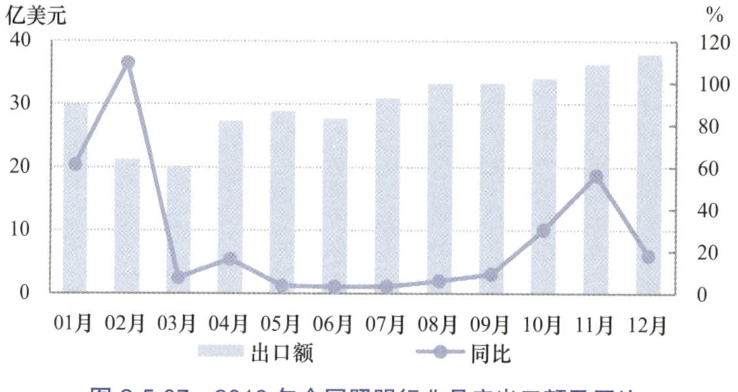

图 2-5-37　2013 年全国照明行业月度出口额及同比

从子行业出口情况看，2013 年，照明灯具完成累计出口额占到了全行业累计出口额的六成以上。

（2）主要出口额国家或地区情况

从出口目的地国家（地区）排名来看，2013 年，全国照明行业共出口到 219 个国家，出口额居首位的是美国。美国完成累计出口额 76.4 亿美元，占照明行业总出口额的 21.18%。排在第二到十位的依次为德国、香港、英国、日本、马来西亚、荷兰、阿拉伯联合酋长国、加拿大、巴西。其中对美国一个国家的出口额超过了对德国、香港、英国、日本和马来西亚的出口总额。

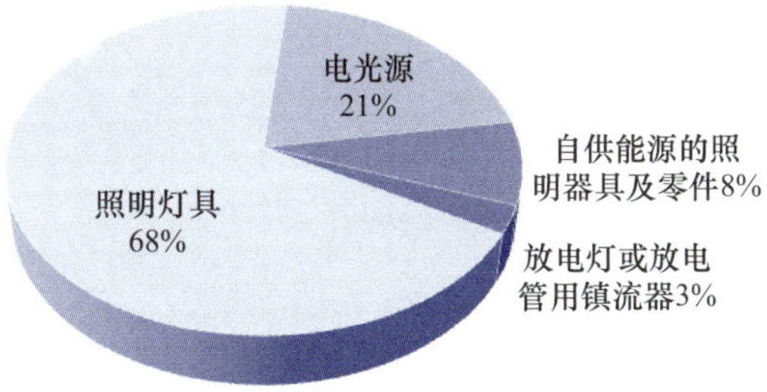

图 2-5-38　2013 年全国照明行业累计出口额子行业占比情况

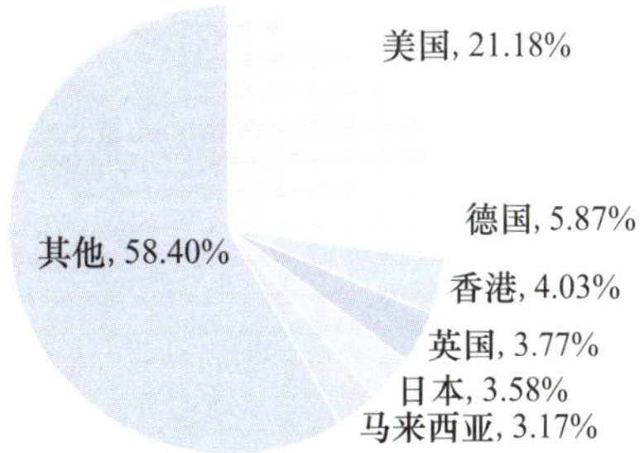

图 2-5-39　2013 年全国照明行业出口贸易国分布情况

（3）出口贸易方式分析

从出口贸易方式分析看，一般贸易完成累计出口额 282.45 亿美元，占照明行业出口总额的 78.3%，比重提高了 1.01 个百分点。累计出口增速 22.22%，比去年同期降低了 19.16 个百分点；进料加工贸易完成累计出口额 48.72 亿美元（占 13.51%），同比增长 6.54%。

表 2-5-4　2013 年全国照明行业累计出口额贸易方式占比情况

贸易方式	所占比重
一般贸易	78.30%
进料加工贸易	13.51%
其他	2.20%
保税区仓储转口货物	1.90%
保税区仓库进出境货物	1.67%
边境小额贸易	1.50%
来料加工装配贸易	0.79%
对外承包工程出口货物	0.10%
国家间、国际组织无偿援助和赠送的物资	0.03%
其他外境捐赠物资	0.01%
租赁贸易	0%

（4）出口额地区分布情况

2013 年，全国照明行业完成累计 360.72 亿美元，同比增长 20.65%。从地区出口情况看，广东是我国第一大出口大省，2013 年出口占到了全国出口的一半以上。其次是浙江，占到了全国的 21.78%。从增速情况看，广东也是出口增速最快的省份，其次是江西，这两个省份增速均超过了全行业 20.65% 的平均增速。

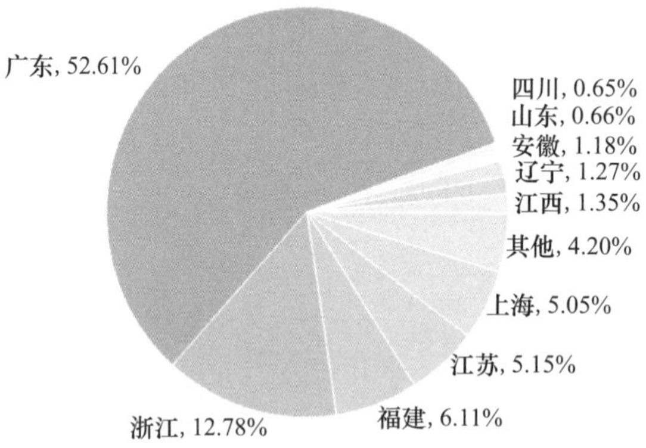

图 2-5-40　2013 年全国照明行业累计出口额地区占比情况

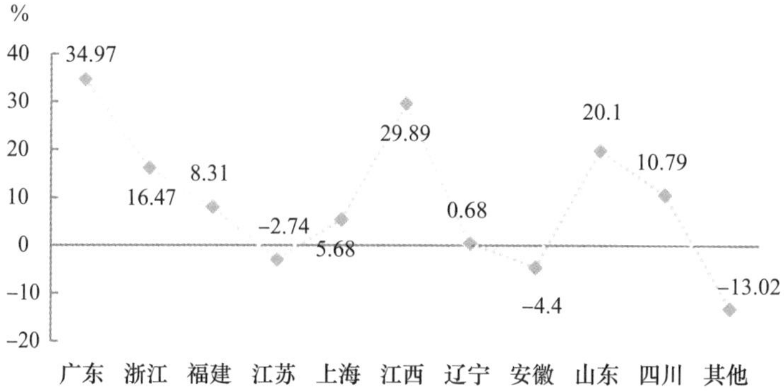

图 2-5-41　2013 年全国照明行业累计出口额主要地区同比增长情况

2. 进口情况分析

（1）进口额月度及子行业分布情况

2013 年，全国照明行业完成累计进口额 16.85 亿美元，同比下降 7.77%。累计进口连续三年出现负增长，从单月增速情况看，除 1 月和 3 月外，其他 10 个月的单月增速均为负增长。其中 9 月份出现了月增速 −29.41%，为年度最低。

从子行业进口情况看，我国照明行业进口主要以电光源为主，2013 年电光源（灯泡）累计进口额 11.16 亿美元，占到了全行业的 66.23%。从增速情况看，各子行业出现负增长，其中放电灯或放电管用镇流器增速最慢，为 −12.11%。

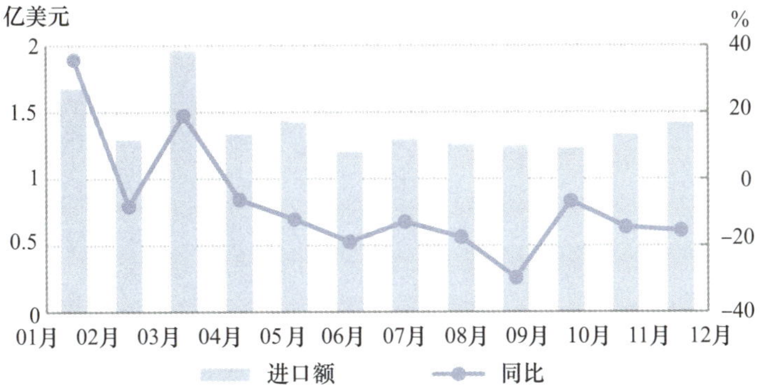

图 2-5-42　2013 年全国照明行业月度进口额及同比

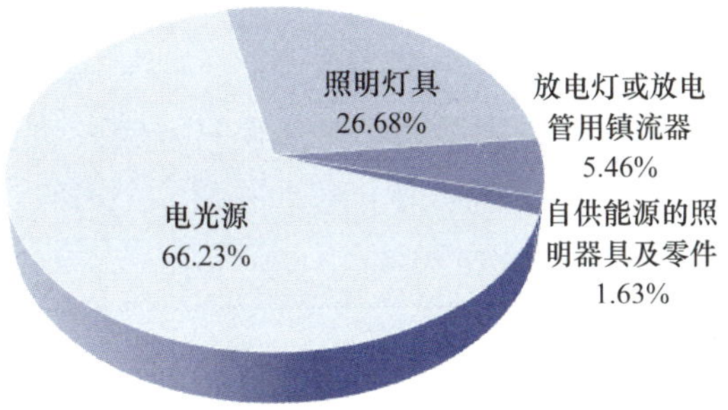

图 2-5-43　2013 年全国照明行业累计进口额子行业占比情况

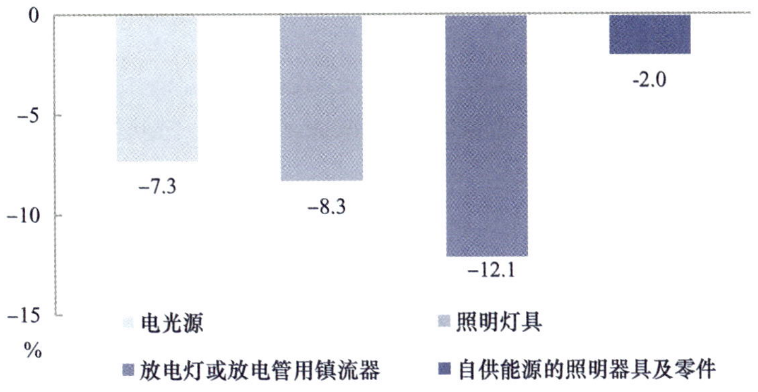

图 2-5-44　2013 年全国照明行业累计进口额子行业同比增长情况

（2）主要进口额国家或地区情况

从进口国家排名来看，2013 年，全国照明行业进口国家（地区）共 95 个，其中：与去年同期相比新增贸易国 19 个（澳门、坦桑尼亚、黎巴嫩、智利、汤加、亚美尼亚、巴布亚新几内亚、洪都拉斯、圣马力诺、缅甸、吉尔吉斯斯坦、约旦、马里、卡塔尔、阿尔巴尼亚、文莱、巴拉圭、塞拉利昂、也门共和国），减少贸易国 14 个（阿尔及利亚、阿富汗、阿曼、巴拿马、冰岛、波斯尼亚—黑塞哥维那共和国、冈比亚、拉脱维亚、秘鲁、尼日利亚、斯威士兰、乌兹别克斯坦、叙利亚、伊拉克)。其中进口额排在前三位的国家是日本、德国和中国。日本完成累计进口额 3.38 亿美元(占 20.04%),同比下降 14.04%。

(3)进口额贸易方式分布情况

从进口额贸易方式分布情况看,进料加工贸易完成累计进口额 6.65 亿美元(占 39.46%),同比下降 23.73%;一般贸易完成累计进口额 5.97 亿美元(占 35.46%),同比下降 2.45%;保税区仓储转口货物完成累计进口额 3.14 亿美元(占 18.66%),同比增长 45.71%;

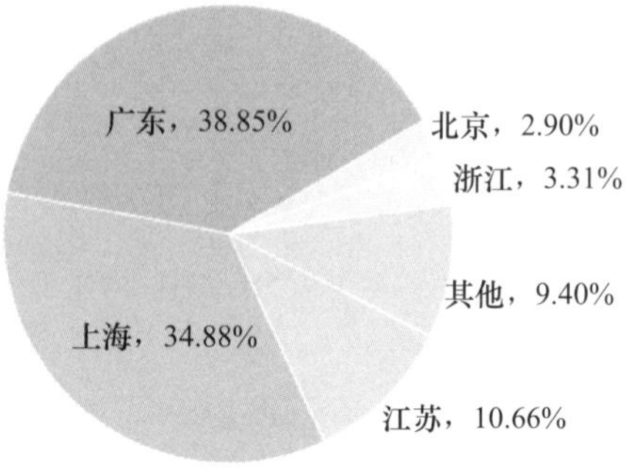

图 2-5-45　2013 年全国照明行业累计进口额地区占比情况

(4)进口地区分布情况

从地区进口情况看,2013 年,广东仍是照明行业第一进口大省,累计进口额 6.54 亿美元,占全国的 38.85%。其次为上海,占到了全国的 34.88%。进口额排在前五位的区域进口比重超过了全国的 90%。

二、行业发展环境

(一)国内政策环境

1 12 部委联合发布推进重点行业企业兼并重组指导意见

2013 年 1 月 22 日,工业和信息化部、发展改革委、财政部等国务院促进企业兼并重组工作协调小组 12 家成员单位联合发布《关于加快推进重点行业企业兼并重组的指导意见》,稀土行业支持大企业以资本为纽带,通过联合、兼并、重组等方式,大力推进资源整合,大幅度减少稀土开采和冶炼分离企业数量,提高产业集中度,基本形成以大型企业为主导的行业格局。

2. 中国逐步降低荧光灯含汞量路线图公布

为落实国务院《节能减排"十二五"规划》和《重金属污染综合防治"十二五"规划》,逐步降低荧光灯含汞量,减少行业用汞量及生产过程中汞排放,提高荧光灯行业污染防治水平,推动产业绿色转型升级,2013 年 2 月 27 日,由工信部、科技部、环保部三部委联合制定的《中国逐步降低荧光灯含汞量路线图》公布。

"路线图"预期显示,到 2014 年底,通过淘汰液汞工艺,生产过程中汞排放量比 2010 年减少约 50%。到 2015 年,单只荧光灯产品平均含汞量比 2010 年减少约 80%,一半以上的荧光灯含汞量低于 1 毫克。

3. 发改委公布《战略性新兴产业重点产品和服务指导目录》

2013 年 2 月 22 日，为贯彻落实《国务院关于加快培育和发展战略性新兴产业的决定》，更好地指导各部门、各地区开展培育发展战略性新兴产业工作，发改委公布《战略性新兴产业重点产品和服务指导目录》。涉及七个战略性新兴产业、24 个重点发展方向下的 125 个子方向，共 3100 余项细分的产品和服务。其中 1.1.6 高效照明产品及系统一节，明确将高效照明产品及系统纳入国家战略新兴产业。

4. 住房和城乡建设部办公厅关于 2012 年城市照明节能工作专项监督检查情况的通报

2013 年 4 月 18 日，为贯彻落实国务院“十二五”节能减排工作任务和《“十二五”城市绿色照明规划纲要》，2012 年，住房和城乡建设部对全国 59 个地级及以上城市的照明节能工作进行了专项监督检查。涉及 59 个城市的 781 个城市照明项目，其中道路照明项目 549 个，景观照明项目 232 个。

5. 工信部公开征集《LED 球泡灯性能要求》修订意见

2013 年 4 月 25 日，工信部发布公告公开征集《 LED 球泡灯性能要求》的修订意见，此次修订的性能指标包括 QBCPZT1157—2013《 LED 球泡灯性能要求》、QBJCZT1158—2013《白光 LED 光源的显色性》、QBCPZT1159—2013《面发光 LED 灯具技术要求》、QBFFZT1160—2013《LED 灯具测量方法》、QBFFZT1161—2013《LED 灯 - 加速寿命评价方法》等，全部为 CQC 非强制标准。

6. 国务院发布《国务院关于加快发展节能环保产业的意见》

2013 年 8 月 11 日，国务院发布《国务院关于加快发展节能环保产业的意见》，为加快发展节能环保产业，《意见》提出，要形成一大批拥有知识产权和国际竞争力的重大装备和产品，部分关键共性技术达到国际先进水平。《意见》提出推动半导体照明产业化。加强节能技术改造，继续采取补贴方式，推广高效节能照明产品。

7. 发改委发布《关于加大工作力度确保实现 2013 年节能减排目标任务的通知》

2013 年 8 月 27 日，国家发改委发布《关于加大工作力度确保实现 2013 年节能减排目标任务的通知》，根据《通知》精神，发改委、财政部和住房和城市建设部共同负责推动实施绿色照明工程，落实半导体照明（LED）节能产业规划，继续实施节能产品惠民工程，推广高效照明产品 1.3 亿只。今后的绿色照明财政补贴将从荧光灯转向 LED 等高效照明产品。

8. 工信部印发《产业关键共性技术发展指南（2013 年）》

2013 年 9 月 16 日，工信部印发《产业关键共性技术发展指南 (2013 年)》，《指南》确定当前优先发展的节能环保与资源综合利用、原材料、装备制造、消费品工业、电子制造业、软件和信息技术服务业、通信业和信息化与生产性服务业等 8 大领域共 261 项技术。其中明确提出将 LED 芯片、荧光粉等环节的关键技术作为贯彻落实国务院创新驱动战略的产业关键共性技术。包括，高光效、低光衰白光 LED 荧光粉及其规模化制备技术、LED 外延及芯片制造共性关键工艺技术、LED 器件封装技术、LED 关键设备、原材料技术。

（二）国际环境

1. 欧盟发布《LED 照明产品最新能效规定》

欧盟发布《LED 照明产品最新能效规定》，从 9 月 1 日开始，出口到欧洲的 LED 照明产品须符合新的能效标准要求。欧盟 LED 能效新标准分三个阶段逐步实施：2013 年 9 月 1 日、2014 年 9 月 1 日和 2016 年 9 月 1 日，其中在 2014 年第二阶段时能效指数规定为 0.2，是我国目前实施标准的 2.2 倍。新标准实施后，单个产品欲达标的认证和抽查费用就须增加 1 万元左右。

2. 阿根廷公布荧光灯能效标签

阿根廷公布荧光灯电磁与电子镇流器能效标签。该规定涉及荧光灯电磁与电子镇流器能效标签使用的强制认证制度，适用于连接电源 (220 伏，50 赫兹)、单独或作为照明灯具一部分在阿根廷销售的电磁与电子镇流器。认证制度符合经法规 ex-SCT No. 35/2005 修订的法规 ex-SICyM No. 319/1999。对此，企业一方面要密切关注阿根廷各种能效标签的详细内容，与检验检疫部门、客户加强沟通和交流，避免造成不必要损失；二要加大企业科研投入，研发新技术，增强自身产品的技术含量，提高产品在国际市场上的竞争力；三要与进口商加强沟通，及时了解相关能效标签信息，并做好检测工作，确保产品符合阿根廷相关制度标准。

3. 以色列公布关于灯具的最低光效率的能源法规

2013 年 12 月 16 日，以色列公布关于灯具的最低光效率的能源法规 5773-2013。

由能源和水资源部公布的称为“能源法规（灯具的最低光效率）5773-2013”的新法规草案。这些法规要求进口或生产，在以色列销售或分销的所有灯具，应当由以色列标准协会或某个经认可的实验室测试是否符合涉及灯具效率等级的以色列标准 SI 5288 表 8.1 规定的光效率要求。本标准采用了（有一些修改）美国国家电气制造商协会文件 LE 5-2001，但将该标准范围扩大到所有类型的一般用途固定灯具。

4. 美国公布一般用途的灯能源节约标准

2013 年 12 月 16 日，美国公布一般用途的灯能源节约标准的消费品能源效率计划。考虑到包括在一般用途的灯 (GSLs) 定义中产品新的和经修订的能源节约标准，美国能源部（DOE）启动本法规制定和数据收集程序。为通知利益相关者和促进此程序，能源部编制了一份详述分析方法和本法规制定覆盖初步范围，以及确定能源部特别感兴趣收到评议意见的几个问题的框架文件。能源部将召开一次公众会议，讨论和接收关于其计划的分析方法，以及在本法规制定过程中将解决的问题的评议意见。能源部欢迎来自公众的关于本法规制定范围内任何主题的书面评议意见和相关的数据

5. 加拿大放宽节能规定，白炽卤素灯泡暂逃脱禁售命运

加拿大联邦自然资源部表示，他们计划放宽节能规定，允许贩售白炽卤素灯

泡（incandescent halogen bulbs）。依现有规定，这种新型灯泡在 2014 年 1 月 1 日以前禁止贩售。自然资源部表示，这个提案可让加拿大在灯泡规定方面与美国保持一致。

6. 美国环保署暂停能源之星计划 LED 照明受影响

美国民主党总统和共和党主导的美国众议院之间的遭遇战正在上演，由于资金冻结，环境保护署（EPA）的能源之星计划受到了影响。环保署暂时关闭了“能源之星”计划，并取消了年度能源之星合作伙伴会议。“能源之星”计划的暂停对 LED 照明、其他照明和许多其他产品产生了影响。

7. 台湾地区发布自镇流 LED 灯的最低能效标准草案

2013 年 9 月 11 日，台澎金马单独关税区发布第 G/TBT/N/TPKM/143 号通报：自镇流 LED 灯的最低能效标准草案。草案中涉及的 LED 灯为符合 CNS 15630 规范范围的并经经济部标准检验局公告为实施检验范围内的产品，但高显色性产品（CRI 实测值为 95 以上）的除外。草案对符合要求的高、低色温条件下非定向 LED 灯和定向 LED 灯的最低能效标准进行了规定。

8. 2014 年起韩国将全面停止生产和进口白炽灯

据韩国《朝鲜经济》、《每日经济》2013 年 7 月 17 日报道，韩国产业通商资源部 16 日宣布，自 2014 年 1 月 1 日起，韩国将全面停止生产和进口白炽灯，全面推广 LED 罗口灯、LED 灯管等节能型替代产品。根据韩国去年 1 月发布的最低耗能基准，韩国已停止销售 70W 至 150W 的白炽灯，2014 年起 25W 至 70W 的家庭用白炽灯也将退出市场。

三、企业并购重组情况

1. 国星光电增资控股旭瑞光电

2013 年 1 月，国星光电通过了《关于增资旭瑞光电股份有限公司的议案》，将向参股子公司旭瑞光电增资 5000 万元人民币，增资完成后将持有旭瑞光电 60.55% 的股份，成为国星光电控股子公司。

2. 东芝收购美国普瑞公司白色 LED 芯片业务

东芝与 LED 照明器具厂商普瑞光电 (Bridgelux)2013 年 4 月 23 日宣布，双方已签署协议，东芝将收购普瑞光电的白色 LED 芯片开发相关资产。东芝的目的是通过此次收购，强化照明用白色 LED 业务。

3. TCL 集团收购华星光电 30% 股权事宜获批

TCL 集团于 2013 年 9 月 16 日晚间公告，深圳市华星光电技术有限公司近日收到深圳市经济贸易和信息化委员会批复，同意深圳市深超科技投资有限公司将所持华星光电 30% 股权以 31.82 亿元转让给 TCL 集团。

4. 洲明科技董事会通过收购深圳市雷迪奥光电议案

7 月 3 日公告，洲明科技第二届董事会第五次会议于 2013 年 7 月 2 日召开，审议通过《关于完成收购深圳市雷迪奥光电技术有限公司部分股权的议案》。深圳市雷迪奥光电技术有限公司成立于 2006 年，是一家自主研发，生产，销售 LED 舞台显示设备及创意类 LED 显示屏的专业制造商。

5. TCL 集团收购华星光电 30% 股权事宜获批

TCL 集团 9 月 16 日晚间公告，深圳市华星光电技术有限公司近日收到深圳市经济贸易和信息化委员会批复，同意深圳市深超科技投资有限公司将所持华星光电 30% 股权以 31.82 亿元转让给 TCL 集团。

6. 三安光电入股台湾 LED 晶片厂璨圆

成立于 2000 年的三安光电股份有限公司（证券代码：600703），是目前国内成立最早、规模最大、品质最好的全色系超高亮度 LED 外延及芯片产业化生产基地。2013 年，三安光电参股台湾第二大磊晶企业——璨圆光电，成为璨圆最大股东，首开两岸 LED 产业携手合作案例。参股璨圆光电、推进芜湖光电产业化（二期）及 LED 应用产品产业化项目建设、在美国设立两家全资子公司等系列布局，旨在加快企业国际化发展步伐，做大做强突破欧美日市场垄断，为跻身世界 LED 行业前列的目标奠定坚实基础。

2013 年两岸的 LED 厂商也将整并触角延伸至欧美厂商，三安光电 6 月 5 日宣布台湾 LED 封装厂亿光以 2200 万美元资金收购美国流明 Luminus Devices 100% 股权，台湾 LED 封装厂扩张脚步也未停歇，同样在 6 月购买德国灯具厂 WOFI，深入布局德国通路市场。

7. 中电收购启耀，对接 LED 照明

2013 年 10 月 8 日，董事会决议通过公开收购 LED 封装厂启耀光电的普通股股权。拟收购约 60%，约 1.6 亿股的启耀光电股权，收购价格为每股新台币 0.8 元，总收购金额约新台币 1.28 亿元，收购期间为 10 月 9 日至 11 月 18 日。中国电器从电灯泡传统制造业起家，以“东亚照明”品牌成为台湾照明产业的龙头，近年来也积极切入 LED 照明市场，在台湾 LED 垂直整合厂隆达并入威力盟后，中电已成为隆达的最大法人股东，本件公开收购将使中国电器及启耀光电进一步扩展业务范围，并协助创造新策略商机。

8. 中国稀土收购欧司朗荧光材料 50.1% 股权

2013 年 10 月，中国稀土宣布，以 1513.25 万元代价，收购欧司朗 (中国) 荧光材料 (合营公司)50.1% 股权。合营公司主要从事制造及销售荧光产品，收购后，中国稀土将持有合营公司 100% 股权。

中国稀土表示，向卖方收购合营公司余下股权对集团有利，因集团认为中国荧光材料市场具备商业潜能。整合及增加集团在合营公司之权益将为集团提供良好的机会，将继续巩固其荧光材料市场曝光率及加强集团竞争力，以扩展业务覆盖面。

四、行业投资发展情况

随着国家相关政策的不断刺激以及LED发光效率的逐步提升、价格不断下降，2013年，LED照明实现了生产销售的双重飞跃，种种利好再次明确了LED照明作为未来主导性替代光源的重要地位，LED照明正逐渐成为照明行业的主流趋势。传统照明企业面对市场发展和政策利好的双重驱动，纷纷改变谨慎保守态度，斥资加码LED领域投资，佛山照明、欧普照明作为国内领先品牌，均在2013年加大了LED产品的研发、生产、销售的投入力度。

国际照明巨头也加快了转型步伐，Panasonic旗下照明子公司宣布计划于2015年底退出家用荧光灯市场，将产品全数切换成LED照明。此外，奥地利锐高公司最近就宣布其欲在2013年底退出磁性镇流器和变压器业务市场。锐高总裁AlfredFelder表示，必须将业务重点转向LED照明技术才能推动公司继续茁壮成长。

五、2014年行业形势分析与预测

（一）2014年行业形势分析

1. 国内方面

城镇化将带动数亿农民进入城市，形成中国的新兴消费群体。其消费潜力的逐步释放，将成为中国经济增长的新引擎。快速的城市化进程推动着社会进步和经济发展，但也伴随着城市环境、基础设施、管理等方面的诸多挑战，而这其中，城市的能源消耗问题尤为引人注目。城镇化过程中，创新的LED照明技术显然得到了最大的发展，同时，它也成为解决上述城镇化问题时，一项尤为关键的技术。

我国将于2014年10月1日起禁止进口和销售60瓦及以上普通照明白炽灯，当前节能照明产品主要分为节能灯和LED两类。由于节能灯技术发展相对比较成熟，价格也更易于消费者接受，一直成为居民替换白炽灯的首要选择。然而，LED在环保、节能和使用寿命方面与节能灯相比优势明显，因此伴随LED生产成本的下降和技术的不断发展，LED照明产品将不断成为主流的节能照明产品。

（1）LED照明在2014年将继续保持高速增长

随着白炽灯使用的进一步限制和LED照明产品价格的下降，LED照明迎来了迅速发展的机遇。近两年，全球照明市场开始显现“禁白”效应，同时受到上游芯片技术提升和价格快速下降影响，LED 照明与传统照明产品之间的差距逐渐缩小，下游 LED 照明产品价格下降已成为不争的实施。当前，LED 照明产品的价格正以每年 20% 左右的速度下降，更加亲民的价格无疑为 LED 灯具的普及扫除最大的障碍。

（2）价格竞争，LED 照明质量难以保证

LED 照明的发展速度加快，也为 LED 照明市场的发展带来了机遇。与此同时，消费者的节能和环保意识加强，也促使越来越多的用户把目光转向了 LED 照明，给整个行业的发展带来了巨大的机遇。

然而，高速增长的 LED 照明产品并未像行业的发展一样稳步向前，而是利用相关规定的缺失和消费者对产品的不了解，把功夫放在了降低产品的质量上，以期进一步降低价格，拉拢消费者，忽视了产品质量的保证。

利用低质量的廉价产品获得发展从来都不是长远之计，在对质量要求更为严格的 LED 照明产品方面更是如此。

2. 国外方面

进入 2014 年，全球主要国家和地区的白炽灯禁售计划进入生效阶段，美国政府在境内全面禁止生产和进口白炽灯计划正式生效。加拿大也从 2014 年 1 月 1 日起，正式禁用 75W 及 100W 的白炽灯，而 40 和 60W 的灯泡，也将会于 2014 年 12 月 31 日全面禁用。欧盟也已在 2012 年全面禁止销售白炽灯。2014 年，全球主要国家和地区的白炽灯淘汰计划批量生效。由于政府淘汰白炽灯政策的驱动，在 2014 年全球 LED 照明渗透率提升将达到最快。LED 灯具开始进入居家照明市场。因为发光效率提升和 LED 灯具价格下跌，消费者接受程度逐渐提升，LED 照明渗透率也随之提高。

（二）生产发展预测

2013 年，照明行业各项指标增速放缓，2014 年照明行业将继续保持稳步增长的态势，但各项指标增速继续放缓，继续小步增长。下面就 2014 年的主营业务收入指标月度发展走势做出预测，预计 2014 年一季度，各月处于全年的低谷期，从二季度起，将保持行业稳步增长趋势，7 月份略有下降，三、四季度继续保持平稳增长，12 月份达到全年最高值。

六、促进行业发展的政策建议

为落实国务院《节能减排“十二五”规划》和《重金属污染综合防治“十二五”规划》，工信部发布《中国逐步降低荧光灯含汞量路线图》，根据路线图，到 2015 年，我国单只荧光灯产品平均含汞量比 2010 年减少约 80%。

自2008年我国启动“绿色照明”工程以来，每年有数以亿计的节能灯进入报废期。荧光灯的发光原理决定了灯管中必须含有少量汞蒸气，而汞是有毒有害的重金属元素。荧光灯废弃后随意丢弃将会对环境带来极大的危害。照明产品具有量大面广、易破碎、收集和运输的成本高、回收附加值低等特殊性导致其难以有效回收，既污染环境又威胁人体健康，对于绿色环境有潜在的威胁。

为了有利于照明电气报废后的顺利回收，政府应该主导建设回收体系，设立专门的基金来支持处理企业，通过企业有偿回收，鼓励百姓的环保行为，尝试以旧换新等模式，企业顺利地回收处理废荧光灯。明确生产企业、经销商、使用者的回收责任，政府职能部门结合节能等产业存在的汞污染问题加强安全回收、处理的法规政策，加大专业废旧节能灯回收处理公司的培育发展，广泛建立回收网点，从源头和根本上解决这个现实存在的问题。

第六章　2013 年中国建筑涂料业发展报告

一、建筑涂料业总体运行情况

（一）主要经济指标增幅回落，经济增长方式有所优化

受宏观经济调整转型、通货膨胀、政策透支、房地产调控政策的实施、结构性产能过剩、成本上涨等方面因素影响，2013 年，涂料业主要经济指标增速有所下滑。据测算，2013 年，我国涂料业规模以上企业完成工业总产值为 3416.78 亿元，增长了 9.5%，相比上年增速的 12.4% 下降了近 3 个百分点。受市场需求不振和各种成本上涨所带来的影响，2013 年涂料业完成利润总额 244 亿元，同比增长 11%，相比上年增幅的 16.34% 下降了回落超 5 个百分点。

从工业总产值与利润总额的增速对比中可以看出，2013 年涂料行业规模以上企业的利润总额增速超过工业总产值增速，盈利能力有所提高。国际金融危机后，在国内生产要素成本持续增长、人民币汇率大幅提升的情况下，利润总额增速明显快于工业总产值增速，说明 2013 年我国涂料工业依靠资源和人力要素等传统增长方式在逐步转变到依靠技术、服务、品牌等附加值较高的要素上来，行业经济增长方式有所优化，整体盈利能力得到进一步增强。

（二）结构调整和转型升级继续推进

2013 年，随着国际市场萎缩、国内宏观经济增速放缓、资源环境的约束日益增强、原料及要素成本上升的趋势难以逆转、房地产严厉调控致使市场有效需求不足等综合不利因素的出现，给资源和劳动密集型特征明显的涂料产业带来极大的压力。为此，我国涂料产业 2013 年仍然以市场为导向，从影响涂料产业的原料成本、劳动力成本、技术进步、资金供应状况、商品供应状况和环境因素出发，不断进行结构调整和产业升级。

其中，最为明显的是产品结构的调整，2013 年，我国涂料企业根据自身的实际和市场需求结构的变化，逐步调整生产低、中、高档涂料新产品及涂料制品的合适

比例，通过产品比例的调整来加快市场结构的优化和均衡，比如大部分企业提高了水性涂料的研发和生产比例等。

此外，我国涂料产业不断淘汰高耗能、高排放、高污染、低质量的落后产品，产品技术结构加快向高技术含量、环境友好型、高性能、功能型等高端建筑涂料领域延伸。加快了环境友好型涂料的发展速度，水性木器或建筑涂料、防霉抗菌除甲醛涂料、隔热保温节能涂料的发展速度尤为突出。

（三）产业固定投资逆势中继续增长

2013 年，虽然我国宏观经济调整转型导致市场需求疲软，但我国涂料产业固定投资却呈现逆势上扬态势，成为了 2013 年最大的亮点之一。

2013 年 1 月 13 日，嘉宝莉年产 21 万吨家具涂料生产基地举行奠基仪式，就此拉开了 2013 年企业扩张的序幕。据不完全统计，秀珀化工、长润发、珠江化工、阿克苏诺贝尔、富思特制漆、立邦、PPG 等国内外企业都在不断投资建厂。其中，富思特、阿克苏诺贝尔等涂料企业的投资规模较大。2013 年，富思特投资新建了两家新工厂：其中成都新工厂设计年产值达 7 亿元，是目前西南地区最大的建筑涂料与建筑保温材料专业生产厂家；北京新工厂成为了国内规模最大、技术最先进的涂料保温生产基地，该生产基地用地面积达 17.3 万平方米，计划总投资超过 5 亿元，设计年产能力为涂料 35 万吨。

（四）多元化渠道融合时代开启

线下涂料零售实体门店高速扩张的“黄金期”已经结束，业绩下滑是传统零售商当前的共同挑战。涂料零售业已经到了拐点，2013 年“双十一”电商大战及工程渠道争夺战预示着涂料零售业已经进入多渠道时期。

1. 传统渠道销售低迷，电子商务逆市飘红

受经济环境、消费者购物习惯影响以及电商业务冲击，传统涂料零售渠道销售低迷，有的经销商坚持不下去选择退出了涂料行业，有的打算或已经更换品牌再继续打拼。然而，在我们为传统渠道唏嘘不已的时候，涂料电商却创造了振奋人心的时刻和数字。仅 2013 年“双十一”一天，淘宝和天猫即完成了 350.19 亿元的交易额，其中涂料方面，立邦漆为 975 万元，多乐士为 714 万元，芬琳漆为 118 万元，三棵树漆为 93 万元，PPG 大师为 36 万元，紫荆花漆为 26 万元，华润漆为 14 万元，美涂士漆为 4.9 万元，百色熊为 3.4 万元，此外还有其他的涂料品牌也参与了“双十一”大战。可以说，涂料销售渠道在 2013 年进行了一场不小的变革，网购在涂料销售中的比重将继续增长。

2. 电商对传统渠道的冲击与融合

电子商务的快速增长势必对传统涂料经销店造成冲击，虽然冲击较小，但影响

也不可小觑。2013 年仅“双十一”一天，立邦漆、多乐士网络销售就分别达 975 万元、714 万元，这可能是某个国内小涂料企业一年的产值或某个经销商一年的销售额。

电商行业的红火，虽然在一定程度上冲击了传统商业，但电子商务只不过是商品流通渠道的模式和渠道之一，它只不过改变了消费者一种购买方式，也就是说从线下的实体店转到了线上。电子商务是一种模式的资源增加，电商与传统产业不应该是替代关系，而是共融关系。电商和传统产业的相互融合、相互渗透，势必将成为未来商业发展的一个趋势。电商和传统商业战争的最后结局，应该是回归实体经济后的一场双赢。

3. 涂料企业探索电商之路，渠道争夺战升级

对于涂料品牌企业而言，增强对渠道的掌控力一直是企业梦寐以求的。随着运营成本的上涨，“渠道保卫战”已成为业内的心病，而异军突起的电子商务，则提供了另外一种方式的选择，有助于涂料企业降低传统渠道风险。

同时，鉴于电子商务的影响力，涂料企业也纷纷采取自建或合作的方式试水网购业务。像立邦、多乐士、嘉宝莉、美涂士、三棵树等国内外企业均开启了“触电”之旅，仅 2013 年，嘉乐士漆、一品迪邦漆、鳄鱼漆、经典漆等涂料企业均建立了自己的网络渠道；此外，美涂士、嘉宝莉还专门成立电子商务部门打造新的渠道业态，增强对渠道的掌控力。

企业自建网购平台强化的是企业的品牌与企业的终端网点的互补作用。企业品牌是完善企业网购的信任问题；终端网点解决产品体验的问题。不过，企业自身开拓电子商城，要真正起到效果，需要一个过程，这种过程更多在于理念从传统营销到网络影响的转变。

随着电子商务不断壮大，其可与目前的经销代理渠道、自建渠道并列为第三股渠道。涂料业的渠道变革已经呈现出多样化，从单一的厂家店面销售、经销商时代、整合型大卖场到网络营销和 B2C 直销，涂料销售渠道争夺战将进一步升级。

（五）三四级市场成涂料业扩张蓝海

农村涂料市场已经成为未来涂料业的广阔蓝海。据业内人士称，2013 年我国三四级涂料市场增长速度保持两位数，在全国涂料市场中的比重提升了好几个百分点，成为中国涂料市场和涂料行业的主要增长源泉。

1. 农村市场空间大

目前我国农村家庭涂料保有量仍处于较低的水平，而随着城镇化的不断推进，2013 年我国城市家庭与农村家庭保有量发生了根本性变化。从量上看，我国城市家庭涂料拥有量几乎饱和，可提升空间不大，主要需求来自于消费升级带来的更新换代需求以及城市化进程带来的新增需求，而农村家庭涂料拥有量仍有巨大的可提升空间，未来其潜在消费能力的逐步释放将成为支撑国内涂料销量增长的原

动力之一。

收入水平的提高及消费观念的变化使农村市场对涂料的潜在需求成为现实购买力。中国社会科学院经济学部、社会科学文献出版社联合发布了2013年《经济蓝皮书春季号》，蓝皮书指出，中国农村的人均工资收入很可能首次超过家庭经营收入，而成为农户收入的主要来源。农民收入增幅保持在7.5%以上，并有可能跃上9000元台阶。农村居民生活水平稳步提高，拥有巨大的购买潜力。

2. 三四级市场成为市场增长重心

随着一线城市居民涂料保有量趋于饱和，城市涂料市场零售量下降较多，销售增速呈放缓态势；三四级市场零售量却得到了提升，占整体市场的零售量比重逐年提升。数据表明，当前在我国城市结构复杂、需求多元化的市场环境下，广阔的三四级以下市场依然有着巨大的市场机会。经过几年的快速增长，当一二级城市消费需求逐步饱和时，企业纷纷将主要着力点放在三四级市场，三四级市场已经逐步成为保证涂料企业整体销售规模的重要市场，同时也成为支撑涂料行业进一步发展的重要力量。

3. 涂料企业积极推行渠道下沉政策

涂料企业积极推行渠道下沉政策，布局三四级市场。嘉宝莉是其中走的比较早的涂料企业，经过几年的潜心拓展，在全国已建立了超过2000家店面，为进入三四级市场打下了良好的基础。国内涂料企业如三棵树、美涂士、巴德士也不甘示弱，已投入巨资在全国三四级市场建立专卖店。此外，外资企业也意识到三四级市场的巨大潜力，开始放下身段，加速发力，积极布局。其中，立邦正在加快布局中国的三四线甚至更低线的城市，并从快速城市化的进程中寻找更多的机会。

4. 消费结构升级，高端产品需求量增加

随着新农村建设的推进，三四级市场居民对建筑涂料的购买需求和购买能力都得到了加强，对高端产品的需求量不断增加。2013年，尽管房地产调控政策缩紧，但由于连续几年的内需拉动政策极大地刺激了农村市场的涂料消费需求，促进了三四级城市建筑涂料市场的发展，并帮助厂商构建好了三四线城市的渠道蓝图，同时我国农村的涂料保有率依然偏低，农民收入在不断提高，因此建筑涂料在农村的消费热度有望继续。因而，三四级城市的建筑涂料市场成长空间巨大，将成为带动我国涂料行业发展的巨大动力。

（六）环境制约因素日益加大

改革开放30多年来，我国经济持续快速发展，但粗放型的经济增长方式并未根本转变，实现经济增长付出的资源环境代价过大。随着人口增加，工业化和城市化进程的加快，经济发展与资源环境的矛盾日趋尖锐，成为可持续发展面临的突出问题，特别是2013年全国大面积的雾霾出现，严重的空气污染已经引起政府的高度重视。为此，2013年，国家及地方政府密集出台了环境保护政策，比如《环境空气细颗粒物污染防治技术政策（试行）》、国务院常务会议部署大气污染防治十条措施、《大气污染防治行动计划》、《京津冀及周边地区落实大气污染防治行动计划实施细则》以及《石化和化学工业节能减排指导意见（征求稿）》等。其中，绝大多数新政涉及到了涂料化工板块，而《大气污染防治行动计划》最为引人关注。

2013 年 9 月 12 日，国家推出了“史上最严”的大气治污新政——《大气污染防治行动计划》，政策中提到的十条措施多数都与涂料化工行业密切相关，比如实施废气综合整治，化工企业须执行大气污染物特别排放限值，有序推进化工等重污染企业环保搬迁、改造，推广使用水性涂料，鼓励生产、销售和使用低毒、低挥发性有机溶剂等。此外，其他的环境保护政策也多与涂料化工相关，而且要求极为苛刻。

其实，从某种意义上来讲，对发展加以严格的环境保护要求，看似是对涂料产业发展的无情，比如增加了涂料企业的环境成本，但实际上是治疗产业传统发展方式弊病的苦口良药，倒逼产业和企业的发展方式转变。

二、行业未来发展趋势及方向

1. 结构调整和转型升级是竞争中取胜的根本需要

对于我国涂料产业而言，经过多年的高速发展之后，目前遇到了各种问题和瓶颈，亟需通过调整和转型来寻求解决长期存在的各种矛盾和问题，也是为了更好地获得可持续发展的机会。结构调整和转型升级，现已成了我国宏观经济的发展方向，而这种经济发展策略改变了当下的经济环境，并且在深刻地影响着涂料产业，促使其变革，而以后我国涂料产业要想在国际市场竞争中取胜，由涂料大国走向涂料强国，结构调整和转型升级则是根本的需要。对于我国涂料企业而言，同样如此。

2. 发展方式从规模速度型向质量效益型逐步转变成必然

党的十八届三中全会指出，“把推动发展的立足点转到提高质量和效益上来”。国家经济发展策略及方向的改变，也必然深深地影响着涂料产业的发展。特别是近年来，受国家宏观经济调整转型、房地产市场调控、原材料价格上涨、人力成本上升等一系列不利因素影响，更是加快了我国涂料产业发展方式的转变，逐步把推动产业发展的立足点转到提高质量和效益上来，这或许将成为我国涂料产业未来发展的首要重点目标。

3. 水性涂料日益受到重视

2013 年，我国雾霾天气加剧，其中 VOC 是其原因之一，为此国家出台系列政策逐步控制油性漆的生产、销售和使用。国务院印发的《大气污染防治行动计划》及各地方政府部门出台的大气污染防治政策，其中均提到“推进非溶剂型涂料产品创新，减少生产和使用过程中挥发性有机物排放。推广使用水性涂料……”而与油性涂料相比，水性涂料更加环保。现在国家正在重拳整治 PM2.5，必然会刺激水性涂料行业的发展。因此，市场前景广阔。

4. 消费升级促使企业加快转型

在一二级市场，基于更新换代需求的增长，高端产品比重仍在持续提升，高端技术含量、高性能、节能环保、功能型等品质过硬的涂料产品将成为市场的主角；过去低端当道的三四级市场，在城镇化步伐的推进下，如今也迎来了消费升级期，高端涂料的消费能力逐渐释放。消费升级也吸引着涂料企业的转型步伐。在涂料行业增速放缓的同时，行业增长结构性变化显著，中高端销售占比提升。像立邦、多乐士、PPG、嘉宝莉、三棵树、巴德士等企业正在加大中高端涂料市场的拓展力度。涂料产品的消费正呈现多元化和个性化的特征，高端消费品和服务需求发展迅猛，大量中低端产品面临升级换代，为了扩展人们对涂料产品的需求，国内涂料企业要加大产品开发力度，加快转型升级，去适应消费结构的变化和需求。

5. 竞争中心下沉到三四级市场

随着新型城镇化的提出，农村市场已经成为涂料业销售业绩新的增长点。国内涂料厂商纷纷调整策略，渠道重心下沉，销售渠道扁平化已经成为大势所趋。外资涂料企业也将渠道下沉，进入县城乡镇，开设门店。嘉宝莉、三棵树、巴德士、美涂士、鸿昌化工、汇龙等国内涂料企业的看好，立邦、多乐士等外资巨头的下沉，加速推动了我国三四级市场的发展。三四级市场，特别是以县镇乡一级的基层市场，在产品销售渠道的终端引导作用已经越来越明显，这个新的蓝海已经引起广大涂料厂商的关注，并纷纷投入重兵及资金进行渠道的自营和市场开拓。“上山下乡”，“向农村市场要销量和利润”已成为一些企业现阶段的重要营销思路。

6. 市场资源向优势品牌集中

行业全面下滑的情况下，品牌企业，特别是品牌优势明显的企业业绩具有抗周期性。这充分说明在涂料产业链上将从过去的渠道为王慢慢过渡到品牌为王的时代，品牌制造企业才是主导产业链的核心，优势品牌企业才是产业链中的明星。

随着高端产品的普及，涂料市场也启动了新一轮洗牌。从国内品牌的表现来看，以立邦、多乐士、PPG、嘉宝莉等为代表的企业仍然占据较大的市场份额。部分国内优势品牌凭借价格和渠道方面的优势，已经在中高端市场站稳脚跟，逐步侵蚀了外资企业的市场份额。

7. 工业化和信息化融合速度加快

国家提出要用工业化和信息化的技术，改造传统行业，这是涂料行业必须要面临的，要形成制造“硬”技术与管理“软”技术的有效结合与综合应用，从而改变制造业的制造方式、经营管理模式和提高制造业的制作能力、管理水平。另一方面，市场需求的变化与竞争的加剧，迫使企业不得不寻求能够快速响应市场和适应当代环境的制造方式与生产经营方式。

8. 制造业服务化模式将逐渐成为行业主导

现在的很多涂料企业仅仅是制造生产，因为很多都是代理经销商的，但并没有把服务延续下去，服务的对象也只是经销商、导购员而并没有服务到终端消费者，现在提倡融合，要为消费者提供解决方案，就是把服务融在一起了。涂装服务一体化，就是服务型制造的延伸，它面向的是消费者，所以服务型制造对今后涂料行业的发展有很大的促进作用。未来，涂料的服务业将会从制造业分离出来，而且有可能会成为对涂料制造业有强大支撑的一个独立行业。

9. 行业整合、并购空间巨大

2013 年以来，全球涂料行业并购活动的总体趋势是有所降低，在我国涂料产业内并购事件也很少。与前几年动辄上百亿美元的大手笔收购相比，涂料企业更倾向于转向收购一些小型的，拥有渠道优势或生产线的公司，或对公司有利的某项业务。其中，2013 年，立邦竞购秀珀，收购欧龙漆就是如此。此外，2013 年，业界频频出现了收购传闻，比如 PPG 收购威士伯，立邦收购汇龙，甚至有媒体发文称“假如华润被嘉宝莉收购”。

对于受到成本上涨、需求不枉，以及洋品牌挤压等多方压力的国内涂料市场，产业结构调整势在必行。我国涂料目前年产量 1300 多万吨，却有 10000 家大大小小的涂料生产企业，行业集中度非常低，整合势在必行。而昔日的国产涂料行业“龙头老大”华润被美国威士伯以 2.81 亿美元收购，再加上 2013 年立邦竞购地坪漆老大——秀珀化工，对民族涂料产业是一个不小的打击。

并购从经济学的角度来看是资源的重新优化和组合，既有利于我国涂料企业发展壮大，也有利于我国涂料工业的整体发展。相信，2014 年及今后，我国涂料产业还存在着巨大的整合、收购空间，那么民族涂料企业该怎么办？那就需要加强科技创新，要依靠科技进步、科技创新来奠定企业发展的基础。科技创新和技术进步是民族涂料企业生存和发展、壮大的根本途径。民族涂料企业要通过加强技术开发，向用户提供附加值高的中高端产品，不断挖掘市场潜在的需求，不断提高产品的技术含量和价值含量。

10. 未来十年电商或将初具影响力

目前电商是涂料企业所热衷的，2013 年，嘉乐士漆、一品迪邦漆、鳄鱼漆、经典漆等纷纷进军电子商务，“双十一”更是让涂料电商火了一把。但又必须看到，当前国内涂料企业在电商方面还很稚嫩，大多数只是凑凑热闹而已，真正能带来效益的却很少。可谓“冰火两重天”。

但毫无疑问，“电商是未来的主流趋势”，对于很多涂料企业来说，进入电商领域是迟早的事儿，对电商表现出了极大的兴趣。其实，随着电子商务的成熟和技术的进步，涂料电商当下所面临的问题及困难会慢慢得到有效化解，可以预计，随后未来的十年，涂料电商将会得到突破性的发展，初具影响力。

11. 细分市场与差异化经营成主导方向

涂料品牌进入到一个发展阶段，就需要内部整合，当产品不断丰富到一定程度，现有品牌已经不能够满足市场需要，那么就要寻找新的产品定位和发展空间。不同产品要有不同的定位，让消费者能够各取所需，也就是多品牌经营。

首先，多元化的产品结构，可以给产品准确的定位。其次，多元化对企业来说能够增加市场份额。当然，不是所有企业都适合多元化发展，这对企业的综合实力是一个考验。现在涂料行业已经进入了细分市场的时期，需要根据顾客的年龄段、消费层次，根据不同人群去定位品牌，针对特定人群去做细分产品。

面对不断变化的外部环境和持续增大的企业运营成本压力，抛弃单纯依靠成本优势的劳动密集型发展思路，挖掘练内功，走向差异化品牌之路将是涂料企业未来的希望所在。伴随着新一轮产业分工，优势品牌企业将集成为大型企业；整合资源的服务升级为一体化涂料服务。

第七章　中国特种砂浆行业发展现状与趋势分析

近年来，在市场推动和政策干预的双重作用下，我国预拌砂浆行业进入一个快速发展时期，市场消费量快速增加，涵括科研开发、装备制造、原料供应、产品生产、物流及产品应用在内的完整产业链已经形成。近年来预拌砂浆的整体产能和使用量均保持着强劲的增长态势。随着砂浆"禁现"工作逐步深入至我国二、三线城市，以及一线城市行业市场监管体系的逐步完善，预拌砂浆将迎来更大的发展契机。

一、特种砂浆市场需求现状

我国特种干混砂浆出现于20世纪90年代，以瓷砖粘结剂、腻子起步最早。与普通砂浆相比，特种砂浆种类多、技术含量高、市场容量小、售价高。经过近30年的发展，我国目前出现的特种砂浆不少于10个系列，100多个产品，常用的产品系列有外墙保温配套砂浆、饰面砖配套砂浆、粉刷石膏、腻子、防水砂浆、自流平砂浆和灌浆料等流平性砂浆等。图2-7-1为2004年以来我国特种砂浆的总产量，图2-7-2为2006 ~ 2012年我国普通预拌砂浆的产量。对比图2-7-1和图2-7-2可以发现，在2009年以前，我国干混砂浆以特种砂浆为主，自2011年开始，普通砂浆的占有量接近50%，发展至2012年，普通砂浆占比已接近60%。

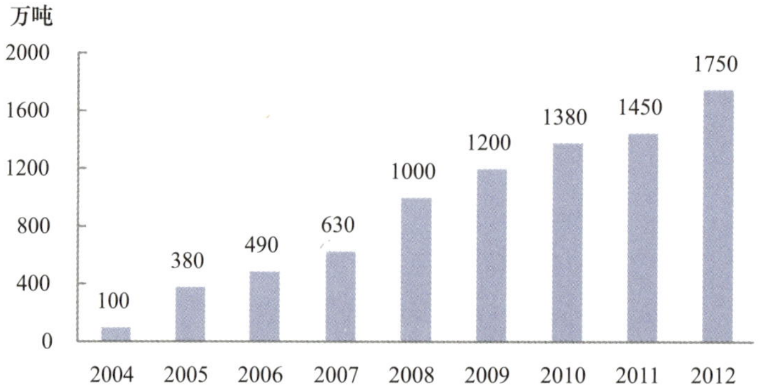

图2-7-1　我国2004 ~ 2012年特种砂浆产量

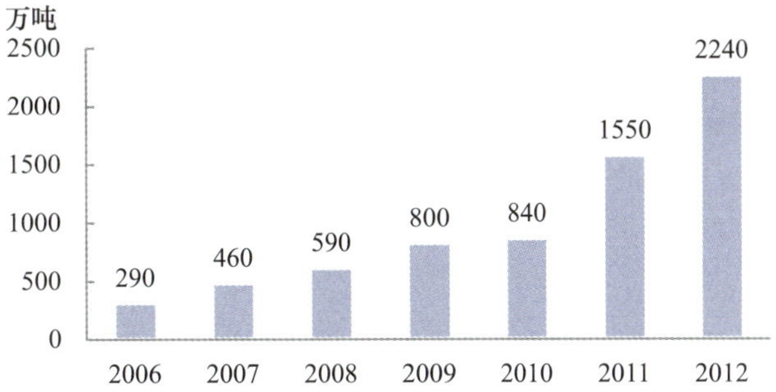

图 2-7-2　2006 ~ 2012 年我国普通预拌砂浆产量

特种砂浆和普通砂浆都是水泥制品，但普通砂浆市场容量大，因此各地散装水泥办公室将普通砂浆纳入管理范围，对生产企业实行备案管理制度（在十八届三中全会后，随着政府“简政放权”逐步落实，政府将逐步放开对生产企业备案管理）。特种砂浆因为市场容量小，目前基本无生产企业准入条件，也没有企业备案这一约束环节，导致特种砂浆生产企业两级分化严重。一种是投资大（不小于 1000 万元），生产规模在 5 万吨以上的塔式生产线；一种是投资不足 100 万元，生产能力不超过 1 万吨的作坊式企业。作坊式生产线投资少、成本回收快，但质量可控性很差，此类企业生产的砂浆原材料成本低、生产制造费用低，在“低价中标”的当下，其产品以低价格成功获取部分中低端市场，在扰乱产品质量和价格的同时，极大地伤害了有志于特种砂浆事业发展的企业利益。

据协会初步统计，我国产能超过 5 万吨的特种砂浆生产企业约 40 家，产能在 1 万吨左右的作坊式企业不少于 2000 家。作坊式生产企业的产品以内墙腻子、外墙外保温配套砂浆、瓷砖粘结剂为主。这也直接导致我国特种砂浆的产量统计存在很大难度。在本次调研中，我们结合了以下几种方式：①结合实际调研、调研表、电话咨询三种方式可大致确定规模型特种砂浆企业的产量；②结合我国外墙外保温建筑施工面积、保温板材的使用量大致确定外墙保温配套砂浆的用量；③根据可再分散胶粉、减水剂的用量估算外保温配套砂浆、粘结剂产品、自流平、灌浆料等流平性砂浆的产量；④咨询行业影响力较大的协会组织，如从中国硅酸盐学会房建材料分会防水材料专业委员会得知防水砂浆的用量，自中国建材联合会建筑石膏分会获知粉刷石膏的用量，自中国纤维素行业协会获知纤维素醚的产量等；⑤购买咨询机构的行业报告做参考，协会参考了宇博智业《2011 ~ 2015 年内墙腻子粉行业分析报告》、参考尚普咨询的《2013 ~ 2017 年中国粉刷石膏粉市场分析及投资策略研究报告》，分别了解了内墙腻子和粉刷石膏的产量。

同时，协会还参考了 2008 年以前中国建筑业协会材料分会预拌砂浆推广委员会委托中国规划院编写的《2010 中国预拌砂浆行业发展趋势预测》，报告显示 2007 年外保温配套砂浆产量为 140 万吨，饰面砖配套砂浆为 100 万吨，粉刷石膏为 70 万吨，防水砂浆为 25 万吨，自流平、灌浆料等为 50 万吨，腻子为 245 万吨。

特种砂浆中，外墙保温配套砂浆和饰面砖粘结剂的用量最难估算，对此，我们罗列了这两类产品 2012 年用量的统计来源。

1. 外墙保温配套砂浆的用量统计与估算

中国绝热节能材料协会的《2012 年绝热节能材料行业经济运行分析》汇总了我国各种绝热材料的总产量，见表 2-7-1。

表 2-7-1　我国外墙外保温配套砂浆用量测算

产品名称	2012 年产量（万吨）	外墙外保温湿贴作业比例（%）	配套粘结砂浆 + 抹面砂浆用量（万吨）
岩矿棉制品	177	约 15	34
单一有机绝热制品	239.6	约 20	353
复合酚醛板	1320 万平米	100%	18.5
真空绝热板	579 万平米	100%	8
合计	—	—	413.5

注：数据来源于中国绝热节能材料协会的《2012 年绝热节能材料行业经济运行分析》；粘结砂浆 + 抹面砂浆按照 14kg/m^2 进行测算；综合参考华北、东北地区 65% 节能要求，每平方米绝热保温材料的用量以 2.0kg 计。

另外，在夏热冬冷地区，轻质保温砂浆直接用于外墙保温中，严寒和寒冷地区的楼梯间也使用轻质保温砂浆。据中国建材联合会珍珠岩分会的数据显示，轻质保温砂浆在 2012 年的施工面积不低于 2800 万平方米，如平方米用量以 12kg 砂浆耗量计，共使用轻质保温砂浆 33.5 万吨。

综合湿贴保温板和涂抹轻质保温砂浆两种做法，我国 2012 年外墙保温使用的配套砂浆约 447 万吨，取 450 万吨。

2. 饰面砖配套砂浆用量统计与估算

表 2-7-2 罗列了中国建筑卫生陶瓷协会统计的 2012 年瓷砖生产情况，据此估算了我国 2012 年饰面砖粘结剂和填缝剂的用量。其中外墙瓷砖胶用量取 10kg/m^2，填缝剂取 3kg/m^2；内墙瓷砖胶用量取 8kg/m^2，填缝剂取 1.5kg/m^2。

表 2-7-2　2012 年我国陶瓷砖使用情况

<table>
<tr><td>出口陶瓷砖</td><td colspan="2">9 亿平方米</td></tr>
<tr><td>国内自用陶瓷砖</td><td colspan="2">71 亿平方米，其中，外墙砖 11.45 亿平方米，内墙砖 17.25（釉面砖、瓷片）+4.97（瓷质砖）亿平方米</td></tr>
<tr><td></td><td>采用预拌砂浆湿贴施工占比（%）</td><td>配套砂浆（万吨）</td></tr>
<tr><td>外墙陶瓷砖</td><td>≤ 10</td><td>≤ 150</td></tr>
<tr><td>内墙陶瓷砖</td><td>≤ 5</td><td>≤ 100</td></tr>
</table>

另外，考虑到石材湿贴使用石材粘结剂、广场地砖铺贴使用干硬性粘结剂等场合用量，协会预估 2012 年饰面砖配套砂浆用量约为 250 万吨。

3. 2012 年我国特种砂浆用量汇总

表 2-7-3　2012 年我国主要特种砂浆用量汇总

产品名称	用量（万吨）
外保温配套砂浆	450
饰面砖配套砂浆	250
外墙腻子	75
内墙腻子	450①
粉刷石膏	340②
防水砂浆	65③
自流平、灌浆料	90
合计	1720

注：①数据参考了宇博智业《2011 ~ 2015 年内墙腻子粉行业分析报告》；
②数据参考了尚普咨询《2013 ~ 2017 年中国粉刷石膏粉市场分析及投资策略研究报告》；
③为中国硅酸盐学会房建材料分会防水材料专业委员会的统计数据。

除外保温配套砂浆和饰面砖配套砂浆外，其余特种砂浆的用量都是由专业协会或专业咨询机构的调研报告得出。

二、特种砂浆发展趋势分析

汇总 2012 年和 2007 年特种砂浆的产量与构成，见表 2-7-4。考虑到 2007 年未统计粉刷石膏的产量，对比 2012 年和 2007 年各主要特种砂浆占比后，外墙保温配套砂浆和陶瓷粘接砂浆都呈上升趋势，腻子的增长速度赶不上特种砂浆的总增量，导致其占比明显下降。

表 2-7-4　我国特种砂浆市场构成情况

	2007 年		2012 年	
	产量（万吨）	占比（%）	产量（万吨）	占比（%）
外保温配套砂浆	138	21.7	450	26.5
瓷砖粘结剂	105	16.7	250	13.5
粉刷石膏	未统计	未统计	340	20.0

续表

	2007 年		2012 年	
	产量（万吨）	占比（%）	产量（万吨）	占比（%）
防水砂浆	27	4.2	65	3.8
自流平、灌浆料等	50	8.0	90	5.3
腻子	310	49.4	525	30.9
合计	630	100	1720	100

与普通砂浆主要靠政策推动相比，特种砂浆对政策环境、行业技术进展、建筑市场变化均较敏感。如公安部 2011 年初出台公消 [2011]65 号文，对外墙保温防火提出苛刻要求，导致外保温市场无保温材料可用，部分外墙外保温工程缓建或停建，导致 2011 年外保温配套砂浆的用量与 2010 年持平，为 300 ~ 350 万吨，2012 年 2 月，建科 [2012]16 号《关于贯彻落实国务院关于加强和改进消防工作的意见的通知》使得外墙保温做法变得明朗，外墙外保温建筑施工需求得到释放，同时华北、东北地区的老旧小区节能改造也大规模“落地”，2012 年外保温配套砂浆与 2011 年同期相比，有了较大幅度增长，总用量约为 450 万吨。

高速铁路建设用干混砂浆属于技术进步的产物，为 2009 ~ 2011 年间的特种砂浆进步做出了贡献。自 2009 年下半年开始，无砟轨道高速铁路建设在我国进入高速发展期，特别是需要消耗干混砂浆的Ⅰ型和Ⅱ型无砟轨道板技术应用较广，带动了京沪、京石、京秦、宁杭、京福等线路沿线的 CA 砂浆干混料生产，近 6000 千米的高铁建设里程使用了 180 万吨的干混砂浆。2012 年后，我国放缓了高速铁路建设，这部分特种砂浆产量锐减至 10 万吨以下。

另外，瓷砖粘结砂浆、填缝砂浆系列产品今年来市场格局变化较大。2008 年各地纷纷禁止外墙贴砖，导致瓷砖粘结砂浆用量缩减。但在中国陶瓷协会瓷砖安全粘贴委员会、知名瓷砖粘结砂浆的外资企业推动下，瓷砖粘结砂浆进入装饰装修市场，并且较快地为市场所接受，这部分市场增量不仅弥补了外墙瓷砖粘结砂浆市场的萎缩量，也带来了近年来瓷砖粘结砂浆系列产品总量的上升。随着玻化砖、石材、大尺寸陶瓷薄板等对粘结砂浆要求较高的饰面材料逐步渗透内墙装修，粘结砂浆的用量仍会维持上涨趋势。

对于防水砂浆、自流平砂浆、灌浆料、修补砂浆、彩色砂浆等技术含量高、售价高的系列产品，其用量会随着国民经济水平的提高而逐渐为建筑市场所接受，防水砂浆、自流平砂浆、灌浆料近年来不低于 20% 的增长率较好的证实了这一点。

根据 2004 ~ 2012 年我国特种砂浆消费的历史数据，我们采用最小二乘原理的趋势预测法，预测拟合了 2015 年我国特种砂浆的总量。通过数据拟合，找到相关系数为 0.985 的多项式拟合模型，见图 2-7-3。从图中可以看出如无重大政策影响以及重大特种砂浆技术进步，2015 年特种砂浆的总量预计 2300 万吨。

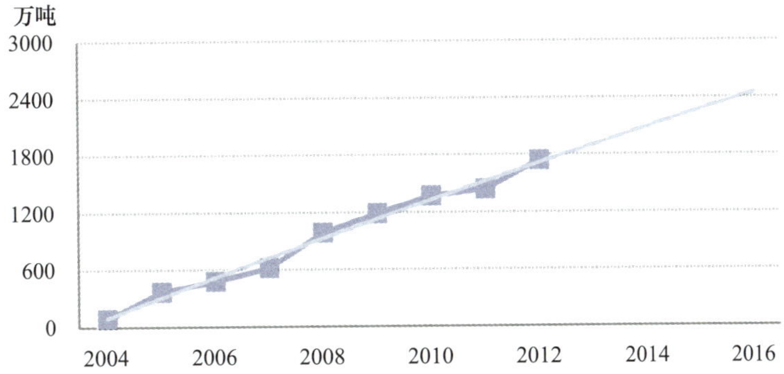

图 2-7-3　2015 年我国特种砂浆用量预测

第八章　中国天花吊顶材料行业发展报告

近年来，中国的天花吊顶行业发展迅猛，由单一的产品向系统化、智能化发展，特别是金属天花吊顶的广泛应用及集成吊顶的出现，使得该行业获得了新的生命力。

一、天花吊顶行业市场概况

天花吊顶材料行业从发展到现在，经历了石膏板、矿棉板到 PVC 板再到金属天花板再到现在出现并广为使用的自清洁性天花板，天花吊顶材料行业处在不断变化和持续发展状态中。

（一）2013 年度天花吊顶行业市场经济情况

1. 经济平稳增长，实现 V 字曲线发展

经统计，全行业年度计划完成 260 亿，实际生产总值完成约 347.5 亿元左右，超额完成年度计划，与去年同期相比，同比增长 12%，经济增长从年初直至年末走出了一条 V　字型反转曲线。其中，家装市场约占 15%，工装、工程市场约占 85%。

2. 国五条出台，刺激房地产市场

国五条出台后，各地刚性需求购买房屋的现象明显，特别是在国内一线城市，以北京为例 3 月份二手房成交 24 万套，预计半年内装修家庭在 80% 以上，按照每户使用吊顶平均 10 平方米计算，每平方米均价 90 元计算，约 1.728 亿元人民币。

3. 工装、工程市场进入二次装修期

2000 年以前的酒店、写字楼、公寓和住宅进入二次装修期，预计约占总体装修额的 15%，按照总面积 17.9 亿平方米计算 15%，2.685 亿平方米，合 107.4 亿元人民币。这意味着 2013 年工程、工装市场不包括新建、在建项目约有 100 亿左右的市场。

4. 新建、在建市场巨大

2013 年是全国保障房建设的第三年，部分公租房、廉租住房进入装修期，地铁、机场等大型项目建设市场等都将以金属吊顶为主，预计市场份额会在 60% 以上，350 亿市场份额。

（二）集成吊顶行业市场概况

集成吊顶就是将吊顶模块与电器模块，均制作成标准规格的可组合式模块，安

装时集成在一起。集成吊顶正以强大的生命力蚕食传统品牌市场，从长远来看，每年2000多万的新婚人口、中国步入消费年代等等市场信息都为天花吊顶行业提供强大的资源支持，集成吊顶的发展是顺应整个吊顶行业的发展趋势所在。

目前集成吊顶行业已经吸引了近500家大中小品牌企业相互角逐。未来5年时间内，我国将有2900万套集成吊顶的市场容量，平均每年580万套，若按平均每套0.5万元，每年就有290亿元的市场空间。集成吊顶行业的迅猛发展，又将牵动与其密切相关的钢材、涂料、家电、铝镁合金等一系列产品的需求反弹回升。

目前浴霸行业高端市场已有近78%的市场份额被集成吊顶行业取代；家用金属吊顶已有近60%的市场份额被集成吊顶行业取代；厨房、卫生间相关其他行业已有35%的市场份额被集成吊顶行业取代，而在我们可以预见的未来里集成吊顶行业将会抢占更多的市场份额。

2011年以后将以每年30%速度增长，而2013年市场容量达到430亿以上。

二、天花吊顶行业未来发展趋势

第一，中小型劳动密集型企业招工难的问题已经越来越普遍。

随着大城市生存成本的不断上升，一线工人难招、涨工资成了必然。天花吊顶行业到目前为止都没有国家职业资格认证，使许多员工没有良好的职业环境和职业发展规划，使员工没有归属感，造成人才的大批量流失。

另一方面，建材市场劳动成本的增加及原材料价格的上涨直接导致建材产品的上涨。加上消费者对家居建材产品的功能性和舒适性提出更高的要求，这使得家居建材产品价格上涨。

第二，探索新的商业模式、与时俱进是企业生存发展的必经之路。

从2012年到2013年初，建材市场中的企业频频开启电子商务业务。尽管电子商务符合现代都市人的生活习惯及生活节奏，但并不是所有的商品都适合。从某种意义上来看，家居建材产品卖给消费者的都是半成品，一方面是家居建材产品大都需要现场安装，另一方面是产品摆放在不同的装饰风格中呈现的效果也会不同，所以，后期的安装和售后服务也非常重要，电子商务解决这个问题需要大量的人力物力。

当前，建材行业的电子商务模式是线上结合线下体验店的方式，这种方式对于商家及消费者有多大的意义还需要时间的检验。

第三，资源共享，成立联盟。

中国建材市场从2009年开始，家居建材企业为了应对市场疲软及激烈的市场竞争环境，纷纷组建联盟抱团取暖，其目的就是实现强强联合，应对疲软的市场。对于2013年建材市场来说，最艰难的时期已经过去了，但这种联盟营销方式依旧适用。在2013年更多地体现在宣传资源、渠道资源以及客户资源共享层面。

通过行业规模的高层次资源整合，强强合作，倡导和推广诚信经营，维护消费者合法权益，保护合法企业利益。本着遵守“诚信经营 做大做强”的原则，为行业的健康、有序地发展起到积极的推动作用。

三、集成吊顶行业未来趋势

第一，材料环保化

伴随着社会的进步，经济的发展，人民生活水平也随之稳步提高，对环保的认识度也在逐步加深，愈来愈重视居室的环境，家居装饰过程中对材料选用越发显得挑剔，多数民众已经意识到传统的装饰材料所造成的室内环境污染，所以除了美观之外，都会要求自家装修使用无毒、无污染的装修材料和绿色、无辐射的家用电器。

第二，造型艺术化

集成吊顶的设计研发必然朝着艺术化、个性化的方向发展，并根据消费者个人喜好而实现丰富多样的造型和色彩变化。艺术型集成吊顶带给人们的不仅只是照明、取暖、换气、音乐等设备的功能效果，更是一种温馨、浪漫、舒适、高雅的精神享受。

第三，功能系统化

一套好的集成吊顶产品，必须能够满足现代化生活方式，能够具备比较完整的各项功能。

第四、保养智能化

未来的集成吊顶，必须能够综合运用生物技术、电子技术、感应技术等高科技成果，将远程控制、自我清洁等智能模块进行组合配套，以使消费者使用和维护保养更为简单方便。

四、天花吊顶行业需要解决的问题

第一，信息数据透明化

首先，中国天花吊顶行业现在统计数据尚未公开透明化，而行业统计作为国家综合统计信息的必要补充，担负着为行业管理提供统计信息的任务，是社会需要。

其次，在某种程度上，行业统计可以说是国家综合统计体系中不可缺少的基础和支柱。因为国家所知道的行业产品统计和技术统计信息都是从行业上获取的，行业统计者是真正第一手材料的提供者，有着不可替代的作用。目前，行业的还是非常薄弱的，是需要弥补的。

再次，行业统计也是行业乃至企业持续健康发展的需要，实际上也是企业的自身需求。因为每个企业只是知道自身企业的情况，并不了解全行业的情况。而只有经过了全行业每个企业的统计信息汇总，才能了解全行业。也就进而可以制定出企业自身的发展战略。所以，做好统计工作最终受益的还是企业。

第二、标准宣贯落地

标准意味着权威性，“一流企业做标准，二流企业做品牌，三流企业做产品。”经济全球化的大趋势下，标准已演化成为进入国内外市场的一道门槛和掌控市场的一种手段。加快产业转型升级，从以往甘当配角的打工者转向具有国际竞争能力的主角，是提升企业竞争力的必然抉择。近年来，很多企业意识到参与行业标准制定的战略意义以及标准对企业形象提升的重要性。

标准可以有效地规避竞争，淘汰不符合标准的企业，提高竞争门槛，提升整个行业的美誉度。企业参与标准的制定可以让公众有着很好的联想：标准只有政府相关部门制定，企业参与说明其在行业内有着很高的知名度，在某些方面得到了政府的认同，而政府在公众心目中有着很高的权威性。这样一来，公众自然会想到企业在其行业内有着很高的权威性！规范的标准可以引领各零散企业，从而统一市场。参与学习标准，是为了让我们的企业有质量的依据、品牌的基础，从而取得抢夺市场份额和先机的制高点。

第三、规范行业资质培训，让更多有专业资质的人加入到行列

培训一方面是企业行为，另一方面国家有明文规定和要求。在《中华人民共和国劳动法》第八章专门就职业培训进行了单独章节的要求，第六十八条明确指出：用人单位应当建立职业培训制度，按照国家规定提取和使用职业培训经费，根据本单位实际，有计划地对劳动者进行职业培训。

第九章　中国建材家居业上市公司测评报告

一、建材家居业上市公司总体状况

本报告以包括在沪深上市 55 家、在香港上市 12 家和其他交易所上市 5 家在内的 72 家建材家居业主要上市公司为研究对象（表 2-9-1）。包含在 2013 年上市和在 2014 年 4 月前上市的有 4 家，1 家停牌，1 家取消，1 家 ST 没有纳入监测。

表 2-9-1　建材家居业上市公司一览表

行业	股票简称	股票代码	上市地址	行业	股票简称	股票代码	上市地址
厨卫	海鸥卫浴	002084	深	人造板	ST 景谷	600265	沪
厨卫	航标控股	01190	港	人造板	丰林集团	601996	沪
厨卫	浙江美大	002677	深	人造板	国栋建设	600321	深
厨卫	中宇卫浴	JY8	德国	人造板	吉林森工	600189	沪
地板	大亚科技	000910	深	人造板	兔宝宝	002043	深
地板	大自然地板	02083	港	人造板	威华股份	002240	深
地板	德尔家居	002631	深	人造板	永安林业	000663	深
地板	科冕木业	002354	深	人造板	中福实业	000592	深
地板	升达林业	002559	深	人造板	中国优材	08099	港
五金	博深工具	002282	深	水暖管线	艾迪西	002468	深
电气照明	飞乐音响	600651	沪	水暖管线	布雷尔利	430260	新三板
电气照明	佛山照明	000541	深	水暖管线	顾地科技	002694	深
电气照明	国星光电	002449	深	水暖管线	伟星新材	002372	深
电气照明	雷曼光电	300162	深	水暖管线	永高股份	002641	深
电气照明	雷士照明	02222	港	水暖管线	中国联塑	02128	港

续表

行业	股票简称	股票代码	上市地址	行业	股票简称	股票代码	上市地址
电气照明	马仕达国际	08146	港	陶瓷	东鹏控股	03386	港
电气照明	雪莱特	002076	深	陶瓷	国创能源	600145	沪
电气照明	阳光照明	600261	沪	陶瓷	江泉实业	600212	沪
电气照明	洲明科技	300232	深	陶瓷	斯米克	002162	深
家居饰品	中国创意家居	01678	港	陶瓷	亚洲陶瓷	ACHP	英国
家具	皇朝家私	01198	港	陶瓷	鹰牌控股	E04	新加坡
家具	吉瑞祥	430481	新三板	天花吊顶	北新建材	000786	深
家具	美克股份	600337	沪	天花吊顶	友邦吊顶	002718	深
家具	敏华控股	01999	港	装修辅料	东方雨虹	002271	深
家具	索菲亚	002572	深	装修辅料	硅宝科技	300019	深
家具	喜临门	603008	沪	装修装饰	宝鹰股份	002047	深
家具	宜华木业	600978	沪	装修装饰	东易日盛	002713	深
家具	浙江永强	002489	深	装修装饰	广田股份	002482	深
门窗	海螺型材	000619	深	装修装饰	洪涛股份	002325	深
门窗	嘉寓股份	300117	深	装修装饰	江河创建	601886	沪
门窗	罗普斯金	002333	深	装修装饰	金螳螂	002081	深
幕墙	方大集团	000055	深	装修装饰	瑞和股份	002620	深
涂料	彩虹精化	002256	深	装修装饰	亚厦股份	002375	深
涂料	传化股份	002010	深	装修装饰	中航三鑫	002163	深
涂料	叶氏化工集团	00408	港	综合	金隅股份	601992	沪
涂料	渝三峡 A	000565	深	综合	中国建材	03323	港

数据来源：中国建筑装饰协会材料委整理

表 2-9-2 建材家居业上市公司上市地点分布表

上市交易所	数量
深圳	42
上海	13

续表

上市交易所	数量
香港	12
新三板	2
德国	1
新加坡	1
英国	1

数据来源：中国建筑装饰协会材料委整理

上市公司涉及建材家居业人造板、家具、地板、水暖管线、电气照明、厨卫、涂料、陶瓷、吊顶、门窗、家居饰品、幕墙、防水、装饰装修等十四个子行业，其中综合类2家；人造板、电气照明、装饰装修分别为9家；家具8家、陶瓷、水暖管线分别为6家；地板为5家；厨卫、涂料分别4家；门窗3家；天花吊顶、装修辅料分别为2家；五金、家居饰品、幕墙各1家。

（一）总资产规模超6千亿元行业持续增长

2013年67家建材家居业沪深港上市公司（除外境上市），截止到2013年末总资产规模达6.17千亿元，与上期相比增长16.56%；净资产约达1.91千亿元，与上期相比增长14.29%；2013年盈利状况较好，实现收入与净利润双增长。2013年共实现营业收入为3.45千亿元，较上期相比增长25.32%；实现净利润约达208.8亿元，与上年同期相比增长13.11%。毛利增长幅度较大，全年共实现毛利约为827亿，大幅增长29.78%。2013年，建材家居业上市公司在宏观经济形势复杂多变的情况下，总体业绩继续保持增长态势。

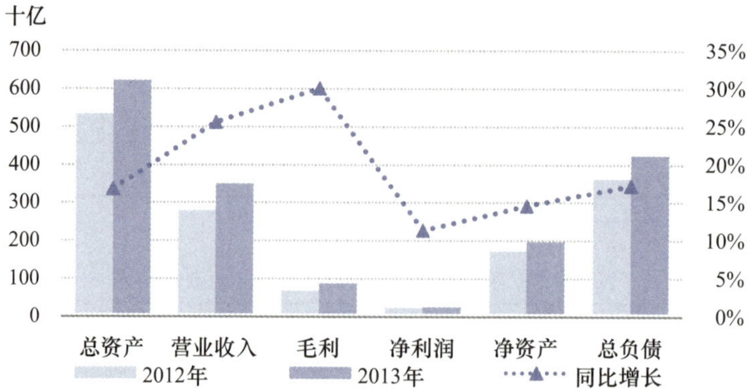

图2-9-1 2012 ~ 2013年建材家居业上市公司总业绩对比图

数据来源：中国建筑装饰协会材料委整理

表 2-9-3　上市公司业绩总表　　（单位：元）

项目	2012 年	2013 年	同比增长
总资产	529397368885.01	617062615597.49	16.56%
营业收入	274929596591.41	344540951373.96	25.32%
毛利	63723280936.64	82697111794.17	29.78%
净利润	18801297518.91	20884756061.01	11.08%
净资产	167485172149.61	191414027633.87	14.29%
总负债	357694639297.21	418336681202.62	16.95%

数据来源：中国建筑装饰协会材料委整理

沪深两市上市的 55 家建材家居业主要上市公司，截止到 2013 年末总资产为 2.85 千亿元，与上期相比增长 14.86%，；净资产约达 1.13 千亿元，与上期相比增长 9.87%；2013 年共实现营业收入为 1.89 千亿元，较上年同期 21.51%；实现净利润 119.7 亿元，与上年同期相比增长 13.11%。

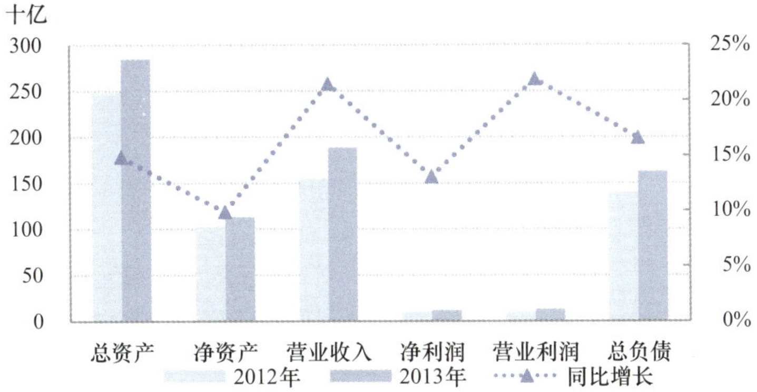

图 2-9-2　2012 ~ 2013 年在沪深上市公司业绩情况

数据来源：中国建筑装饰协会材料委整理

表 2-9-4　沪深上市公司业绩情况表　　（单位：元）

项目	2012 年	2013 年	同比增长
总资产	248242763711.21	285121307475.09	14.86%
净资产	103021596909.61	113190794926.17	9.87%
营业收入	155468116612.51	188912277860.16	21.51%
净利润	10585362317.41	11973257737.51	13.11%
营业利润	10932904890.25	13332657658.87	21.95%
总负债	140009683246.21	163293339764.22	16.63%

数据来源：中国建筑装饰协会材料委整理

香港上市的 12 家建材家居公司 2013 年实现总资产为 3.32 千亿元，与上年同期相比增长 18.60%；实现营业收入为 1.56 千亿元，同比增长 30.28%；其中毛利润为 423.4 亿元，同比大幅增长 37.88%；实现净利润 89.1 亿元，同比增长 6%。

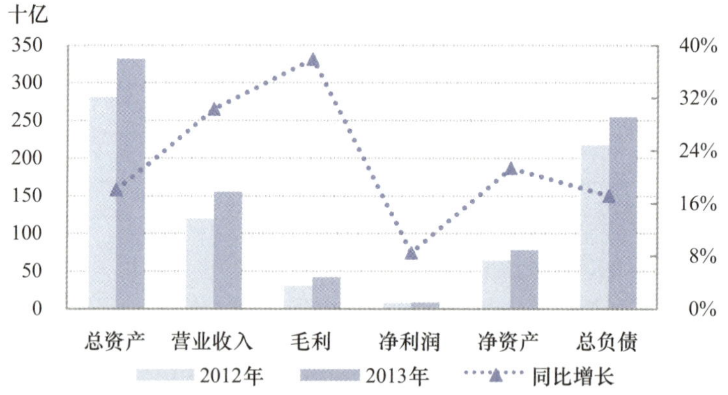

图 2-9-3　香港上市公司业绩情况

数据来源：中国建筑装饰协会材料委整理

表 2-9-5　香港上市公司业绩情况　　　　（单位：元）

项目	2012 年	2013 年	同比增长
总资产	281154605173.80	331941308122.40	18.06%
营业收入	119461479978.90	155628673513.80	30.28%
毛利	30706447425.10	42339247373.50	37.88%
净利润	8215935201.50	8911498323.50	8.47%
净资产	64463575240.00	78223232707.70	21.34%
总负债	217684956051.00	255043341438.40	17.16%

数据来源：中国建筑装饰协会材料委整理

（二）装饰类上市公司资产回报率优于材料生产企业

目前，上市公司材料企业 58 家，建筑装饰企业 9 家，截至 2013 年，58 家材料生产上市公司平均总资产规模达到 94.03 亿元，平均净资产为 29 亿元，到 2013 年末平均总负债为 64 亿元；9 家建筑装饰公司平均总资产规模为 79.61 亿元，平均净资产为 26.1 亿元，截止到 2013 年末，平均总负债为 52.1 亿元。如图 2-9-4 所示，上述三项指标材料生产公司均大于建筑装饰公司，而在营业收入、毛利、净利润三项盈利指标对比中，材料生产上市公司指标值均小于建筑装饰上市公司。这是由于材料生产上市公司属于重资产运营模式，产品生产所需的厂房、设备、原材料等，往往要占用大量的资金，所以资产规模较大；而建筑装饰上市公司属于轻资产运营模式，集中于设计开发和市场推广等业务，公司资本投入，特别是生产领域内大量固定资产投入相对较少，进而资本回报率较高。

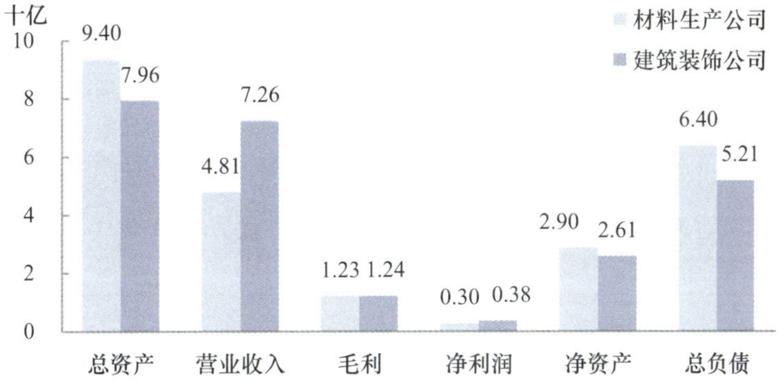

图 2-9-4　材料生产公司与建筑装饰公司平均规模和盈利对比图

数据来源：中国建筑装饰协会材料委整理

二、整体规模偏小盈利能力尚待提升

（一）上市公司总资产情况

67 家建材家居业上市公司总资产为 6.17 千亿元，同比增长 16.56%。资产超过 100 亿的公司有 7 家，其中中国建材、金隅股份和金螳螂位居前三，其次分别为江河创建、亚厦股份、中国联塑和北新建材；资产在 50 亿到 100 亿之间的公司有 5 家；资产在 10 亿到 50 亿之间的公司有 43 家；资产在 5 亿到 10 亿之间的公司有 8 家；资产在 5 亿以下的公司有 4 家。

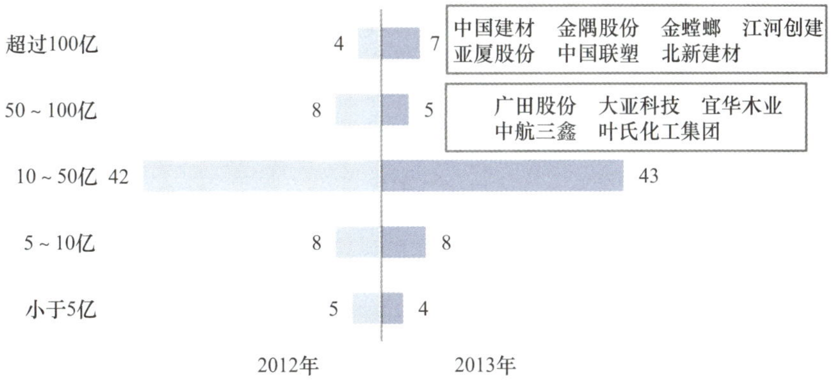

图 2-9-5　2013 年上市公司总资产规模层次

数据来源：中国建筑装饰协会材料委整理

表 2-9-6　2013 年上市公司总资产划分表

总资产	上市公司
超过 100 亿	中国建材　金隅股份　金螳螂　江河创建　亚厦股份　中国联塑　北新建材
50 ~ 100 亿	广田股份　大亚科技　宜华木业　中航三鑫　叶氏化工集团
10 ~ 50 亿	浙江永强　雷士照明　阳光照明　海螺型材　敏华控股　东鹏控股　美克股份　洪涛股份　传化股份　东方雨虹　吉林森工　国星光电　佛山照明　国栋建设　大自然地板　永高股份　嘉寓股份　宝鹰股份　威华股份　升达林业　方大集团　飞乐音响　伟星新材　斯米克　索菲亚　顾地科技　丰林集团　皇朝家私　瑞和股份　中国创意家居　中福实业　海鸥卫浴　德尔家居　艾迪西　喜临门　罗普斯金　航标控股　永安林业　东易日盛　江泉实业　博深工具　浙江美大　洲明科技
5 ~ 10 亿	兔宝宝　科冕木业　渝三峡 A　雷曼光电　硅宝科技　彩虹精化　雪莱特　ST 景谷
小于 5 亿	中国优材　友邦吊顶　国创能源　马仕达国际

资料来源：中国建筑装饰协会材料委整理

（二）上市公司主营业务收入情况

从图 2-9-6 中可以看出，2013 年度，建材家居业主要上市公司的营业收入主要分布在 10 亿元到 50 亿元之间。其中，营业收入超过 100 亿的公司有 6 家，分别为中国建材、金隅股份、金螳螂、中国联塑、亚厦股份和江河创建；营业收入超过 50 亿到 100 亿之间的公司有 4 家，分别为广田股份、大亚科技、叶氏化工集团和北新集团；营业收入在 10 亿到 50 亿之间的公司有 33 家；营业收入在 5 亿到 10 亿之间的公司有 13 家；营业收入在 5 亿以下的公司有 11 家。

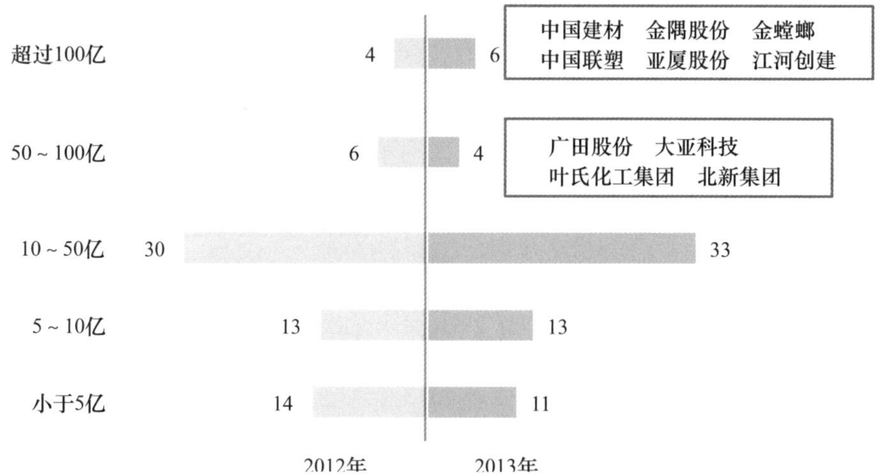

图 2-9-6　2013 年上市公司营业收入规模层次

数据来源：中国建筑装饰协会材料委整理

表 2-9-7　2013 年上市公司营业收入划分表

营业收入	上市公司
超过 100 亿	中国建材　金隅股份　金螳螂　中国联塑　亚厦股份　江河创建
50 ~ 100 亿	广田股份　大亚科技　叶氏化工集团　北新建材
10 ~ 50 亿	敏华控股　传化股份　宜华木业　海螺型材　东方雨虹　中航三鑫　雷士照明　宝鹰股份　洪涛股份　东鹏控股　阳光照明　浙江永强　永高股份　美克股份　佛山照明　伟星新材　飞乐音响　索菲亚　威华股份　顾地科技　方大集团　海鸥卫浴　东易日盛　瑞和股份　大自然地板　艾迪西　嘉寓股份　吉林森工　兔宝宝　中国创意家居　国星光电　罗普斯金　喜临门
5 ~ 10 亿	航标控股　丰林集团　斯米克　中福实业　皇朝家私　洲明科技　国栋建设　升达林业　江泉实业　彩虹精化　博深工具　德尔家居　渝三峡 A
小于 5 亿	中国优材　硅宝科技　永安林业　科冕木业　雪莱特　浙江美大　雷曼光电　友邦吊顶　马仕达国际　ST 景谷　国创能源

数据来源：中国建筑装饰协会材料委整理

在沪深两市上市的 55 家建材家居业上市公司，按营业收入分类，营业收入超过 100 亿的公司有 4 家；营业收入超过 50 亿到 100 亿之间的公司有 3 家；营业收入在 10 亿到 50 亿之间的公司有 29 家；营业收入在 5 亿到 10 亿之间的公司有 11 家；营业收入在 5 亿以下的公司有 9 家。

香港上市的 12 家建材家居业上市公司中，营业收入超过 100 亿的公司有 2 家，其中排行在首位的中国建材达到 1177 亿元，营业收入超过 50 亿到 100 亿之间的公司有 1 家；营业收入在 10 亿到 50 亿之间的公司有 5 家；营业收入在 5 亿到 10 亿之间的公司有 2 家；营业收入在 5 亿以下的公司有 2 家。

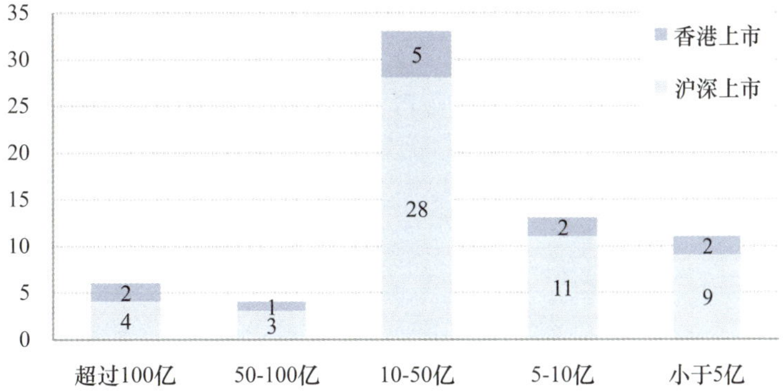

图 2-9-7　2013 年营业收入分布

数据来源：中国建筑装饰协会材料委整理

营业收入总额前 10 名为中国建材、金隅股份、金螳螂、中国联塑、亚厦股份、江河创建、广田股份、大亚科技、叶氏化工集团、北新集团（见表 2-9-8）；营业收入增长最快的前 10 名上市公司国创能源、ST 景谷、中国优材、国栋建设、索菲亚、中国建材、东鹏控股、友邦吊顶、大自然地板、江河创建（见表 2-9-9）

表 2-9-8　2013 年营业收入前 10 名的上市公司

股票简称	营业收入（元）		比上年增长
	2013 年	2012 年	
中国建材	117687840000.00	87217629000.00	34.94%
金隅股份	44789759261.89	34054096003.32	31.53%
金螳螂	18414283897.34	13941616885.98	32.08%
中国联塑	13070547000.00	10891363000.00	20.01%
亚厦股份	12017670491.54	9576539781.48	25.49%
江河创建	11902047873.87	8989204511.39	32.40%
广田股份	8691326910.46	6777827064.23	28.23%
大亚科技	8189797185.12	8312517980.32	–1.48%
叶氏化工集团	7966995821.10	7175119740.30	11.04%
北新建材	7490082779.83	6685157986.87	12.04%

数据来源：中国建筑装饰协会材料委整理

表 2-9-9　2013 年营业收入增长率最大的前 10 名上市公司

股票简称	营业收入（元）		比上年增长
	2013 年	2012 年	
国创能源	36150037.52	29935468.44	2076.00%
ST 景谷	250238489.62	120931224.59	106.93%
中国优材	481285000.00	270521000.00	77.91%
国栋建设	744839857.02	473116055.91	57.43%
索菲亚	1783477560.73	1221703661.15	45.98%
中国建材	117687840000.00	87217629000.00	34.94%
东鹏控股	3368219000.00	2497924000.00	34.84%
友邦吊顶	308640548.53	230376852.66	33.97%
大自然地板	1488949000.00	1117904000.00	33.19%
江河创建	11902047873.87	8989204511.39	32.40%

数据来源：中国建筑装饰协会材料委整理

（三）上市公司盈利情况

2013 年，虽然我国经济正处于增长速度换挡期、结构调整阵痛期、前期刺激政策消化期叠加，宏观经济形势和行业发展环境错综复杂，但建材家居类上市公司总体利润有显著增长。67 家上市公司共实现净利润达 208.8 亿元，与上年同期相比增长 13.11%。毛利增长幅度较大，全年共实现毛利约为 827 亿，大幅增长 29.78%。

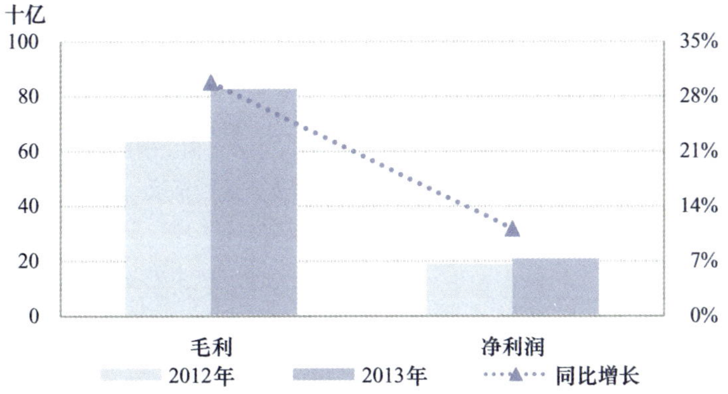

图 2-9-8　上市公司总体盈利情况

数据来源：中国建筑装饰协会材料委整理

沪深两市上市的 55 家建材家居业上市公司总体的营业利润为 133.33 亿元，同比增长 21.95%，全年实现净利润为 119.73 亿元，同比增长 13.11%。其中金隅股份和金螳螂两家净利润最高，分别达到 32.15 亿和 15.64 亿元，而国栋建设、彩虹精化和美克股份 3 家上市公司的净利润总额则是大幅度增长，分别高达 1607.19%，776.86% 和 730.55%。

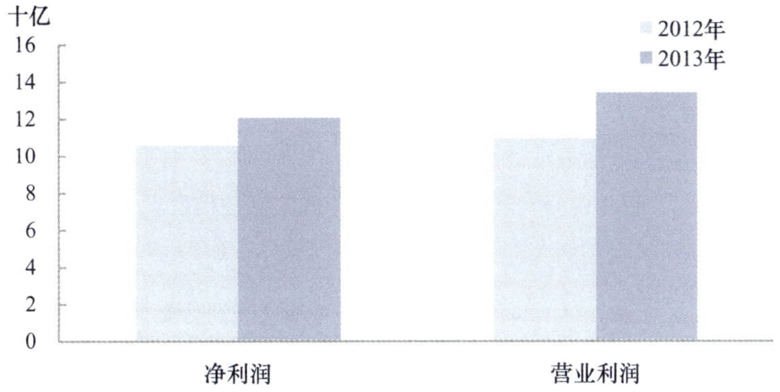

图 2-9-9　沪深交易所上市公司盈利情况

数据来源：中国建筑装饰协会材料委整理

香港上市的 12 家建材家居业主要上市公司总体毛利润额大幅增长，毛利润总额达到 384.03 亿元，比上期同比大幅增长 41.15%。全年实现净利润 84.53 亿元，同比增长 6%。

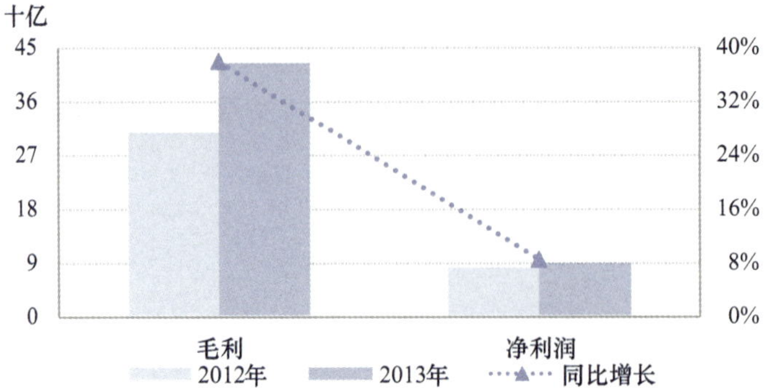

图 2-9-10　在香港上市公司总体盈利情况

数据来源：中国建筑装饰协会材料委整理

2013 年度，建材家居业主要上市公司的净利润主要分布在 1 亿元到 5 亿元之间。其中，净利润超过 10 亿元的公司有 4 家，分别为中国建材、金隅股份、金螳螂、中国联塑；净利润在 5 亿元到 10 亿元之间的公司有 3 家，分别为北新建材、亚厦股份和广田股份；净利润在 1 亿到 5 亿之间的公司有 26 家；净利润在 5 千万到 1 亿之间的公司有 13 家；净利润在 1 千万到 5 千万之间的公司有 15 家；1 千万以下有 3 家，出现亏损的公司有 3 家，比 2012 年减少 2 家。

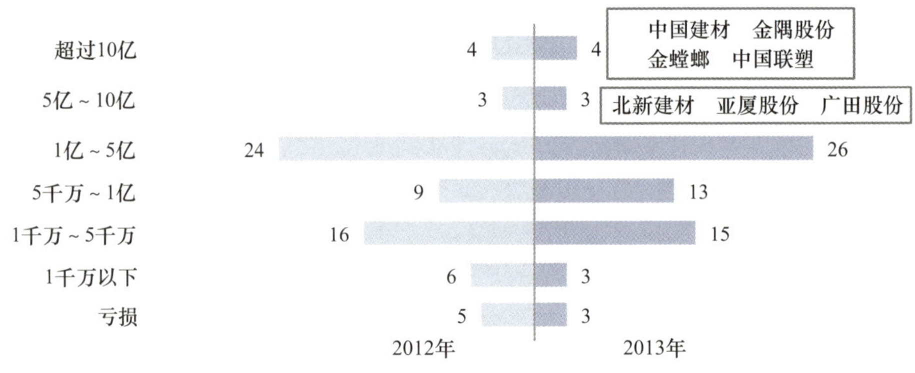

图 2-9-11　2013 年上市公司净利润规模层次

数据来源：中国建筑装饰协会材料委整理

表 2-9-10　2013 年上市公司净利润划分表

净利润	上市公司
超过 10 亿	中国建材　金隅股份　金螳螂　中国联塑
5 亿～10 亿	北新建材　亚厦股份　广田股份
1 亿～5 亿	敏华控股　宜华木业　东方雨虹　东鹏控股　伟星新材　中国创意家居 叶氏化工集团　江河创建　洪涛股份　浙江永强　佛山照明　雷士照明　索菲亚 永高股份　阳光照明　宝鹰股份　航标控股　传化股份　美克股份　海螺型材 大自然地板　大亚科技　喜临门　国星光电　浙江美大　东易日盛

续表

净利润	上市公司
5千万～1亿	顾地科技　德尔家居　丰林集团　罗普斯金　友邦吊顶　方大集团　瑞和股份　国栋建设　硅宝科技　嘉寓股份　彩虹精化　飞乐音响　中国优材
1千万～5千万	中福实业　吉林森工　海鸥卫浴　洲明科技　渝三峡A　兔宝宝　斯米克　江泉实业　雷曼光电　马仕达国际　博深工具　雪莱特　ST景谷　永安林业　科冕木业
1千万以下	威华股份　艾迪西　升达林业
亏损	国创能源　皇朝家私　中航三鑫

数据来源：中国建筑装饰协会材料委整理

2013年建材家居业在沪深两市上市的55家上市公司，按净利润分类，净利润超过10亿的公司有2家；净利润在5亿到10亿之间的公司有3家；净利润在1亿到5亿之间的公司有19家；净利润在5千万到1亿之间的公司有12家；净利润在1千万到5千万之间的公司有14家；净利润在1千万以下的公司有4家；净利润为亏损的公司有2家，分别为中航三鑫和国创能源。2013年，55家建材家居上市公司中有53家实现净利润比2012年有增长。净利润增长超过100%的公司有9家，其中国栋建设净利润增长率最大，高达1607.19%。2013年，有4家公司扭亏为盈，分别为斯米克、威华股份、江泉实业、景谷股份，而中航三鑫则连续两年亏损。

香港上市的12家建材家居业上市公司中，按净利润分类，净利润超过10亿的公司有2家，为中国建材和中国联塑，其净利润分别达到57亿元和14亿元；净利润在1亿到5亿之间的公司有7家；净利润在5千万到1亿之间的公司有1家；净利润在1千万到5千万之间的公司有家；净利润为亏损的公司有1家，为皇朝家私。

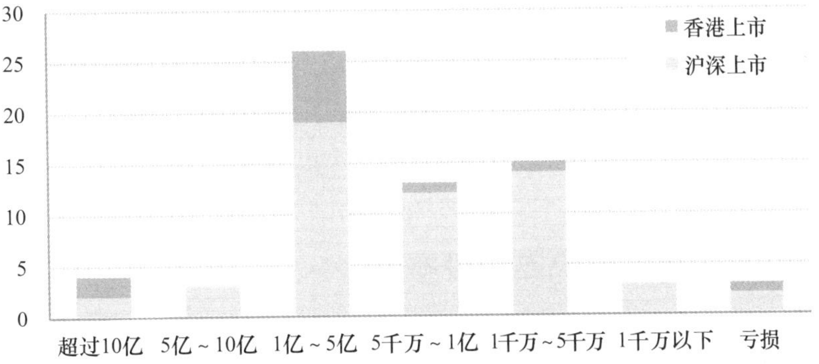

图2-9-12　2013年净利润分布

数据来源：中国建筑装饰协会材料委整理

表 2-9-11　2013 年净利润前 10 名上市公司

股票简称	净利润（元）		比上年增长
	2013 年	2012 年	
中国建材	5761854000	5579601000	3.27%
金隅股份	3215183495	2968713629	8.30%
金螳螂	1563605172	1111428661	40.68%
中国联塑	1449261000	1238322000	17.03%
北新建材	905509806.1	676772240.7	33.80%
亚厦股份	894677849.8	634496804.1	41.01%
广田股份	522926652.4	378511159.9	38.15%
敏华控股	458756447.1	244829749.5	87.38%
宜华木业	410535408.8	301585885.3	36.13%
东方雨虹	363706631.3	188662711	92.78%

数据来源：中国建筑装饰协会材料委整理

沪深港三市上市的 67 家上市公司平均基本每股收益 0.3623 元，较 2012 年度同比上升 24.94%。2013 年度，每股收益集中在 0 到 0.5 元之间，共有 47 家，占比 70.15%。有 3 家每股收益为负，比 2012 年减少 3 家。

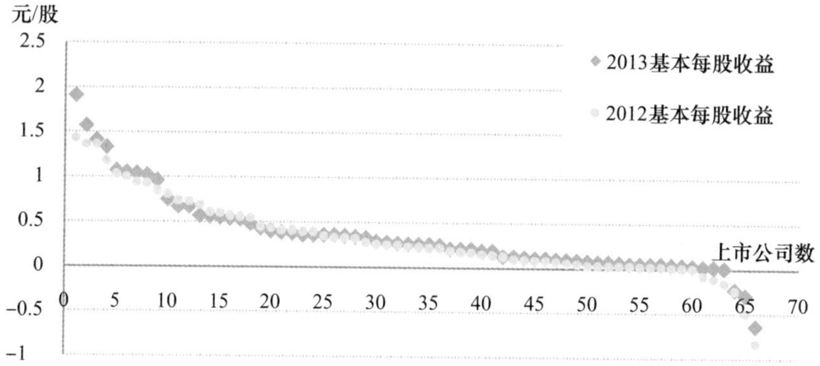

图 2-9-13　2012 ~ 2013 年基本每股收益分布

数据来源：中国建筑装饰协会材料委整理

三、财务稳健运营效率仍有提升空间

（一）整体资产负债水平适中

从资产与负债总额增长情况来看，沪深两市上市的公司总资产实现增长的同时，负债总额同样保持相应上涨幅度。从2012年和2013年资产负债率分布图可以看出，除浙江美大和宝鹰建设外，资产负债率并未出现大的变动，平均资产负债率由2012年度的42%上涨为2013年度的43.51%，提高1.51个百分点。其中ST景谷、中航三鑫、永安林业和斯米克资产负债率最高，分别为90.17%、74.12%、73.38%和70.86%。江泉实业最低，为9.47%。建材家居行业资产负债率平均水平在合理范围。个别公司资产负债率处于较高水平，有可能加大企业的长期偿债风险，企业应加大控制力度，防止出现偿债危机影响企业正常生产经营。

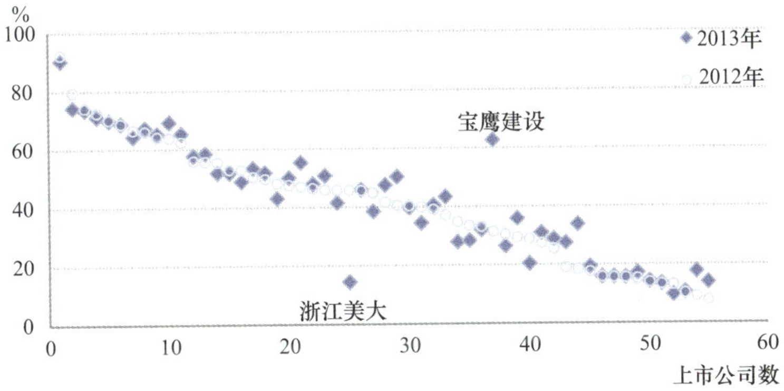

图 2-9-14 2012 ~ 2013 年资产负债率分布

数据来源：中国建筑装饰协会材料委整理

表 2-9-12 2013 年资产负债比率大于 60% 上市公司

股票简称	资产负债比率 (%)
ST 景谷	90.17
中航三鑫	74.12
永安林业	73.38
斯米克	70.86
金隅股份	69.62
江河创建	69.02
金螳螂	68.53
升达林业	67.05
东易日盛	65.1
亚厦股份	65.04
大亚科技	64.09
宝鹰建设	62.46

数据来源：中国建筑装饰协会材料委整理

（二）资产利用率情况较好

2013 年，55 家沪深上市公司的加权平均净资产收益率只有两家公司（国创能源和中航三鑫）为负值，其余全部为正值。加权平均净资产收益率基本分布在 0 到 20% 之间。其中加权平均资产收益率超过 10% 以上的有 15 家，友邦吊顶和金螳螂资产收益率分别高达 35.83% 和 32.36%，表明建材家居业企业整体净资产创造利润的能力较好，股东投资收益较高。

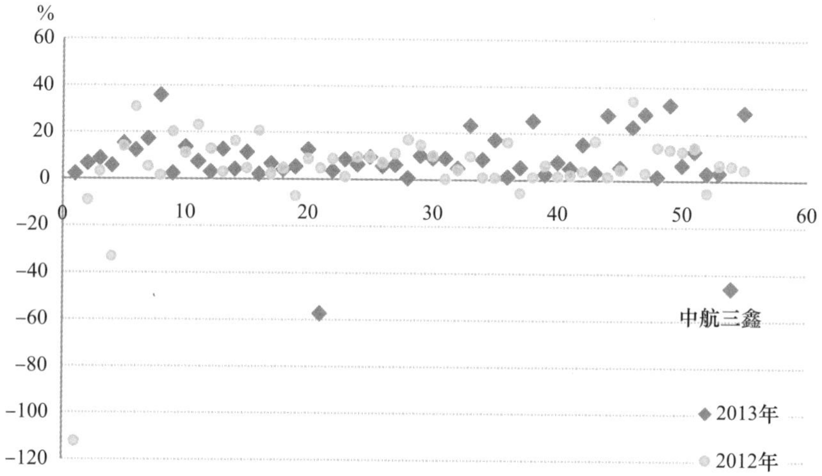

图 2-9-15　2012 ~ 2013 年加权平均净资产收益分布图

数据来源：中国建筑装饰协会材料委整理

表 2-9-13　2013 年加权平均资产收益率排名前 10 名

股票简称	加权平均净资产收益率（%）
友邦吊顶	35.83
金螳螂	32.36
ST 景谷	29.08
东易日盛	28.38
宝鹰建设	27.93
东方雨虹	25.36
北新建材	23.28
亚厦股份	22.86
伟星新材	17.09
洪涛股份	17.06

数据来源：中国建筑装饰协会材料委整理

由图 2-9-16 可以看出建材家居业上市公司总体资产利用率情况较好，除国创能源净利润率（-240.33%）和总资产报酬率（-43.29%）明显低于总体情况外，其他上市净利润率和总资产报酬率基本位于 10% 左右。

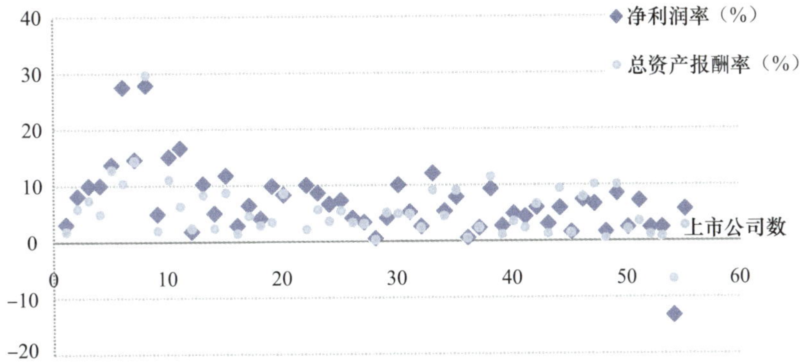

图 2-9-16　2013 年资产利用情况分布图

数据来源：中国建筑装饰协会材料委整理

（三）成本控制能力较好

对 55 家沪深两市上市公司研究，2013 年上市公司销售费用、管理费用和财务费用累计 234.07 亿元，同比 2012 年的 198.53 亿，增长了 17.9%。三项费用与主营业务收入比例 12.3%，基本与去年持平。由图 2-9-17 可以发现，三项费用比例基本保持在 20% 以下，其中 9 家公司的三项费用比例低于 10%。三项费用控制最好的是金螳螂、亚厦股份、瑞和股份和洪涛股份，金螳螂和亚厦股份的三项费用比例约为 3%，瑞和股份和洪涛股份的三项费用比例皆约为 4%，反映了企业良好的管理水平和成本控制能力。

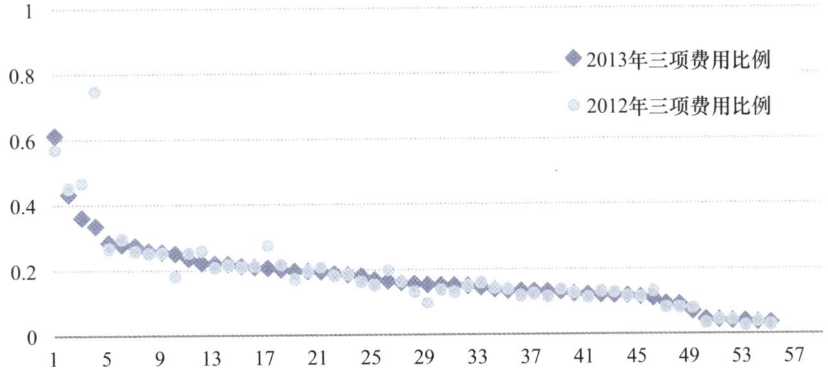

图 2-9-17　2012 ~ 2013 年三项费用率分布

数据来源：中国建筑装饰协会材料委整理

四、市场经营与发展能力较强

（一）存货周转率分析

2013 年度，金螳螂、洪涛股份 2 家上市公司存货周转率最高，分别为 204.87、140.85，反映出这 2 家公司资金使用效率较高。而 ST 景谷、永安林业 2 家公司存货周转率最低，都为 0.63。

表 2-9-14　2013 年存货周转率排名前 10 上市公司

股票简称	存货周转率
金螳螂	204.87
洪涛股份	140.85
宝鹰建设	26.56
亚厦股份	20.07
瑞和股份	12.81
广田股份	12.19
索菲亚	10.35
传化股份	8.16
罗普斯金	7.96
东易日盛	7.76

数据来源：中国建筑装饰协会材料委整理

（二）应收账款周转率分析

2013 年，55 家沪深上市公司的应收账款总值为 504.11 亿元，较 2012 年的 382.16 亿元增加 121.95 亿元，因为建筑装饰行业结算特点和近年来业务规模的不断扩大，使得公司应收账款有较大的上升，同时宏观经济和金融政策的波动也加大应收账款的回收难度，这对经营业绩和持续发展产生一定的影响。2013 年，友邦吊顶、浙江美大、海螺型材和德尔家居 4 家公司应收账款周转率最高，分别为 201.21 次、139.41 次、109.99 次和 108.91 次，表明上述 4 家上市公司收账速度快，资产流动快，资金效率高。而金螳螂、亚厦股份、洪涛股份和瑞和股份 4 家公司应收账款周转率相对较低，其 2013 年应收账款周转率分别为 1.98 次、1.93 次、1.85 次和 1.61 次。

表 2-9-15　2013 年应收账款周转率排行前 10 上市公司

股票简称	应收账款周转率（次）
友邦吊顶	201.21
海螺型材	139.41
德尔家居	109.99
浙江美大	108.91
罗普斯金	50.95
永安林业	45.09
索菲亚	37.86
北新建材	32.13
东易日盛	26.1
吉林森工	24.23

数据来源：中国建筑装饰协会材料委整理

（三）总资产周转率分析

总资产周转率是综合评价企业资产经营质量和运营能力的重要指标，能够反映企业销售的强弱。2013 年总资产周转率保持在 1.0 以上的有 12 家。其中，宝鹰建设、东易日盛、兔宝宝、传化股份、东方雨虹、金螳螂和洪涛股份 7 家公司总资产周转率最高，其 2013 年总资产周转率分别为 1.58、1.51、1.29、1.24、1.23、1.18 和 1.15，表明上述公司总资产周转速度快，销售能力强，资产利用效率高。而国创能源、国栋建设和升达林业 3 家公司总资产周转率相对较低，分别为 0.18、0.22 和 0.28。

表 2-9-16　2013 年总资产周转率大于 1 上市公司

股票简称	总资产周转率
宝鹰建设	1.58
东易日盛	1.51
兔宝宝	1.29
传化股份	1.24
东方雨虹	1.23
金螳螂	1.18
洪涛股份	1.15
广田股份	1.09
亚厦股份	1.08

续表

股票简称	总资产周转率
友邦吊顶	1.07
永高股份	1.02
海鸥卫浴	1.01

数据来源：中国建筑装饰协会材料委整理

（四）固定资产周转率分析

2013 年，宝鹰建设、金螳螂、亚厦股份和广田股份 4 家公司固定资产周转率最高，分别为 71.14 次、32.07 次、29.17 次和 23.28 次，表明对厂房、设备等固定资产的利用效率较高，管理水平较好。而国栋建设、升达林业和威华股份 3 家公司总资产周转率相对较低，分别为 0.36、0.83 和 0.99。则说明企业对固定资产的利用率较低，这将会对企业的运营产生不利影响。

表 2-9-17　2013 年应固定资产周转率排行前 10 上市公司

项目	股票代码	固定资产周转率
宝鹰建设	002047	71.14
金螳螂	002081	32.07
亚厦股份	002375	29.17
广田股份	002482	23.28
洪涛股份	002325	19.78
江河创建	601886	17.63
东易日盛	002713	12.42
瑞和股份	002620	9.25
传化股份	002010	7.22
东方雨虹	002271	6.72

数据来源：中国建筑装饰协会材料委整理

五、上市公司各省分布情况

在统计的建材家居业主要上市公司中，广东的公司最多，有 27 家；其次是浙江的公司，有 10 家；北京的公司有 7 家。

表 2-9-18 上市公司地区分布

省份	上市公司数
广东	27
浙江	10
北京	7
江苏	4
福建	4
四川	3
新疆	2
香港	2
上海	2
河北	2
重庆	1
云南	1
山东	1
辽宁	1
吉林	1
湖北	1
贵州	1
广西	1
安徽	1

数据来源：中国建筑装饰协会材料委整理

六、各细分行业上市公司分析

按细分行业分类，主营业为人造板和电器照明的公司各有 9 家，主营家具业务的公司有 7 家，主营水暖管线和地板业务的公司各有 5 家，主营厨卫、建筑涂料和陶瓷各有 4 家，主营门窗有 3 家，天花吊顶和装修辅料各有 2 家，主营家居饰品的公司有 1 家。

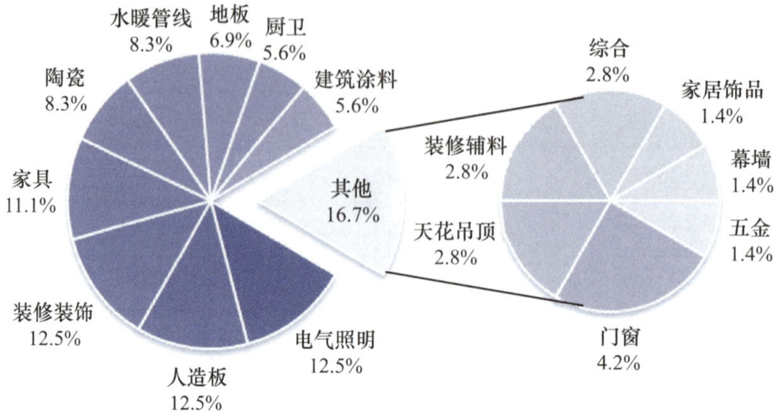

图 2-9-18　建材家居业上市公司行业分布图

数据来源：中国建筑装饰协会材料委整理

表 2-9-19　各细分行业平均资产和业绩一览表　　（单位：亿元）

细分行业	总资产	营业收入	净资产	毛利	净利润
厨卫	13.13	8.86	8.58	2.93	0.94
地板	33.80	22.70	15.23	5.93	0.75
电气照明	23.25	16.19	15.88	3.71	1.09
家居饰品	19.22	11.96	16.20	5.29	3.03
家具	38.41	25.70	24.71	12.07	1.86
建筑涂料	29.52	33.01	13.15	5.87	1.40
门窗	28.89	21.69	16.33	3.37	0.96
人造板	18.38	8.95	10.12	1.41	0.40
水暖管线	42.28	42.73	25.97	10.88	4.22
陶瓷	17.98	12.45	9.21	3.95	0.74
天花吊顶	54.61	38.99	22.66	11.94	4.96
装修辅料	20.95	21.84	11.11	7.36	2.17

数据来源：中国建筑装饰协会材料委整理

2013 年，上市公司平均资产最大的细分行业为天花吊顶，达到 54.61 亿元，其次为水暖管线和家具，平均总资产分别为 42.28 亿元和 38.41 亿元；平均营业收入最多的为水暖管线、天花吊顶和建筑涂料行业，实现营业收入分别为 42.73 亿元、38.99 亿元和 33.01 亿元；实现净利润最大前三行业为天花吊顶、水暖管材和家居饰品，分别为 4.96 亿元、4.22 亿元和 3.03 亿元。

主营天花吊顶、水暖管线和家具公司的平均资产规模和营业收入较大。其中，家具类上市公司“高毛利低净利”，平均毛利虽相对较高，为 12.07 亿元，毛利率为 47%，但是平均净利润率只有 7%，平均实现净利润为 1.86 亿元。家居饰品上市公司平均总资产为 19.22 亿元，虽然资产规模相对较小，但是盈利能力较高，平均毛利为 5.29 亿元，平均净利润为 3.03 亿元，毛利率和净利润率也相对较高，分别为 44% 和 25%。

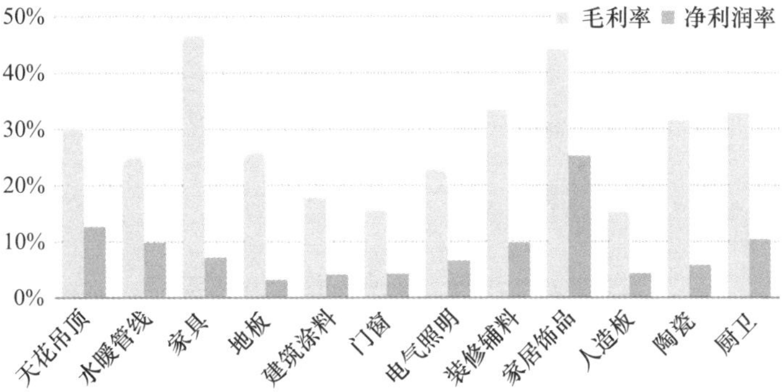

图 2-9-19　2013 年细分行业盈利能力对比图

数据来源：中国建筑装饰协会材料委整理

（一）人造板上市公司

人造板上市公司共 9 家，2013 年总资产合计 163.39 亿元，净资产合计 91.11 亿元，营业收入合计 80.56 亿元，净利润合计 3.61 亿元。总资产和净资产比 2012 年略有增加，营业收入比 2012 年增加明显，而净利润下降较大，其中丰林集团净利润由 2012 年的 8.57 亿减少到 0.91 亿元。

表 2-9-20　人造板上市公司资产和业绩一览表　（单位：亿元）

股票简称	总资产		净资产		营业收入		净利润	
	2013 年	2012 年	2013 年	2012 年	2013 年	2012 年	2013 年	2012 年
吉林森工	34.03	30.81	13.34	13.22	13.39	12.81	0.41	0.39
国栋建设	32.74	34.69	21.49	20.82	7.45	4.73	0.75	0.04
威华股份	27.84	30.53	15.69	15.62	17.78	17.44	0.10	−1.17
丰林集团	19.69	17.00	16.37	15.69	9.03	8.57	0.91	8.57
中福实业	18.27	18.25	10.67	10.23	8.58	7.27	0.43	0.12
永安林业	13.55	14.60	3.32	3.52	4.59	4.57	0.11	0.11
兔宝宝	9.78	9.47	7.66	7.57	12.43	11.20	0.23	0.33
ST 景谷	5.38	4.95	0.56	0.42	2.50	1.21	0.14	−1.07
中国优材	4.11	3.54	2.01	0.63	4.81	2.71	0.53	0.39
合计	165.39	163.84	91.11	87.72	80.56	70.51	3.61	7.71

数据来源：中国建筑装饰协会材料委整理

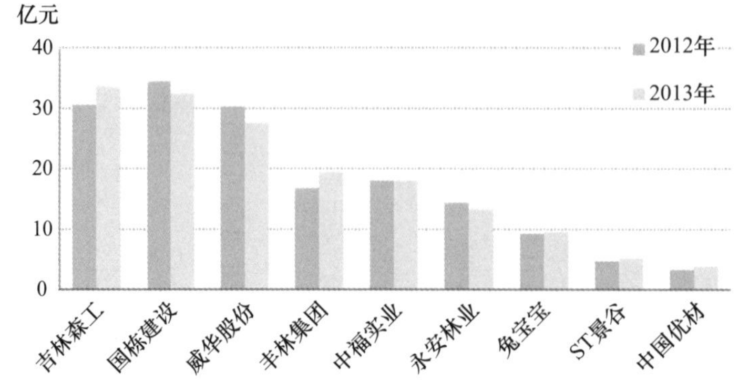

图 2-9-20　2013 年人造板上市公司总资产
数据来源：中国建筑装饰协会材料委整理

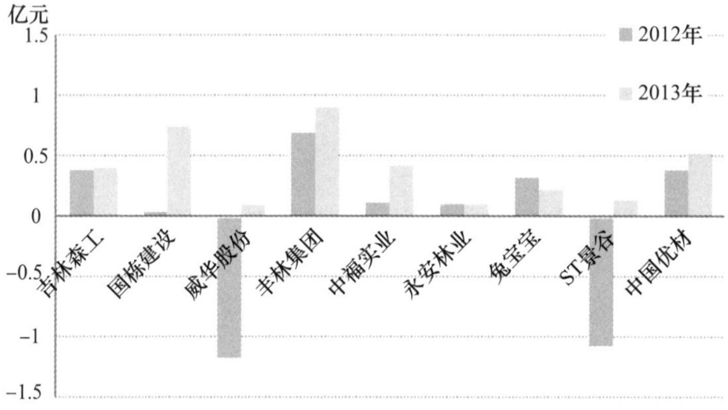

图 2-9-21　2013 年人造板上市公司净利润
数据来源：中国建筑装饰协会材料委整理

（二）电气照明上市公司

电气照明上市公司共 9 家，总资产合计 209.26 亿元，净资产合计 142.97 亿元，营业收入合计 145.7 亿元，净利润合计 9.82 亿元。总资产和营业收入比 2012 年增加较多，净资产和净盈利比 2012 年略有增加。

表 2-9-21　电气照明上市公司资产和业绩一览表　　（单位：亿元）

股票简称	总资产		净资产		营业收入		净利润	
	2013 年	2012 年	2013 年	2012 年	2013 年	2012 年	2013 年	2012 年
佛山照明	33.74	34.48	28.91	29.50	25.27	22.02	2.52	4.00
阳光照明	43.78	40.91	25.02	23.50	31.69	25.93	2.32	2.10
雷曼光电	8.72	8.83	7.35	7.45	3.50	3.16	0.17	0.23

续表

股票简称	总资产		净资产		营业收入		净利润	
	2013 年	2012 年	2013 年	2012 年	2013 年	2012 年	2013 年	2012 年
飞乐音响	24.36	22.86	11.84	11.49	21.42	20.14	0.57	1.05
国星光电	34.01	31.52	21.69	20.99	11.42	9.48	1.13	0.39
雪莱特	5.68	5.62	4.04	4.15	3.92	4.22	0.16	0.15
洲明科技	10.18	9.51	5.89	5.63	7.89	6.08	0.33	0.23
马仕达国际	1.10	1.11	0.62	0.53	2.85	2.67	0.17	0.12
雷士照明	47.69	45.34	37.61	35.83	37.74	35.46	2.45	0.08
合计	209.26	200.18	142.97	139.07	145.7	129.16	9.82	8.35

数据来源：中国建筑装饰协会材料委整理

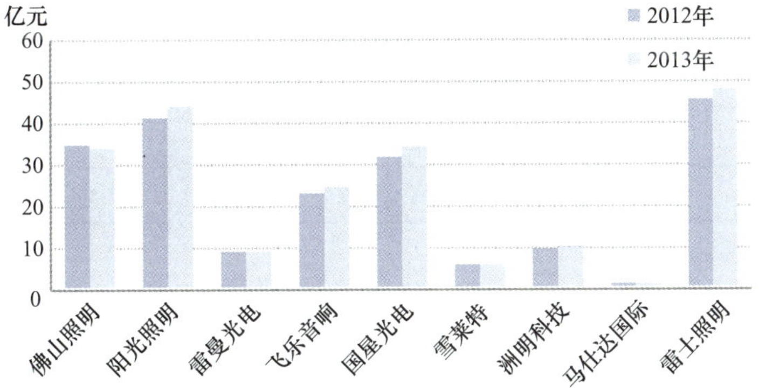

图 2-9-22　2013 年电器照明上市公司总资产

数据来源：中国建筑装饰协会材料委整理

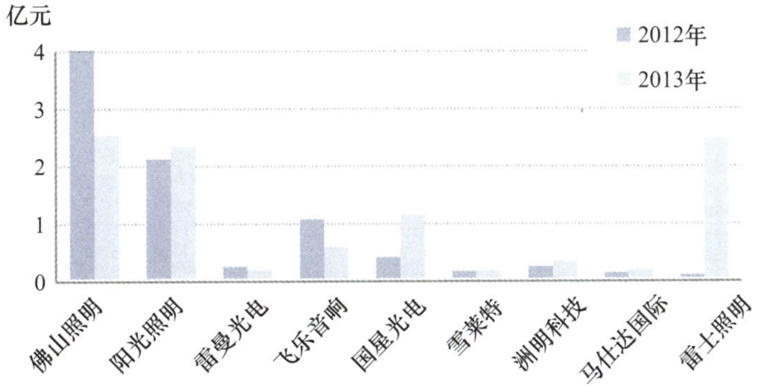

图 2-9-23　2013 年电气照明上市公司净利润

数据来源：中国建筑装饰协会材料委整理

（三）家具类上市公司

对 7 家家具上市公司统计，其总资产合计 209.26 亿元，净资产合计 142.97 亿元，总营业收入合计 145.7 亿元，净利润合计 9.82 亿元。以上四项指标比 2012 年均有明显增加。其中索菲亚和敏华控股四项指标都有大幅提升。

表 2-9-22　家具上市公司资产和业绩一览表　（单位：亿元）

股票简称	总资产		净资产		营业收入		净利润	
	2013 年	2012 年	2013 年	2012 年	2013 年	2012 年	2013 年	2012 年
索菲亚	20.86	17.59	17.44	14.78	17.83	12.22	2.45	1.73
宜华木业	86.25	79.79	46.65	43.46	40.91	33.48	4.11	3.02
美克股份	37.75	37.68	27.08	25.10	26.75	26.31	1.72	0.21
喜临门	15.09	12.48	10.96	10.14	10.22	8.97	1.20	1.02
浙江永强	48.99	43.04	31.49	30.49	30.22	27.59	2.62	1.91
敏华控股	40.36	36.18	27.68	25.49	45.96	38.34	4.59	2.45
皇朝家私	19.57	22.41	11.66	14.33	8.02	8.58	–3.68	0.17
合计	268.87	249.17	172.96	163.79	179.91	155.49	13.01	10.51

数据来源：中国建筑装饰协会材料委整理

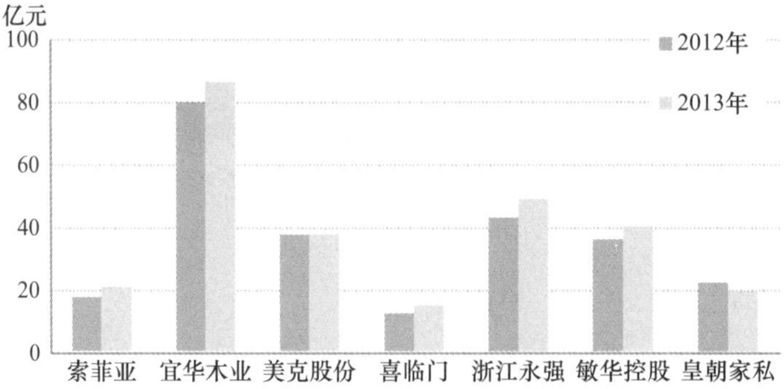

图 2-9-24　2013 年家具上市公司总资产

数据来源：中国建筑装饰协会材料委整理

（四）水暖管线上市公司

对 5 家水暖管线上市公司统计，其总资产合计 211.4 亿元，净资产合计 178.14 亿元，营业收入合计 213.68 亿元，净利润合计 21.09 亿元。以上四项指标比 2012 年均有明显增加。其中中国联塑、伟星新材和顾地科技四项指标都有大幅提升。

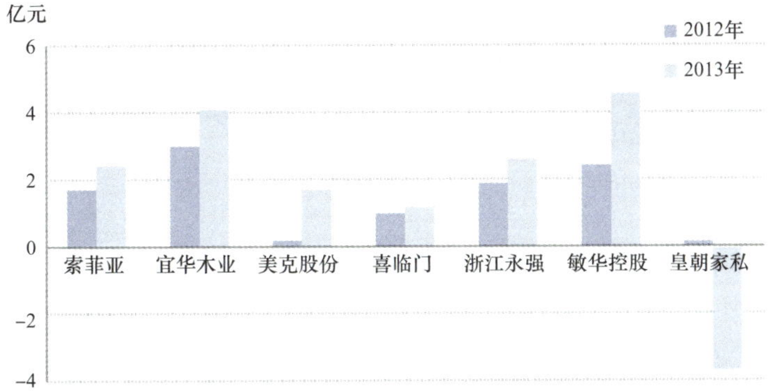

图 2-9-25　2013 年家具上市公司净利润

数据来源：中国建筑装饰协会材料委整理

表 2-9-23　水暖管线上市公司资产和业绩一览表　（单位：亿元）

股票简称	总资产		净资产		营业收入		净利润	
	2013 年	2012 年	2013 年	2012 年	2013 年	2012 年	2013 年	2012 年
伟星新材	23.01	20.92	19.45	17.72	21.59	18.57	3.16	2.36
顾地科技	20.11	17.96	10.28	10.14	17.64	15.09	0.92	1.13
永高股份	29.84	27.23	20.32	18.25	29.18	25.14	2.43	2.71
艾迪西	15.46	14.20	7.22	7.13	14.56	11.98	0.09	0.08
中国联塑	122.98	97.83	72.56	60.28	130.71	108.91	14.49	12.38
合计	211.4	178.14	129.83	113.52	213.68	179.69	21.09	18.66

数据来源：中国建筑装饰协会材料委整理

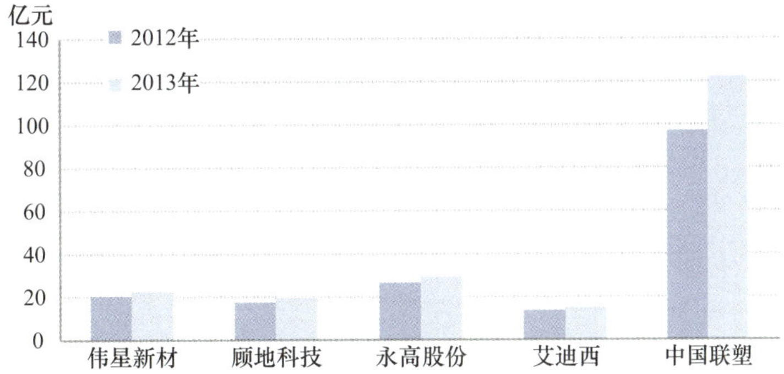

图 2-9-26　2013 年水暖管线上市公司总资产

数据来源：中国建筑装饰协会材料委整理

（五）地板类上市公司

对 5 家地板上市公司统计，其总资产合计 168.99 亿元，净资产合计 76.16 亿元，营业收入合计 113.51 亿元，净利润合计 3.73 亿元。以上四项指标比 2012 年略有增加，表明地板类上市公司运营平稳，财务指标较稳定。

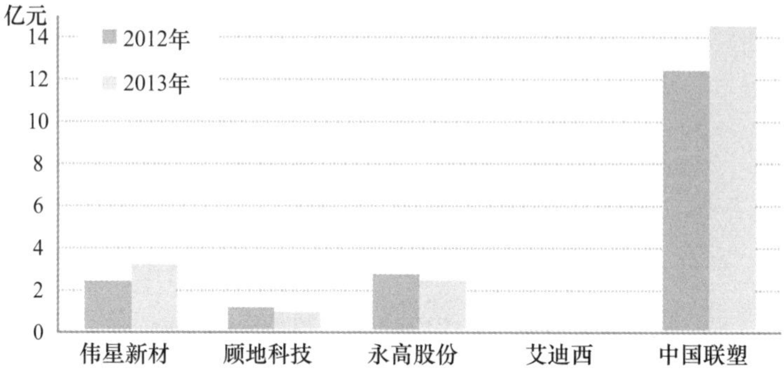

图 2-9-27　2013 年水暖管线上市公司净利润

数据来源：中国建筑装饰协会材料委整理

表 2-9-24　地板上市公司资产和业绩一览表　　（单位：亿元）

股票简称	总资产		净资产		营业收入		净利润	
	2013 年	2012 年	2013 年	2012 年	2013 年	2012 年	2013 年	2012 年
大亚科技	87.58	87.90	25.05	23.64	81.90	83.13	1.30	1.24
德尔家居	15.76	13.32	13.01	12.12	5.52	4.24	0.92	0.73
升达林业	26.08	25.26	8.28	8.25	7.15	7.92	0.02	0.12
科冕木业	9.70	9.10	4.68	4.60	4.05	3.69	0.11	0.21
大自然地板	29.87	30.85	25.14	25.62	14.89	11.18	1.38	1.23
合计	168.99	166.43	76.16	74.23	113.51	110.16	3.73	3.53

数据来源：中国建筑装饰协会材料委整理

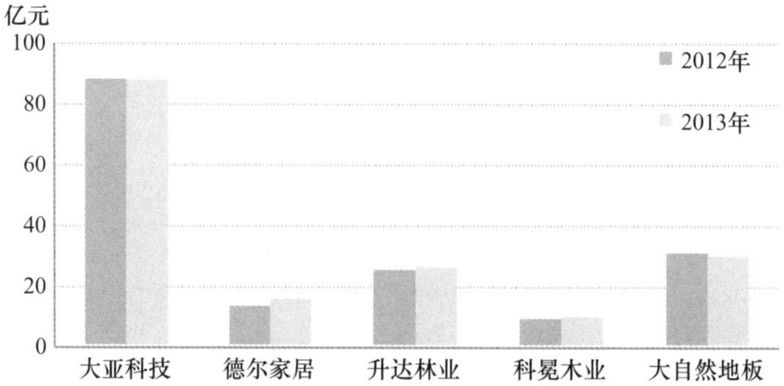

图 2-9-28　2013 年地板上市公司总资产

数据来源：中国建筑装饰协会材料委整理

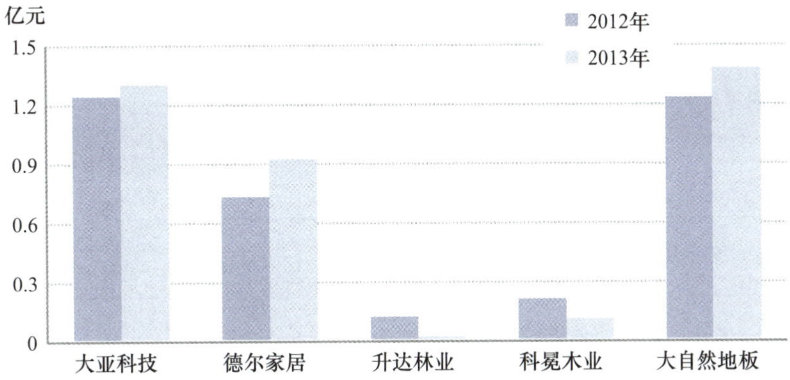

图 2-9-29　2013 年地板上市公司净利润

数据来源：中国建筑装饰协会材料委整理

七、拟申请上市公司情况

自 2014 年 4 月 18 日起，证监会发布了多家拟 IPO 公司招股说明书，其中家居类的四川帝王洁具、江苏亚振家具等家居企业名列其中。根据证监会公布的《发行监管部首次公开发行股票审核工作流程及申报企业情况》显示，泛家居类企业已有 23 家拟申请上市。

表 2-9-25　拟申请上市的家居企业名单

序号	申报企业	注册地	所属行业	拟上市地	保荐机构	审核状态
1	康新（中国）设计工程	上海	建筑装饰业	上海	中国中投证券有限责任公司	预先披露更新
2	苏州柯利达装饰	江苏	建筑装饰业	上海	东吴证券股份有限公司	已反馈
3	上海全筑建筑装饰集团	上海	装修装饰业	上海	国信证券股份有限公司	已反馈
4	曲美家具集团	北京	家具制造	上海	中信建投证券股份有限公司	已反馈
5	红星美凯龙家居集团	上海	批发和零售业	上海	华安证券有限责任公司	已受理
6	欧普照明	上海	电气机械及器材制造业	上海	中信证券股份有限公司	已受理
7	亚振家具	江苏	家具制造业	上海	齐鲁证券有限公司	已受理

续表

序号	申报企业	注册地	所属行业	拟上市地	保荐机构	审核状态
8	顾家家居	浙江	家具制造业	上海	中信建投证券股份有限公司	已受理
9	江苏恒康家居科技	江苏	家具制造业	上海	广发证券股份有限公司	已受理
10	海洋王照明科技	浙江	照明器具制造行业	深圳	招商证券股份有限公司	预先披露更新
11	重庆三圣特种建材	重庆	制造业	深圳	宏源证券股份有限公司	已反馈
12	东莞市南兴家具装备制造	广东	专用设备制造	深圳	兴业证券股份有限公司	已反馈
13	浙江永艺家具	浙江	家具制造业	深圳	国信证券股份有限公司	已反馈
14	四川帝王洁具	四川	塑料家具制造业	深圳	华西证券有限责任公司	已反馈
15	广州好莱客创意家居	广东	木制家具制造业	深圳	广发证券股份有限公司	已反馈
16	湖南多喜爱家纺	湖南	批发和零售贸易	深圳	海通证券股份有限公司	已反馈
17	三棵树涂料	福建	涂料制造	深圳	中信证券股份有限公司	已反馈
18	惠州元晖光电	广东	照明器具制造业	深圳	齐鲁证券有限公司	已受理
19	深圳市建艺装饰集团	深圳	建筑装饰和其他建筑业	深圳	长城证券有限责任公司	已受理
20	成都富森美家居	四川	租赁和商务服务业	深圳	国金证券股份有限公司	已受理
21	深圳市名雕装饰	深圳	建筑装饰业	深圳	中国国际金融有限公司	已受理
22	深圳市亚泰国际建设	深圳	建筑装饰和其他建筑业	深圳	国泰君安证券股份有限公司	已受理
23	深圳市中装建设集团	深圳	建筑装饰和其他建筑业	深圳	国海证券股份有限公司	已受理

数据来源：中国建筑装饰协会材料委整理

拟申请到上海证券交易所上市的有 9 家，拟申请到深圳证券交易所上市的有 14 家。

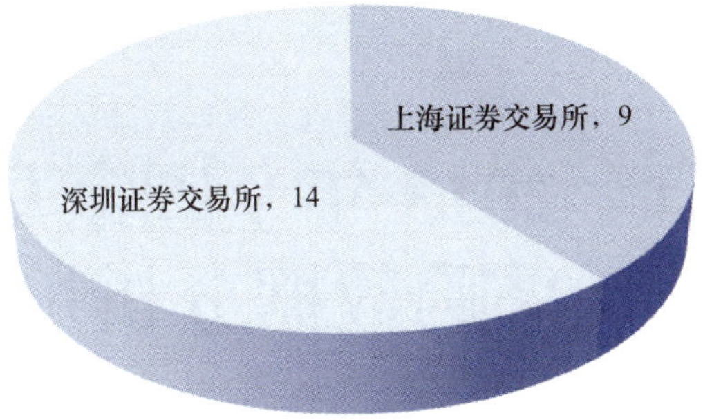

图 2-9-30　拟申请上市交易所分布情况

数据来源：中国建筑装饰协会材料委整理

拟申请上市的家居类企业多分布在广东省、上海市、浙江省、江苏省等东南沿海地区。

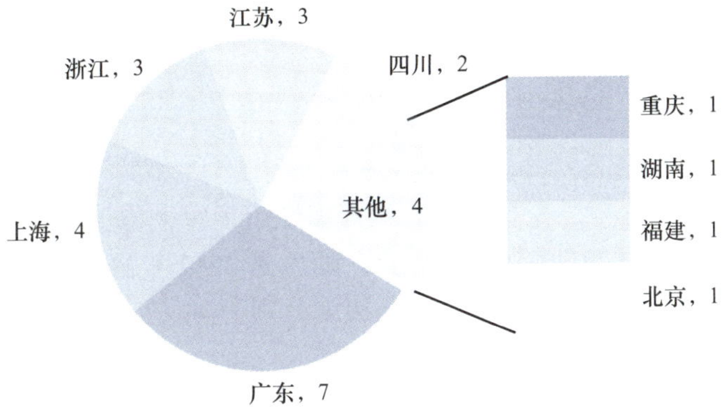

图 2-9-31　拟申请上市家居企业区域分布

数据来源：中国建筑装饰协会材料委整理

拟募集资金多用于扩大产能，增加营销网点、加强信息化建设。

表 2-9-26　募集资金使用项目表

企业名称	募集资金投向项目	合计金额（万元）
曲美家具	东区生产基地项目、品牌推广项目、偿还银行贷款、补充流动资金	108745.83
亚振家具	营销网络扩建项目、沙发及家具等扩产项目、家具生产线技改项目、信息化系统建设项目	60182.53
帝王洁具	年产 36 万台（套）亚克力洁具产能扩建项目、营销网络扩建项目	18555.68
红星美凯龙	武汉等地 9 个家居广场项目、信息化系统升级改造项目、电子商务平台建设项目、偿还银行借款和补充流动资金	445,049.95

数据来源：中国建筑装饰协会材料委整理

第十章　2013 年全国家具政府采购数据分析报告

尽管不少办公家具业内人士都反映 2013 年各地政府家具采购订单减少、次数下降，但全国家具政府采购项目仍然取得了较好的成绩。2013 年全年公开招标家具采购总额 40.6 亿元，四个季度采购额分别为：5.24 亿元、14.2 亿元、13.4 亿元和 7.85 亿元。

一、全国家具采购概览

1. 采购规模稳步增长

从 2011 年到 2013 年，全国家具采购规模经历了一个稳步增长的过程，从 2010 年的 12 亿元，增长到 2011 年的 17 亿元，随后是 2012 年翻倍至 35 亿元，而 2013 年更是跨过了 40 亿元大关。历年的增长幅度分别为 41.6%、105.8%、14.3%，从数据中可以看出，2013 年增长幅度最低。

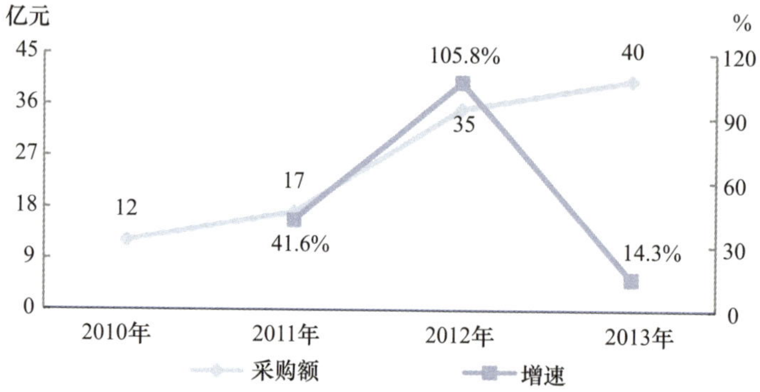

图 2-10-1　2010 ~ 2013 年全国公开招标家具采购规模变化

数据来源：《政府采购信息报》

2. 采购次数增幅骤减

2013 年各地政府家具采购次数增长幅度下降。全国通过公开招标、竞争性谈判、询价采购的项目共 4364 个，采购总规模达到 40.06 亿元，如果将未公布中标金额的项目也计算在内，2013 年全国家具采购总金额超过 120 亿元。

3. 采购周期呈现新特点

2013 年，全国家具采购周期与往年不同，往年采购规模到第三季度才能达到高峰，2013 年的高峰期却在第二季度提前出现了，而第三季度开始出现回落，第四季度采购规模大幅减少。

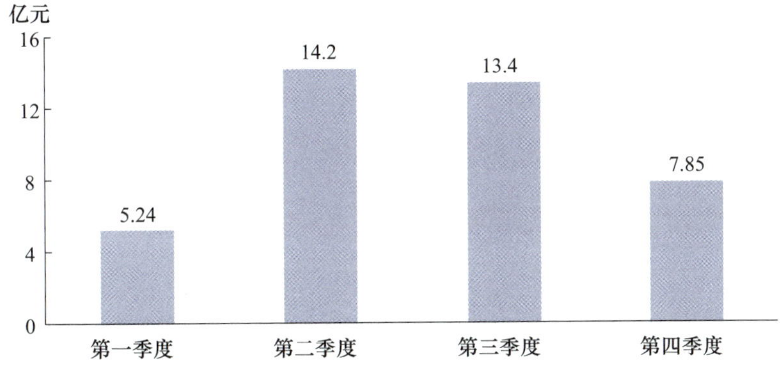

图 2-10-2　2013 年各季度采购规模对比

数据来源：《政府采购信息报》

统计数据显示，2013 年四个季度采购额分别为 5.24 亿元、14.2 亿元、13.4 亿元和 7.85 亿元。从 2013 年 4 月开始，家具采购规模出现显著增长，当月采购规模达 2.7 亿元，5 月达到 6 亿元，6 月回落至 5.5 亿元，第二季度则达到 14.2 亿元。2013 年的高峰期是 5 月和 7 月，采购金额均达到 6 亿元。

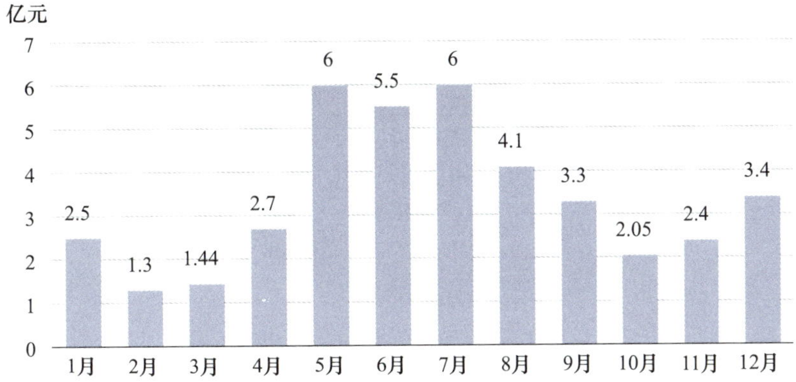

图 2-10-3　2013 年各月采购规模对比

数据来源：《政府采购信息报》

二、项目分析

1. 项目类型占比

办公家具和学校家具作为家具政府采购市场的两个重要组成部分，一直处于

“你追我赶”的态势。2013 年办公家具项目占总比重下降，学校家具项目占总比重上升。除此之外，2013 年医院家具、馆藏类家具、老年家具和实验室家具等细分市场均表现突出。家具政府采购市场细分化在 2013 年表现得尤为明显。

具体来看，2013 年家具政府采购项目各类型采购金额：办公家具 15.99 亿元、学校家具 19.25 亿元、医院家具 2.1 亿元、馆藏类家具 1.7 亿元、实验室家具 0.98738 亿元、老年家具 0.9039 亿元。

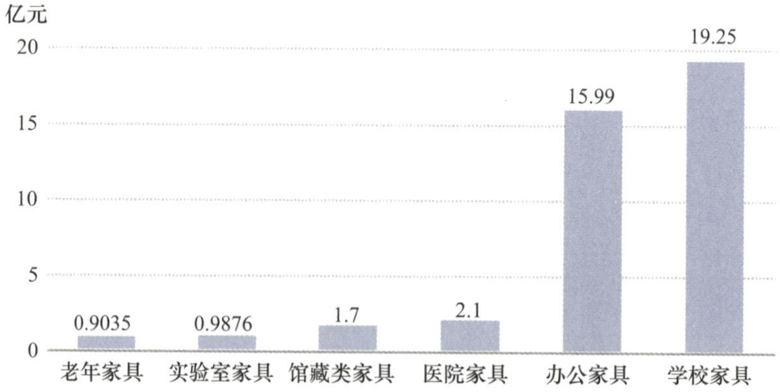

图 2-10-4　2013 年家具政府采购项目各类型采购金额

数据来源：《政府采购信息报》

所占比重分别为：办公家具 39%、学校家具 47%、医院家具 5%、馆藏类家具 4%、实验室家具 3%、老年家具 2%。

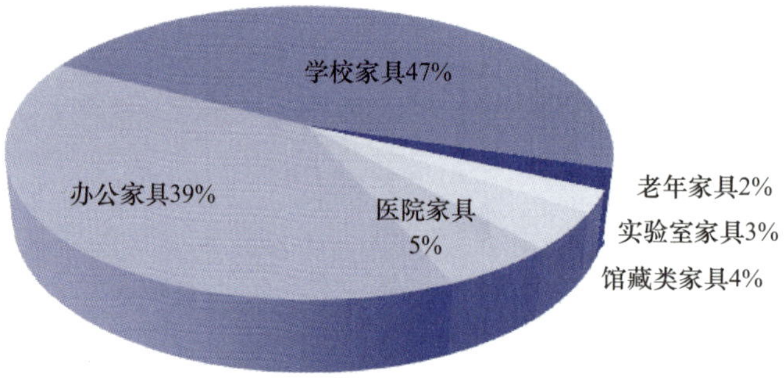

图 2-10-5　2013 年家具采购细分市场比重

数据来源：《政府采购信息报》

2. 项目类型占比分析

（1）办公家具项目占比下降

2013 年 3 月 17 日，国务院总理李克强提出新一届政府性的楼堂馆所一律不得新建。2013 年 7 月，中共中央办公厅、国务院办公厅联合印发《关于党政机关停止新建楼堂馆所和清理办公用房的通知》，要求各级党政机关 5 年内停止新建、扩建、迁建、购置楼堂馆所，规范办公用房管理，切实把有限的资金和资源更多用在发展经济、改善民生上。

政府办公家具采购主要来源于两大类：日常办公家具更新和政府新建项目激发的采购需求。2013 年，楼堂馆所停建政策的出台，政府新建项目所需办公家具采购量减少。2013 年 1 月 ~ 12 月，主要包括办公桌椅、文件柜、会议室家具等在内的办公家具采购总金额为 15.99 亿元。相比于学校家具，2013 年办公家具保持了相对稳定的增长，但办公家具项目所占总比重下降。未来，采购重点可能转向教育与民生项目。

（2）学校家具项目占比上升

据《政府采购信息报》不完全统计，2013 年 1 月 ~ 12 月，学校家具采购总额为 19.25 亿元，即将突破 20 亿元大关。从统计数据上看，带来学校家具这一增幅的主要原因，在于教育、公共文化基础设施建设项目以及民生项目增多；政府推出的薄弱学校项目改造工程陆续推进。广西、陕西、四川、湖南、湖北、河南等多个省份对农村义务教育阶段的中小学学校进行改造。

其中比较抢眼的项目是“广西农村义务教育学校课桌椅更新工程”和“浙江省教育装备中心为全省义务教育阶段中小学采购的课桌椅项目”，这两个项目总金额均超过了 1 亿元。

（3）其他细分家具项目表现突出

家具政府采购细分化趋势更加明显。2013 年医院家具、馆藏类家具、老年家具、实验室家具等细分市场均表现突出。

2013 年 1 月 ~ 12 月，医院家具采购总额为 2.1 亿元，这主要得益于我国医疗体制的改革和城镇化的发展。随着新医院的建设和老旧医院的改造增多，医院家具成为政府采购市场中继办公家具、学校家具之后的第三大细分市场。全国各地医院家具采购规模持续增加。

紧追其后的是馆藏类家具，主要包括图书馆、博物馆、美术馆、档案馆等家具，金额总计为 1.7 亿元。

2013 年，实验室家具和老年家具的采购总额分别为 9876.38 万元和 9035.9 万元。从采购主体来看，实验室家具采购主要集中在学校、医院及各类研究所。老年家具需求来自于以敬老院、养老院和福利院的家具采购。

3. 项目规模分析

从历史数据来看，千万元以上项目的数量多成为推动全国家具采购额数量攀升的重要原因。2013 年全年，采购金额千万元以上的家具项目达到了 25 个，千万元项目采购总额为 5.94 亿元，占采购总金额的近 15%，相比 2012 年的 24 个，多出一个，相比 2011 年的 20 个，增加了 5 个。

从项目分类来看，千万元的项目主要集中在办公和学校两大类项目中，办公类项目采购额为 1.89 亿元，学校类项目采购额为 3.22 亿元。

除办公和学校项目外，2013 年，在千万元的项目中，还出现了酒店家具采购、福利院家具采购、图书馆家具采购和公寓家具采购。前两类家具采购大项目在 2013 年首次出现。分别是中国职工之家所需的“中华全国总工会劳动模范技能交流基地家具及设计采购项目”和由浙江省杭州市政府采购中心组织的“杭州市第三社会福利院家具采购项目”，采购金额分别为 2824 万元和 1103 万元。

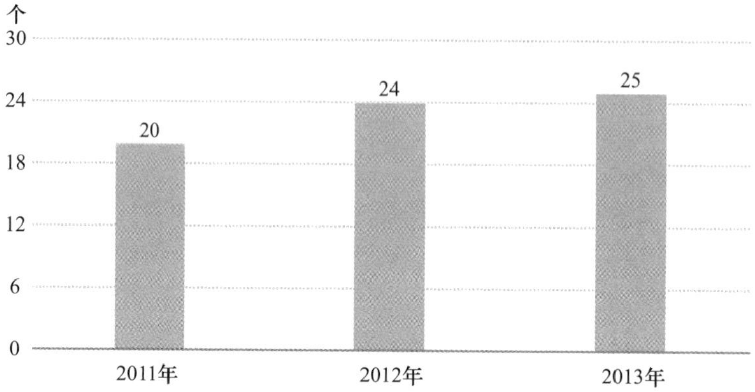

图 2-10-6　2011 ~ 2013 年采购金额千万元以上的家具项目数

数据来源：《政府采购信息报》

2013 年福利院的项目再增多，2013 年，福利院、养老院、敬老院等类似项目数量为 58 个，采购金额达到 6791 万元。从采购规模上来看，这几类采购金额都不大。但是随着我国福利体系和养老体系的健全和完善，预计此类项目在未来的政府采购中还将增多。

三、各地区采购特色分析

2013 年，在全国家具采购省市分布中，以北京家具居首，然后依次是：浙江、河南、广西、广东、福建、山东、江苏、重庆、上海、甘肃。而 2012 年，在全国家具采购中，排名前三位的省（市、自治区）分别是北京、浙江、广东。其中，北京、广东、浙江、江苏一直是家具采购的重点地区，具有项目开评标率高、大项目多的特点。河南、广西、山东、重庆则成为新兴的采购大省（市）。

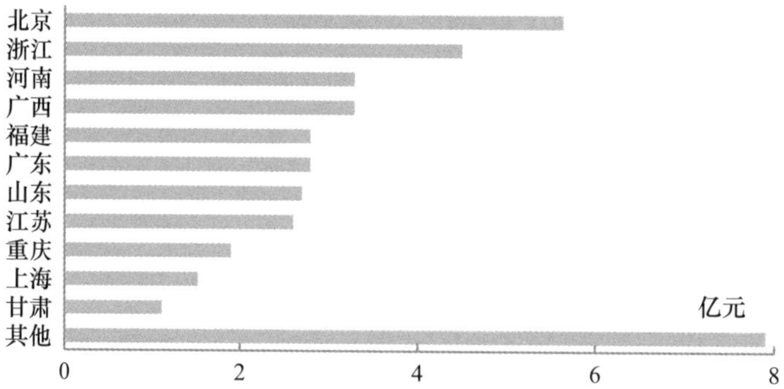

图 2-10-7　2013 年全国主要省市家具采购规模情况

数据来源：《政府采购信息报》

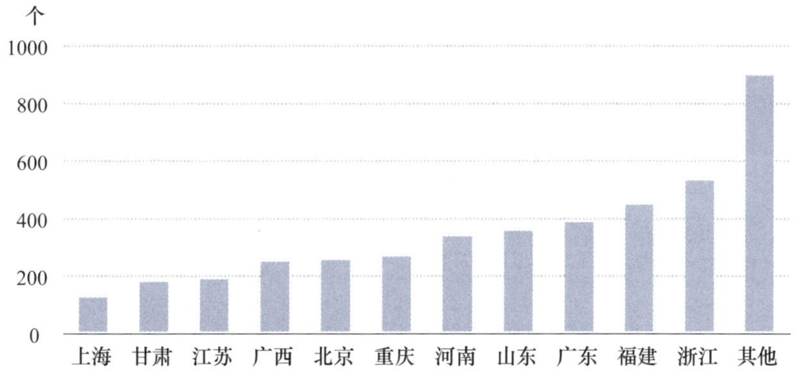

图 2-10-8　2013 年全国主要省市家具采购数量对比

数据来源：《政府采购信息报》

1. 北京稳坐家具政采榜榜首

北京从 2011 年起，连续 3 年都是采购规模最大的（省）市。北京因其特殊的地位和采购力，在采购项目上也时刻吸引着供应商的关注，具有采购项目数量多、单批采购金额大、参与供应商广泛的特点。数据显示，2013 年北京地区 100 万元以上的项目共 141 个，采购金额达到 5.04 亿元。

2013 年全年，北京地区具有代表性的项目之一是中央电视台新址办公家具采购。从 2011 年开始，中央电视便开始就新址所需的办公家具进行采购，从 2011 年到 2013 年 12 月，共采购家具 19 次，单 2013 年一年便采购家具 14 次，全年采购家具总额 6312 万元。前后 3 年相加，中央电视台就新址办公家具的采购总额不低于 8000 万元。

2. 北京和浙江采购额大幅增长

从历年数据可以看出，北京、广东、浙江、江苏一直是家具采购的重点地区，具有项目开评标率高、大项目多的特点。

2012 年，在全国家具采购中，排名前三位的省（市、自治区）分别是北京、浙江、广东。2013 年，在全国家具采购省市分布中，2012 年位列第三的广东退出了前三甲，采购金额仅 2.8 亿元。而北京和浙江的采购金额再次实现增长，继续稳坐状元和榜眼的位置，采购总额分别为 5.63 亿元和 4.5 亿元。

3. 河南和广西采购额大幅增长

令人意外的是，以往在家具采购规模上名不见经传的河南和广西，在今年的政府采购领域内，突出重围，并列第三名。这两个地区无论是采购数量还是采购金额都不得不让人关注，河南项目数量达到 331 个，广西项目数量也达到了 243 个，采购金额皆为 3.3 亿元。广西诞生了 2013 年的第一大标，即由广西云龙招标有限公司组织的“广西农村义务教育学校课桌椅更新工程”，中标金额高达 1.48 亿元。不难看出，该项目的出现是广西进入前三的的重要原因。

4. 广东企业遍及全国政采市场

就全国范围来看，广东省的办公家具企业显示出了数量多、实力强、销售覆盖范围广的特点，因此，在提供外地政府用户优质服务方面具有明显的优势。

相关数据显示，在东北的辽宁、黑龙江，西北的新疆、内蒙古、甘肃、宁夏，华北的北京、上海、天津以及华南的浙江、江苏、福建等地区，办公家具项目的中标阵营中，几乎都有广东企业的身影。

在广东当地，广东企业的这一优势更是发挥得淋漓尽致，广东地区的政府采购订单基本都被当地企业瓜分，广东之外的企业很难分得一杯羹。2013 年 12 月，广东省的家具采购项目共 42 个，中标供应商全部为广东本地企业。

第十一章　全国连锁家居卖场网点分析报告

连锁家居卖场的兴起，极大地改善了家居建材市场的购物环境，推动了厂商终端形象的提升，促使家居建材厂商大力提升品质意识、服务意识。连锁卖场会导致垄断，不利于自由竞争；连锁卖场挤压了厂商利润，一定程度上阻碍了行业发展；连锁卖场的统一管理导致入驻商户综合成本不断增加。是“推进器”还是“绊脚石”，家居连锁卖场在各方质疑声中，冲破重重困局，正势不可挡地走向垄断。为纵观全国连锁卖场的布局及发展现状，本文对网点覆盖超过 3 个及以上省份的家居连锁卖场进行了统计及分析。

一、综合分析

1. 连锁卖场综合情况（表 2-11-1）

表 2-11-1　连锁卖场综合情况表

企业名称	属性	注册资本（元）	创办时间	属地	营运模式	物业
红星美凯龙	中外合资	30,000,000	1987 年	上海	出租	租赁 + 自有
居然之家	内资	50,000,000	1999 年	北京	出租、五金超市	租赁 + 自有
月星家居	内资	90,000,000	1991 年	常州	出租	租赁
欧亚达	内资	50,000,000	1992 年	武汉	出租	租赁
集美家居	内资	50,200,000	1984 年	北京	出租	—
宜家	外国独资	1,365,663,026	1998 年	上海	自主品牌、仓储式	自有
百安居	外资	2,003,548,306	1999 年	上海	仓储式	租赁 + 自有
好百年家居	内资	120,000,000	1997 年	深圳	出租	租赁
HOLA 特力和乐	台港澳独资	18,255,900	2003 年	上海	仓储式	租赁
香江家居 \ 金海马	内资	20,000,000	1990 年	广州	仓储式	租赁
第六空间	内资	100,000,000	2003 年	杭州	出租	—

2. 内资完胜外资，卖场总体过剩，多网点销售惨淡

纳入统计的 11 家连锁卖场，内资占比达到 64%，外资占比 27%，如果算上曾经在家居连锁卖场领域里轰轰烈烈过的“东方家园”“好美家”，可以说内资卖场从数量上完胜了外资卖场。

不过随着房地产调控，作为配套行业家居卖场也急剧萎缩，东方家园全军覆没，好美家退守上海 8 家门店，而以美国家得宝、德国欧倍德、法国乐华梅兰为代表的外资卖场陆续水土不服头破血流而去，继续苦苦坚持的英国百安居持续曝出关店扭亏的信息，店铺数量从 63 家直降至 39 家，其管理、盈利模式等受到各种质疑。日子稍微好过一些的瑞士宜家被指龟速发展至今也仅有 15 个店铺，相较于合资红星美凯龙的 100 余店，内资居然之家的 70 余店，总量上外资是相形见拙的。

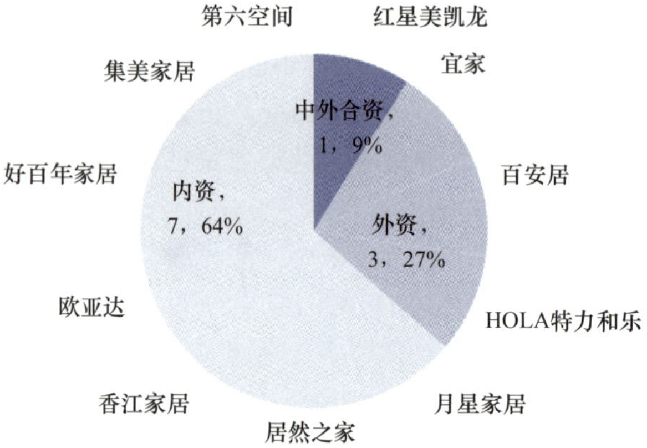

图 2-11-1　卖场网点布局－按内外资分

内外资店铺数量总和虽然完胜，但近年伴随内资的关键词有“扩张”“开店”，也有“关门”，总体而言存在表面光鲜内部空虚的情况，随着店面数量的增多日均进店流量是低的，卖场门可落雀的情况普遍至极，日子也不好过。

根据本次统计近年业绩，红星美凯龙 113 个店总业绩约 500 亿，居然之家 71 店业绩约 300 亿，宜家 15 店总业绩 63 亿，综合得出几大家居连锁卖场巨头单店年销售业绩均仅约在 4 亿元左右，这个数据多少让我们有些遗憾，可以预想全国有极多网点销售是惨淡的。

另据数据统计，目前全国家具卖场总面积超过 4000 万平方米。如果按 1 万平方米年销售 1 亿元计算，目前国内市场年销售 2000 亿元，只有 2000 万平方米的卖场就足够了。这意味着有将近 50% 的卖场是过剩的。

3. 大资本的游戏场

纳入统计的 11 家企业，注册资本金都不低，其中千万级的 7 家，亿级的 2 家，十亿级的 2 家，且外资的注册资本金普遍比内资的高，其实力可见一斑，也足见其扎根中国的雄心。

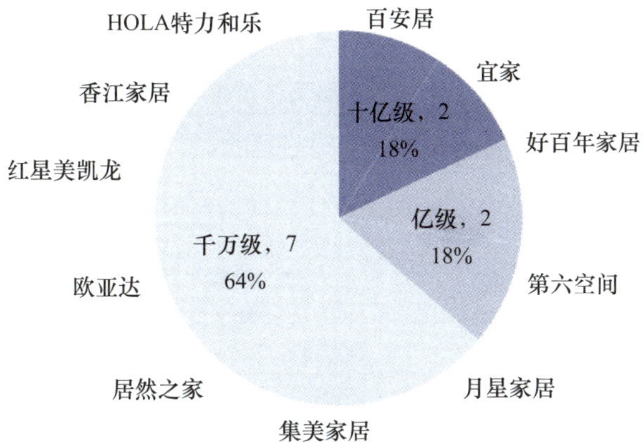

图 2-11-2　卖场网点布局－按注册资本分

注册资本金不能全面代表企业的实力，但是相较于绝大多数家居生产型企业几十万几百万的规模，足见纯渠道平台的门槛费是极高的，这是一个大资本的游戏场。从百安居等外资进入中国时动则大手笔并购十个八个卖场的个案，以及车建新为红星美凯龙扩张进行的数次融资就可见一斑。

4. 符合经济发达地区消费力强的规律

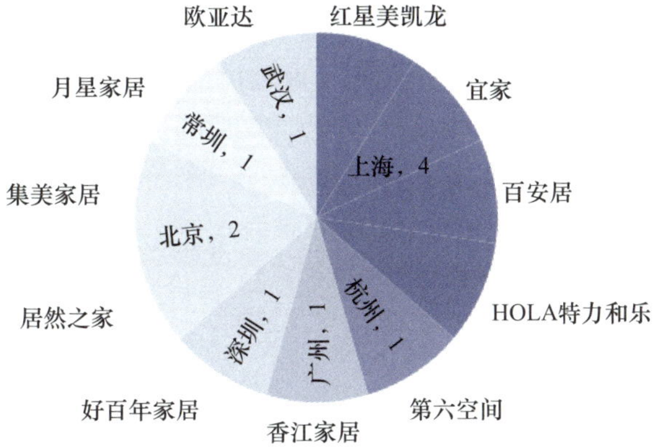

图 2-11-3　卖场网点布局－按总部属地划分

与家居生产型企业聚集在珠三角与长三角一带的分布规律一致，家居连锁卖场发家地也主要集中在了这几个经济发达区域，纳入统计的 11 家企业，总部在上海占了 4 家，北京 2 家，广州、深圳、杭州各 1 家。这个统计结果在意料之中，出乎意料的是远在北方的长春孕育了吉盛伟邦，和地处中原的武汉崛起了欧亚达。

从发展的态势来看，发迹并深耕中部的欧亚达经营得道，湖北卖场总数占华中地区的 51%，占湖北市场近 30% 的市场份额，成为中部家居卖场崛起的主力。但远在北方定位高端的吉盛伟邦与红星美凯龙的并购谈判未果，改为战略合作，成为红星美凯龙扩张的一个支点。

5. 受政策驱动，也受政策制约

表 2-11-2　家居卖场企业年龄

名称	创办时间 | 进入中国时间	企业年龄
集美家居	1984 年	29
红星美凯龙	1987 年	26
香江家居 \ 金海马	1990 年	23
月星家居	1991 年	22
欧亚达	1992 年	21
好百年家居	1997 年	16
宜家	1998 年	15
居然之家	1999 年	14
百安居	1999 年	14
第六空间	2002 年	11
HOLA 特力和乐	2003 年	10

从统计看，集美已经 29 岁，红星美凯龙已经 26 岁，大部分家居连锁卖场的创立集中在 20 世纪 90 年代前后，而取得迅猛发展则是在 2003 年中国房地产大发展之后，这两个节点分别是中国决定搞改革开放与房地产被确定为支柱性产业的时间，可以说现代家居以及家居连锁卖场的诞生是政策性的产物，或者是受政策驱动而规模化发展的。但它也极大地受政策影响，2008 年以来持续的房地产调控政策让家居企业生存陷入困局，连锁卖场与生产型企业集体过冬，一点点关于房地产的利好信息都可以刺激到家居企业的神经。

6. 包租公方式运营居多，旱涝保收，坐收渔利

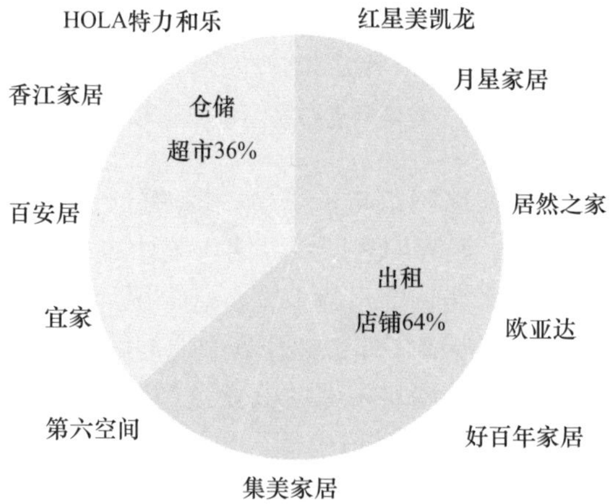

图 2-11-4　家居卖场营运模式

统计显示，当前连锁卖场的运营模式主要分为出租店铺与仓储超市两种，但只有36%的卖场采用仓储超市模式，出租店铺模式占了64%的比例，大多数卖场选择了旱涝保收、坐收渔利的出租方式。因为其牢牢掌握了店铺的产权，包租公随时可以轰走租客或者频繁提高各种条件，这也是连锁卖场被人诟病最多的地方。除宜家外，败走中国的家得宝、欧倍德，陷入经营困局的百安居等从某个程度上又在诠释着仓储超市在中国的水土不服。

相较于服装、食品的零售终端模式多样化而言，连锁卖场作为家居零售终端当前的模式略显单一，是否还有更多的运营模式有待开发呢？当然，红星美凯龙、居然之家等大型卖场近年来不惜代价试水电商，也算是一种模式创新，但成效堪忧，家居连锁卖场亟待创新。

7. 自有物业成趋势，租赁物业竞争力下降

目前，有64%的企业租赁场所搭建卖场，租赁+自有物业的占比27%，自有物业的卖场占比9%。宜家所有店面全部是自有物业；红星美凯龙、居然之家、百安居属于租赁和自有物业各占一部分；月星、香江欧亚达等是纯租赁物业。

随着近2年来红星美凯龙、居然之家、宜家频繁的圈地运动的展开，将有越来越多的自有物业卖场被投入使用，其营运成本的降低、稳定性的增大等多种利好将增加这些卖场的核心竞争力，未来的话语权将更集中于持有自有物业最多的卖场手中。

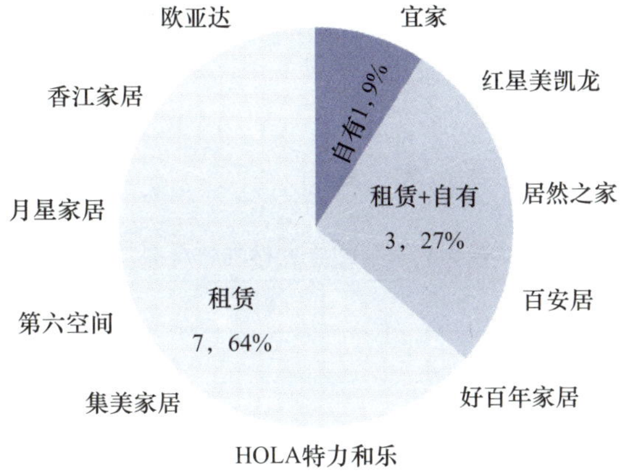

图 2-11-5　家居卖场物业形式

8. 差距越来越大垄断已经形成

表 2-11-3　家居卖场经营业绩排名

企业名	近年业绩（亿元）
红星美凯龙	500
居然之家	300
月星家居	100
欧亚达	100

续表

企业名	近年业绩（亿元）
集美家居	100
宜家	63
百安居	36.67
好百年家居	10.8
HOLA 特力和乐	7
香江家居 \ 金海马	
第六空间	3.12

无论是从网点的数量，还是从综合业绩的表现来看，连锁卖场布局差距越来越大，垄断格局已经形成。

红星美凯龙以网点总数 113 家，总业绩超 500 亿人民币当仁不让的成为家居连锁卖场之王；居然之家以网点总数 78 家，总业绩超 300 亿人民币成为行业季军。这两个巨无霸远远的把其他连锁卖场甩在了千里之外。

第二梯队的月星、欧亚达、集美家居业绩均约 100 亿，店铺数量分别只有 25、18、8，追赶需待时日和实力。

第三梯队的宜家单店盈利能力挺好，但网点数量太少；百安居店铺总数还坚持在较高位置，但始终在为扭亏挣扎，均处在生存和谋局布势期，暂时难以形成垄断之势。

之后是好百年、特力和乐、香江家居、第六空间等，无论从店铺总数，还是业绩综合来看，根本不足以与巨头抗衡，甚至有些还无法与地方本土卖场形成竞争。

表 2-11-4　家居卖场网点数量

企业名	总网点数
红星美凯龙	113
居然之家	78
百安居	39
香江家居（金海马）	34
HOLA 特力和乐	32
月星家居	25
欧亚达	18
宜家	15
好百年家居	11
第六空间	9
集美家居	8

二、连锁家居卖场网店布局分析

表 2-11-5　连锁卖场全国省市布局对比表

连锁卖场	覆盖省份	副省或计划单列市网点数	地级市或直辖市辖区网点数
红星美凯龙	24	27	86
居然之家	22	10	68
香江家居	13	16	18
月星	11	7	18
欧亚达	11	9	9
百安居	11	19	20
特力乐	9	8	24
宜家	9	8	7
好百年	6	6	5
集美	4	1	7
第六空间	3	6	3

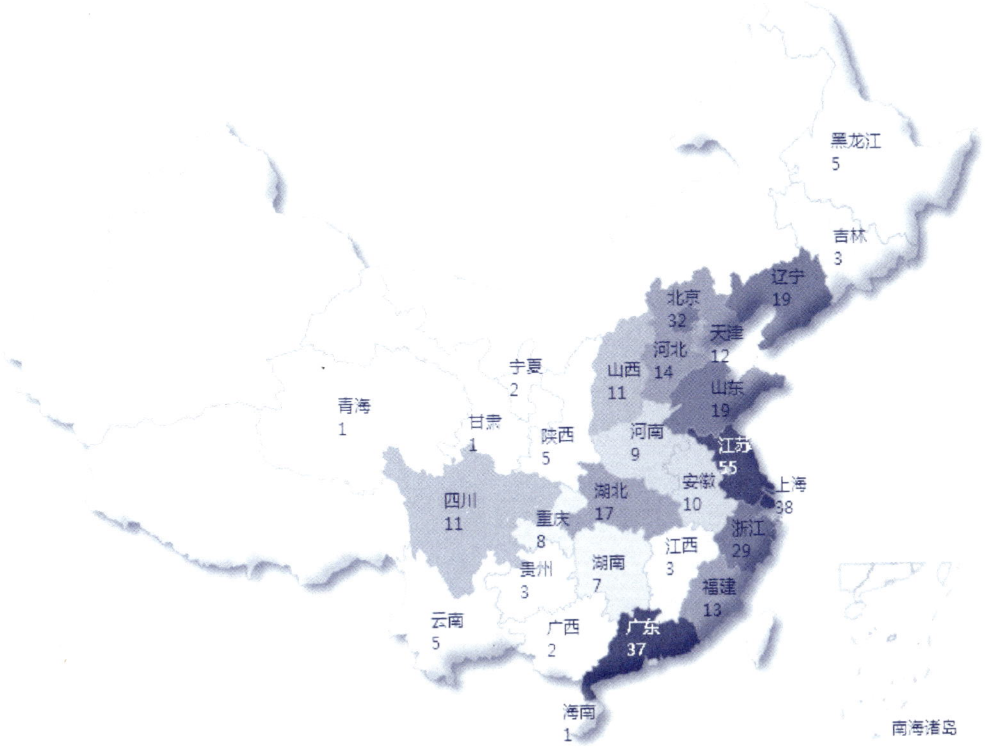

图 2-11-6　中国建材家居业主要流通企业网点分布

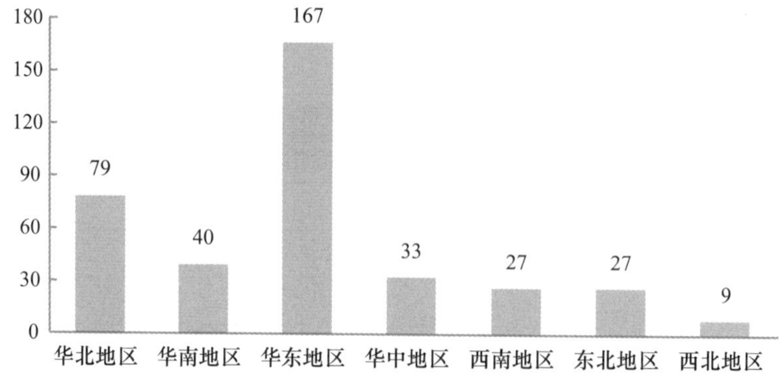

图 2-11-7　家居卖场大区分布

截至 2014 年 4 月 10 日，纳入统计的连锁卖场全国区域分布与经济发展关联，经济优势区域华东地区 167 个，占总量的 44%；其次华北 79 个、华南 40 个；华中 33 个、西南和东北各 27 个、西北仅 9 个，四个区域总量不及华东一个区域。

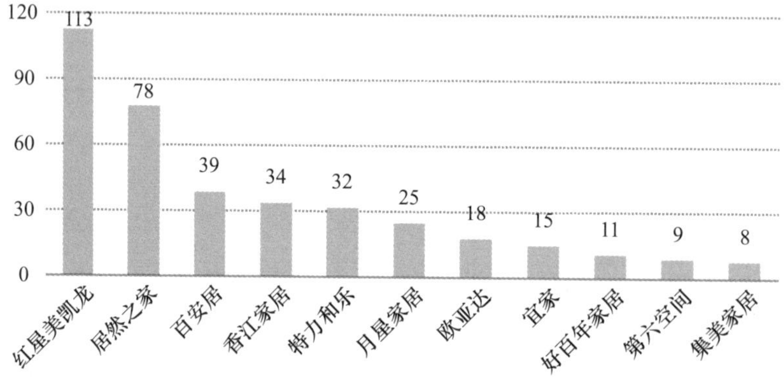

图 2-11-8　中国建材家居业主要流通企业网点规模

截至 2014 年 4 月 10 日，纳入统计的连锁卖场网点全国总和为 382 个，其中红星美凯龙 113 个，居然之家 78 个，百安居 39 个，香江家居 34 个，特力乐 32 个，月星 25 个，欧亚达 18 个，宜家 15 个，好百年 11 个，第六空间 9 个，集美 8 个。

1. 红星美凯龙

截至 2014 年 4 月 10 日，据公开资料显示，红星美凯龙在全国范围内开了 113 家店，店铺覆盖 7 大区域 24 个省市。其中华东地区有 63 家分店，占据总量的 55.7%。作为发源地的江苏分店数量为 25，占据全国总量的 22%，占华东地区 39.6%。

从覆盖省市图表上看，除江苏外，上海、辽宁、河北、广东、北京、山东、福建、浙江这个几个省市分店数量都达到 5 个以上，这几个城市都分布在沿海和以北京为中心的地区，属于重点部署区域，也是红星美凯龙收益的主要来源。2011 年红星美凯龙黄金周全国销售总额为35.7亿，上海、北京、江苏、华北（河北等）、中原（河南等）、苏南（浙江等）各占2亿以上。

红星美凯龙在偌大的东北区只在辽宁占据了5个席位，是因为北上的市场被老对手月星家居和居然之家瓜分，且辽宁本地与居然之家有着激烈的竞争。

红星美凯龙经历了27年的沉淀与发展，目前在中国内陆31个省市中除了海南、江西、西藏、黑龙江、甘肃、青海、新疆暂时还是空窗期外，其他省市都插满了它的旗帜，是拥有分店数量最多、分布最广的家居连锁卖场，成为名副其实的一哥。

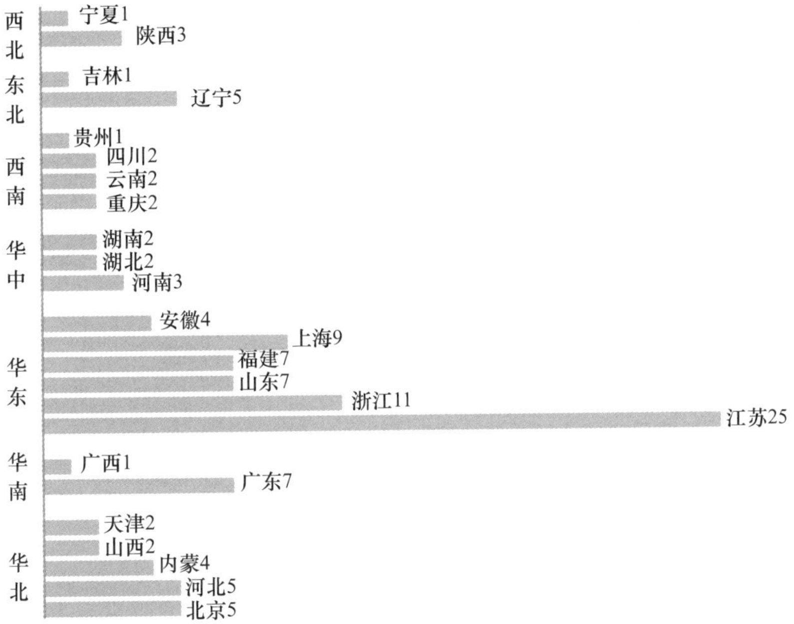

图 2-11-9 红星美凯龙网店覆盖地区

2007年是红星美凯龙发展道路上的重要转折点，这一年董事长车建新确立了上市的战略目标，红星美凯龙开店的节奏全面提速，尽管经历了2008年的金融危机，在百安居、家得宝等实力资金都很雄厚的外资企业纷纷退缩之时，红星美凯龙仍旧逆势扩张，至2012年4月建成第100座家居Mall。能逆势扩张并不意味着上市之路就一切顺利，高速扩张承担着资金链的压力，红星美凯龙为此曾三次融资，分别获2亿美金、26亿人民币、15亿人民币以支撑发展；同时也引发了圈钱门、并购门等负面事件。

不过红星美凯龙在实现“2020年全国门店数达到200家”扩张计划时面临着前所未有的挑战，即电商冲击！电商分流的时代，红星美凯龙能否进一步瓜分中国，权且拭目以待。

2. *居然之家*

据公开资料显示，居然之家目前在全国范围内开店78家，店面覆盖区域是中国连锁卖场中除红星美凯龙外唯一一个遍及中国7大区的企业。居然的卖场分布并未在任何一个省市有超过 10 家以上的布局，或许这个数字会在 2014 年被打破。不过居然之家区域整体的布局不可低估，华北区的总和占据了全国卖场总数的 37%，其次是华东地区占 20%。分布店铺数量最多的城市分别是：山西 9 个、北京、山东、辽宁各 8 个。在辽宁居然之家相比对手红星美凯龙的 5 家分店胜出一筹，但两家在争夺东北市场关口市场的激烈程度可从卖场数量上看窥见一斑。

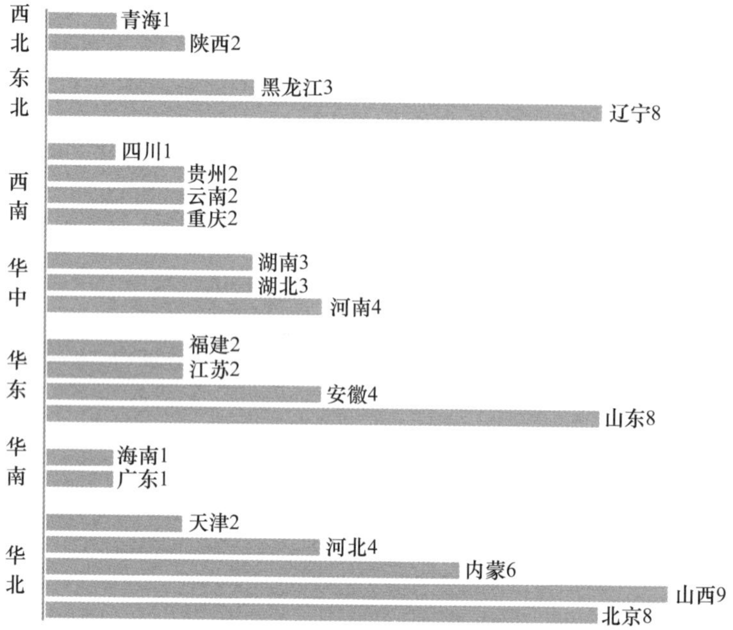

图 2-11-10　居然之家网店覆盖地区

北京作为居然之家的“祖籍”分布了 8 家连锁店，北京特殊的地理、经济、政治优势被各大卖场视为价值高地，内有红星美凯龙的 5 家分店、集美家居的 4 家和曾经显赫的东方家园 5 家分店；外有百安居 5 家分店，特力和乐 8 家店，宜家 2 家分店以及曾经声势浩大的家得宝纷纷在这个市场跑马圈地。显然，北京的竞争是残酷而血腥的，无论内外品牌适者生存，否则或破产、或退出中国市场。居然之家竟能在这样的竞争中占据北京市场的 25%，刨开软装品牌，这一数字扩大到 33.3%。事实上，北京对居然之家的市场回报也颇为丰厚，居然之家 2013 年全年实现市场销售 296 亿元，同比 2012 年增长 24.9%，其中北京地区实现销售 98 亿元，北京旗舰店一家就能贡献 30 个亿，占比达 10%。

值得一提的是，上海是红星美凯龙的主要利润源，作为红星美凯龙全国范围内劲敌的居然之家在上海的部署居然是 0。居然之家和红星美凯龙在很多地区的竞争都咬得很紧，比如辽宁、内蒙、北京、山东等，两个企业曾为了争店址在北京和重庆把矛盾摆上台面。即使在广东、安徽、福建等地居然之家被红星美凯龙“包围”处于劣势地位，但它都能抢占 1 ~ 2 个席位，在经济发达如上海、浙江的地方，居然之家却没能列席。

居然之家是大型国有控股股份制企业，1999 年成立，2005 年在太原开出了走出北京的第一个店，2006 年迈进沈阳，至此以山西和辽宁两个点向南北市场扩张。虽然起步比红星美凯龙晚 13 年，但纵观中国家居连锁卖场无论从卖场的整体数量、分布区域和业绩上看，能与红星美凯龙匹敌的就是晚起步的居然之家。所谓南红星北居然，二者各占中国家居卖场的半壁江山。且居然之家有着旺盛的生命力，近半年来已经签约或招商的店铺有凯里店、银川店、绵阳店、大兴店、岳阳店、沈抚店、广元店、孝义店、荆门店、张家口店、大足店等，进一步瓜分中国。

3. 月星家居

据公开资料显示，月星家居在全国开出了 25 家连锁店，这个总数相当于红星美凯龙在江苏一个地区的数量总和。虽然数量上和红星美凯龙、居然想去甚远，但区域分布上月星家居不甘落后将自己的棋子安插在 6 大区域内，所以月星家居在区域布局上也算是遍及全国。

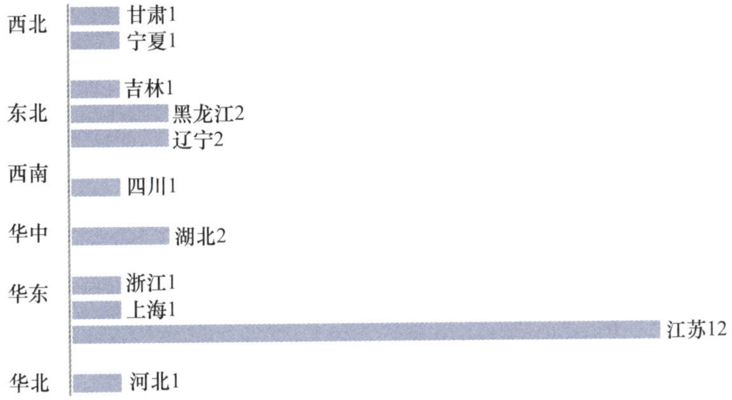

图 2-11-11　月星家居网店覆盖地区

同红星美凯龙一样，月星家居的发源地也是江苏，这里聚集了月星家居近半数的分店，整个华东地区共 14 家店，占总量的 56%。在江苏这块地皮上，连锁家居卖场总量为 55 家，其中红星美凯龙占 45%，月星家居占 22%，二者占据了江苏市场的主导权，彼此也是在这个市场上的主要竞争对手。

江苏这个大温床同时孕育了红星美凯龙和月星家居两大家居卖场品牌，“兄弟”俩走出江苏的路径截然不同，红星美凯龙在浙江布局 11 店、上海 5 店、福建 7 店、广东 5 店，踩着高速扩张的步调向南进军。但月星家居的南扩路线止于浙江杭州的 1 个分店，相反在北上的路径中绕开北京地区的红海厮杀，在东北地区找到扩张的土壤。月星家居在 2007 年先后在哈尔滨、大连开分店，并以大连店作为主力店扩张东北地区，2009 年入住长春，2010 年吉林、黑龙江两省分别各开一间分店，完成现在的布局。至此，东北连锁家居卖场共 27 家，居然之家占 40.7%、月星家居占

18.5%、红星美凯龙占 22.2%。从分布上看，月星家居在东北地区甚至扩张到了红星美凯龙未能涉及的市场。

月星家居成立于 20 世纪 90 年代初，至今已有 23 年，跟红星美凯龙一样有着悠长的企业历史，且二者属同根，但是在家居发展的速度上，月星家居远远落后于红星美凯龙。原因在于 21 世纪初月星集团不再围绕家居做单线业务，开启了商业地产和住宅地产的开发历程，至今在全国已开发了 10 个项目。置业集团跟随房地产市场扩张的同时，家居集团的扩张速度缓慢，以至于董事长丁佐宏在参加家居论坛时被戏称为“不属于行业内人”，但丁佐宏称对家居集团仍寄予厚望。2010 年 3 月月星家居曾发布五年内达百店的计划，如今剩两年的时间，不知月星家居能否在家居巨头、电商巨头的挤压下达成目标。

4. 欧亚达

公开资料显示，欧亚达家居在全国拥有 18 家连锁店，遍布中国 6 大区域，主要活跃在以湖北为主的中部地区，这里集中了其 44% 的卖场。数据显示，华中地区家居卖场的主要竞争地在湖北，湖北卖场总数占华中地区的 51%，而欧亚达占湖北市场近 30% 的份额。这家发端于武汉的企业是中部家居卖场崛起的主力。

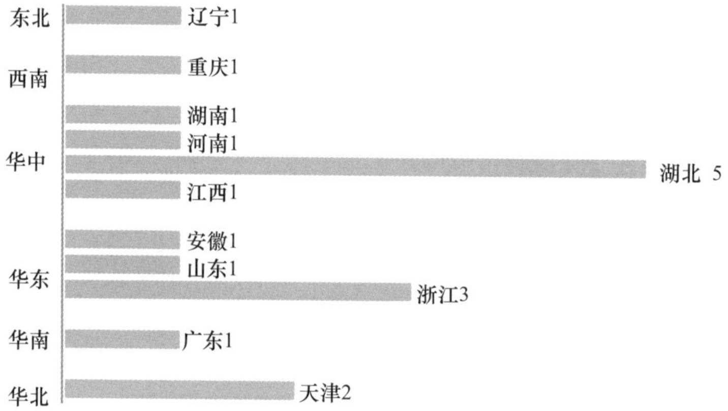

图 2-11-12　欧亚达网店覆盖地区

有 21 年企龄的欧亚达在全国扩张的势头并不迅猛，走出中部的欧亚达分别在华北、东南、西南、东北布局了一间卖场，基本上没有叩开上海、北京等地的大门，且涉足的一线城市甚少，多向二三线城市扩张。数据显示，欧亚达在华东地区布局了 5 间卖场，其中浙江 3 家，这里算是欧亚达除总部外重点部署的地区。定位为中高端卖场的欧亚达进军浙江市场并不容易，曾一口气拿下三个店面，其中单体面积最大的滨江店投资 8 亿，开业 2 年，经营亏损 1 亿后撤离。

杭州滑铁卢应该是欧亚达高歌猛进之时，摔过最大的一个跟斗，它曾想实现“2014 年，在北京、上海等一线城市布局，届时在全国将建成 50 ~ 60 家连锁店，实现总营业面积 300 万 ~ 400 万平方米。2015 年，欧亚达家居连锁卖场将达

80 ~ 100 家，经营总面积将达到 600 万平方米”的理想。2014 已开局的今天看来这家经验老道的企业不得不放慢脚步，稳住根基，朝多元化发展。

5. 集美家居

数据显示集美家居目前共有 8 家连锁店，其中 7 家在华北地区，另外一家在华东福建。集美家居跟居然之家一样是土生土长的北京品牌，它的布局也以北京为主，华北 7 家店有 4 家分布在北京，河北和天津的 3 家也离北京不远。

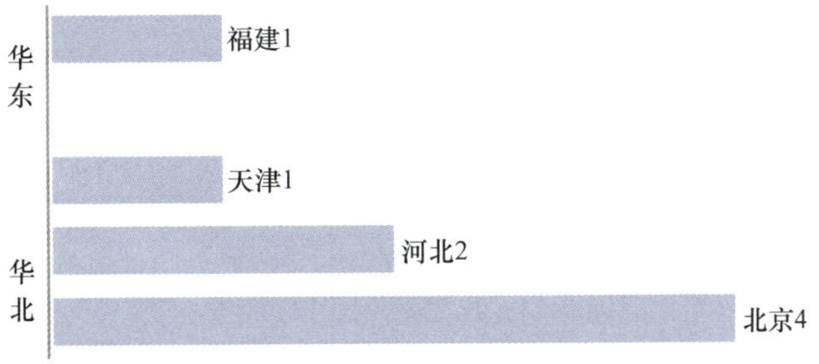

图 2-11-13　集美家居网店覆盖地区

这个创建于 1984 年家居卖场的品牌堪称京城老字号，是本次中国本土家居卖场企龄最高的品牌。在近 30 年的发展中它并未像东方家园一样在急于全国扩张，一直深耕北京市场，所以如今可以和红星美凯龙、居然之家两个国内品牌在北京市场形成三足鼎立之势。从另一个方面说，集美家居也是一直想立足北京并努力冲出京城走向全国的企业，它曾经也有过高度的扩张热情，但经历 2012 年前后集美天津王兰庄店、水屯店、厦门店的“闭店纠纷”，被迫放慢了脚步。2013 年家居环境变暖，集美又开始了它扩张的步伐，6 月唐山华顺集美家居建材博览中心破土，8 月燕郊店开业，同月卢沟桥店招商接近尾声等，环首都扩张的气势再次张扬。

6. 宜家

宜家这个在全球 26 个国家和地区，拥有 290 家商场的瑞典品牌，自 1998 年进入中国以来就一直按照自己的方式缓慢发展，丝毫不受比它晚进中国的百安居高速开店或者疯狂撤店的影响，至 2012 年底共 14 年的时间才开 11 家商场。2013 年被称为“龟速”发展的宜家一口气新增了三家店，其中两家分别是成熟市场上海和北京的第三、第二家分店，另一家是在浙江宁波新开辟的市场。截止统计日期，宜家总共 15 家商场，分布在中国 6 大区，华东地区占 40%，其次是华北占 20%，东北、西南、华南平均瓜分剩下的 40%。

众所周知，宜家龟速发展原因之一是对店址有着严格的要求，既需要城市经济发达、交通便利区域，也要地价便宜。基于前者的要求，宜家早期的商场都选址了经济条件优越的北上广等城市，数据上显示这几个城市都有 2 个以上的商场，其中作为跳板进入中国的上海有 3 个商场，是宜家在中国市场里单个城市布局商场最多的城市。辽宁地处环渤海经济带区位经济优势明显，且作为东北市场的入口，是家居卖场这些兵家必争之地，红星美凯龙、居然之家皆在此有 5 个以上的布局，谨慎而精明的宜家当然也没有错过这块沃土。

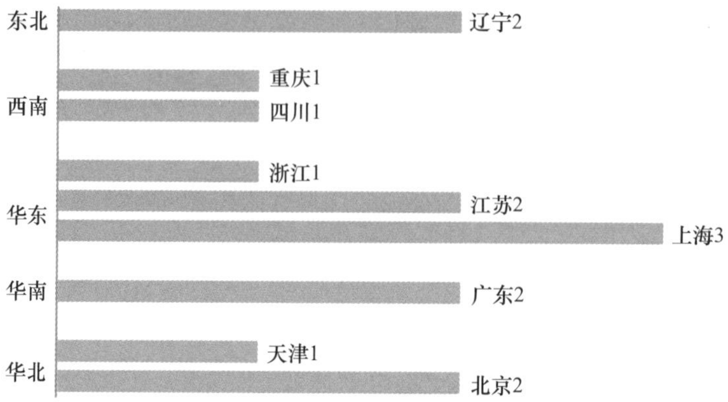

图 2-11-14　宜家网店覆盖地区

资料中显示宜家现有的 15 个商场中，除四川成都商场和新开的重庆商场在内陆西部以外，其他全都分布在沿海一带。宜家在中国 15 年的发展过程中重心偏向于经济发达的沿海城市，2013 年底新开出的西红门商场和宝山商场都布局在经济发达地带。这些地区是宜家已培育成熟的市场，所以敢开出第二店、第三店。对于新兴市场和内陆市场的开辟宜家的态度还是颇为谨慎，尽管全国的宜粉们的呼声远远高出宜家的行动。不过宜家似乎已经意识到广大的内陆市场的重要性，2014 年后龟速和重沿海的格局被打破，3 月开业的商场在重庆，且第二店选址在进行中，成都的第二店成功拿地，西安的项目正在建设，还有武汉在建的宜家购物中心等等这些即将开业的卖场都在中西部地区。

宜家在中国的发展，在中国的企业和其他外资企业眼里都是一个奇迹。第一，百安居、家得宝都曾经高调进场、高速开店却遭遇严重的水土不服问题，一场经融危机后，家得宝退出了中国市场，而百安居还在苦苦的关店扭亏。第二，2013 年是家居电商和传统卖场正面交战的一年，尽管有代工厂的李鬼事件，但是宜家没有受到电商的威胁，反而收获 63 亿的业绩，同比增长 17%。宜家模式也颇受业内称道，它改写了外资卖场在中国的命运，不惧电商冲击，同时还改变了中国大型卖场叫座不叫好的状况。2014 年宜家在中国带着它的重型资产或许真正进入扬帆远航时代。

7. 百安居

百安居是世界 500 强英国翠丰集团的欧洲第一、世界第三大建材零售企业，目前在华 6 大区域拥有 39 个连锁卖场，华东地区的布局占 53.8%。作为登录之窗的上海至今仍有 10 家店。

39 这个数字跟同在 1999 年起步的国内品牌居然之家相比想去甚远，但是比同是世界 500 强且先入中国市场的宜家来说又要高出很多。不过宜家和居然之家做的是加法，而百安居做的是减法。

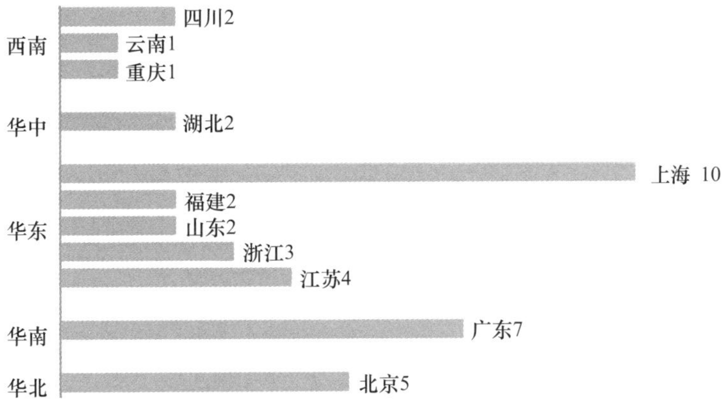

图 2-11-15 百安居网店覆盖地区

百安居进入中国至 2004 年的 5 年正处于中国建材业的黄金时期，高额的回报让百安居对中国市场充满了极大的期望。尤其是 2004 年百安居中国销售额 10 倍的增长让执行者马杰瑞欣喜若狂。第二年百安居收购了德国欧倍德的 13 家店以达其迫切的扩张需求。2006 年又新开了 14 家门店，门店总数达到 49 家，是百安居在华扩张最快的一年。门店数量的顶峰是在 2008 年达到了 63 家，此后这个数字如同倒抛物线迅速下滑。

2007 年，是百安居在华盈利的最后一年，经融危机后百安居苦苦挣扎在关店扭亏的困局中。2008 年中国区销售额剧降 32%，中国业务成集团最大的短板。2009 年进入关店潮，百安居宣布关闭现有 63 家门店中的 22 家，其中大部分是 2005 年收购的欧倍德门店。在数据资料中我们看出，百安居尽管遭受折翼之痛但仍在中国 6 大区保存实力，唯独东北地区不见踪影。按照百安居对利润的嗜血性格，不可能放弃这块市场。事实上百安居通过收购欧倍德和普马卖场时就分别在沈阳和哈尔滨布局，而关店潮中将这些收购的负累撇下。直至 2012 年关掉南京 4 店中剩下的最后一个店，构成了百安居现在的格局。

百安居在中国的步伐一直走在迷途中，对利润狂热的迷途，盲目扩张的迷途，并购难消化的迷途，管理层矛盾的迷途，盈利模式的迷途，零供矛盾的迷途以及扭亏的迷途等。业内称百安居非倒在对手面前，是自己将自己绊倒。所幸的是他们有强大的资本背景支撑着中国市场，但是家居行业新挑战来临之际，不知百安居漫漫扭亏之路还有多遥远……

8. 好百年

数据显示，好百年家居目前在全国拥有 11 家连锁卖场，分布在长江以南的地区，华东地区的布局占其总量的 63.6%，主力仍保留在起源地广东深圳地区。广西、福建、上海、湖南、四川各有一店。这是深圳好百年在华南城控股下的全部资产，但回到十年前它也曾有过辉煌的扩张史。

图 2-11-16　好百年网店覆盖地区

起步于 1999 年的深圳好百年，先后在深圳开设了 7 家大型家居主题商场，扎稳根基。从 2002 年上半年开始逐步由区域市场向全国市场扩张，到 2005 年上半年，好百年已在深圳、上海、北京、长沙、珠海、大连、福州、成都、杭州等全国大中城市开设了 17 家，在家居界拥有数一数二的地位。门店巅峰时期是在 2007 年，达到 20 家。此后好百年就再也没有突破这个数字，因为它深陷撤店的泥沼中。大连店、郑州郑东店、重庆辅仁店最为典型，在“北伐西进”的时候开业仅一年或尚未满一年关闭。2013 年 6 月深圳市中心 13 年老店撤场引起不小的震动，根基动摇，好百年无奈从扩张长三角、环渤海地区的步伐中退守根据地。至华南城接手时，只剩下 6 城 9 店。

在店多为王的时代，好百年的行业领先的地位迅速被 2006 年后高速扩张的红星美凯龙和居然之家超越，逐渐走向边缘化。正所谓最先出名的人不一定会笑到最后，好百年曾身居一线，占了市场的先机，却因为两次战略失误（2006 年高端卖场“美庭”和 2008 年电子商务“e 购”的失利），错过了最好的扩张期，而抱憾落寞。另一方面，因其涉足资本却无法灵活掌控资本，导致其两度易主，最终让这个老品牌寄居在华南城下，至今未有实质性的发展。

9. 特力和乐

特力和乐是台资企业特利集团旗下的一个品牌，2004 年进入中国的品牌是特力屋，拥有百安居的资本背景，2011 年 9 月特利集团将两个品牌合二为一统称“特力和乐”。特力和乐在中国大陆近 10 年的发展有 32 家店分布在华北、华中、华东、西南四大区域。特力和乐进入中国最初的设想就是以上海和北京为支点向全国扩张。因而其在上海有 10 家店，北京有 8 家，共占总数的 56.3%。2012 年开始大范围渠道下沉将分店布局在重庆、天津、石家庄等二线城市。

特力和乐在中国大陆 10 年 32 家店 200 万会员，相比台湾 14 年 17 家店 270 万会员来说，大陆市场有着无穷的潜力。盈利能力正好相反，2011 年大陆 27 家店营收不到 10 亿，而台湾市场在 2003 年以前 14 个店就有 20 亿的收入能力。尽管从营收上看特力和乐在中国处于长时间亏损的状态，但是没有消磨掉决策层对中国市场的信心。特力和乐执行长童至祥坚信能在短时间内扭亏，仍然依靠特力集团的财力投入中国特力和乐。

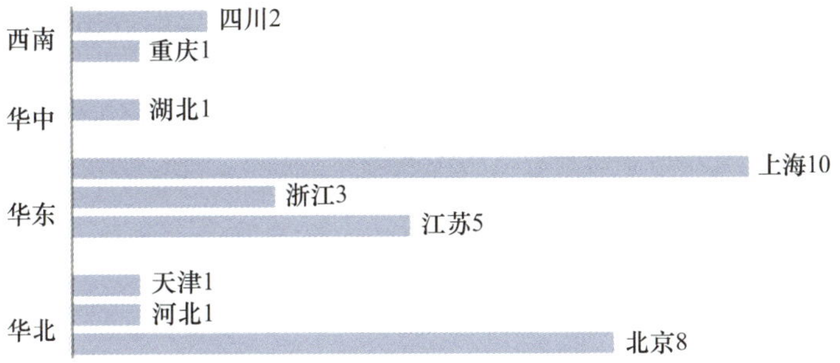

图 2-11-17　特力和乐网店覆盖地区

特力和乐在努力适应中国，2011 年名称合并就是为迎合中国市场的特点做出的改变。中国人的习惯是重建材轻装饰，特力屋主软装，特力和乐主建材，合并后的品牌力量更为集中，以培育特力自己的市场。特力和乐在中国开店也有自己的特色，它并不像居然之家、红星美凯龙动辄 6 万甚至 10 万、20 万的体量，只有 6000 平米左右，也不像宜家坚持自建物业，与母公司也有极大的区别，它选址不在郊区，正好相反在繁荣的商业中心。在中国家居卖场同质化严重的时代，特力和乐更像是一个潜伏者，以轻资产的方式灵活布局在全国各地，培育会员群，用与红星美凯龙、居然之家等不同的体验分食中国家居建材市场。

10. 香江家居

香江家居和金海马同属香江集团家居产业的两大品牌，据公开资料显示，两大品牌在全国共有 34 家店，分布在除西北的 6 大地区，华南和华东的布局占总数的 70% 以上。有资料显示，香江集团家居产业 70% 以上的营业额来自华南地区。目前华南分店总数 13 家，全都聚集在广东，占广东大型卖场总数的 35%，在竞争激烈的广东市场，地位不可小觑。

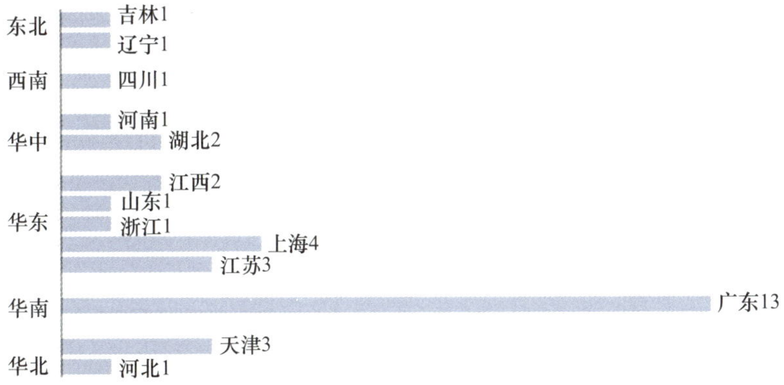

图 2-11-18　香江家居网店覆盖地区

香江集团的两大品牌路线稍有差别，金海马发展之初在深圳一带走中低端路线，以仓储式经营为主，集团本身靠金海马品牌完成原始积累而逐渐壮大的。而香江家居分为香江家居 Mall、香江家居品牌工厂批发城、香江全球家居 CBD 三大品牌，经营方式以出租模式为主。香江家居品牌工厂批发城、香江全球家居 CBD 的核心都在于卖场直接享受工厂价，本质都是降低成本，以最低价吸引消费者，这一点与金海马的低价性质一致。香江家居 Mall 走的是中高端路线，金海马 2005 年始也在尝试走高端路线，同一个集团的两大家居品牌同时进攻低价市场和中高端市场难免会有左右互搏之嫌。

香江集团家居产业发展历史已有 23 年的历史，在它发展的高峰拥有连锁卖场近 70 家，与现在的数量相比缩水 50%。香江集团热衷于资本运作，2003 年主打房地产业的南方香江控股山东临工，集团借此成功上市。现如今定位不清的两大品牌似乎沦为房地产开发的敲门砖，因为香江集团一贯的拿地风格，并非通过招拍挂的方式，而是采取规划家居 CBD 项目的形式，一次性拿下几千甚至上万亩的土地，再边开发边转变土地用途。香江集团成功拿下成都、香河、安徽省滁州市的大宗土地分别以开发成都香江全球家居 CBD、香河香江全球家居 CBD、南京湾香江全球家居 CBD，三地的家居 CBD 都已初具规模。但无论是房地产还是家居业本身，香江集团运营得并不太成功。香江集团房地产的去化率缓慢；成都香江全球家居 CBD 投入近百亿，空置率高、人流量低；南京湾香江全球家居 CBD 陷入虚假拿地，并未开发家居 CBD，私自改变土地用途的丑闻。香江控股 2012 年利润总额只有 1.27 亿元，似乎难以承载香江全球家居 CBD 九大全球家居交易集散平台的梦想。

11. 第六空间

第六空间始于 2002 年，是国内家居卖场起步最晚的品牌，至今在浙江、安徽、江苏三省拥有 9 个卖场，没有走出华东地区。浙江店铺数量占其总量的 66.7%，其中杭州作为发源地有 5 家卖场。杭州曾经是众多家居卖场品牌竞相争夺的地方，居然之家、欧亚达、好百年等在 2008 年前后都纷纷在此扩店，但最后都败走麦城。第六空间在杭州的 5 个卖场有不小的竞争力，胜过行业老大红星美凯龙的 3 家卖场，占杭州卖场总量的 33.3%。

和吉盛伟邦一样，第六空间与红星美凯龙等行业巨头走的是不同路线，吉盛伟邦是将国内家居业推向国际；第六空间是聚集全球高端品牌，追逐家居界的时尚；而红星美凯龙等主攻全国开店，扩大市场规模。旗下有两个品牌：一个是 1999 年创建的佳好佳，另一个就是 2002 年打造的高端品牌第六空间。佳好佳品牌有三个卖场，全在杭州境内。佳好佳居饰商城是综合性的中高端家居建材城，在 2003 年就已经成为杭州主流卖场。主帅邢积国不满足于中高端建材市场的发展，2002 年向高端进发主要精力都放在第六空间上，但随后对佳好佳品牌的布局并没有同其他品牌卖场一样简单复制，而是分别创立了佳好佳 1+1 国际卫浴瓷砖广场和以壁纸为中心的佳好佳美居装饰材料商城。

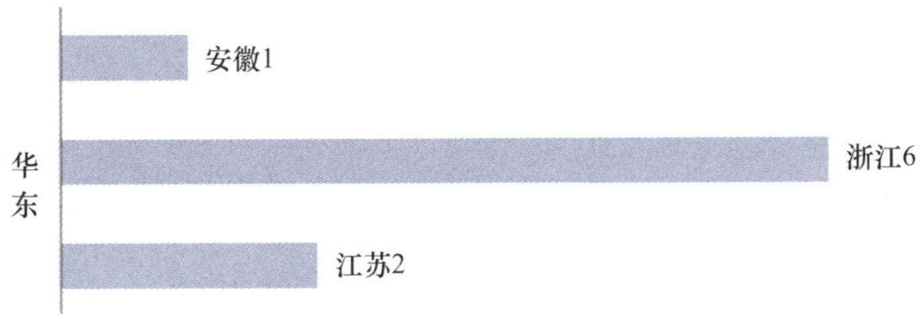

图 2-11-19　第六空间网店覆盖地区

第六空间这个一开始就奔着国际品牌出发的家居卖场最初由香港名牌美兆家具支撑，邢积国花费一年多的时间谈下 NATUZZI，开启了杭州家居奢侈之路。在邢积国眼里中国有两大著名奢侈家居专卖场：一个是北京的中粮广场，一个是上海虹桥吉盛伟邦。第六空间艺术生活广场的成就在于其所拥有的国际品牌数量在 2006 年就已经超过以上两家。在高端领域里，第六空间在本土击退了好百年的美庭，杭州的这块市场纳入其囊中。然而引入高端的代价是高昂的运营成本，所以每每提到的营收时，第六空间都显得特别谨慎。邢积国也有着把第六空间开到全国的 25 个城市的野心，但是每单至少 20 万的消费并非每个城市都能吃得消。

关于本统计的说明：

由于近年来，为了发展的需要，经国务院批准，一些省市对所辖区域中的地级城市、县级城市（包括副地级城市）进行了调整，但是这些调整后的数据，并没能在全社会阶层得以即时普及和更新。其次是一些城市的经济技术开发区和管理区并非真正意义上的行政区，但也被社会部分人士作为行政区对待。为了统计标准的统一，泛家居网本次统计将完全采用被统计企业官方网站公布的原样信息。因此我们报告中提供的地级及以下级别城市的数据，可能与实际情况存在着误差。

红星美凯龙网点统计包含吉盛伟邦 6 个网点。

为区域经济的协作与发展，我国目前将内地 31 个省级行政区划分为 6 大地区，分别是：华北区、东北区、华东区、中南区、西南区和西北区。六大地区的省级行政区划分：

华北区：北京市、天津市、河北省、山西省、内蒙古自治区；

东北区：辽宁省、吉林省、黑龙江省；

华东区：上海市、江苏省、浙江省、安徽省、福建省、江西省、山东省；

中南区：河南省、湖北省、湖南省、广东省、广西壮族自治区、海南省；

西南区：重庆市、四川省、贵州省、云南省、西藏自治区；

西北区：陕西省、甘肃省、青海省、宁夏回族自治区、新疆维吾尔自治区。

第十二章　全国建材物流信息化建设指导意见

为了积极贯彻党的十七大提出的“要坚定不移的以科学发展观统领经济和社会发展全局，大力推进信息化与工业化融合，促进工业由大变强”的方针，以扎实的行动落实国务院提出的“物流业调整和振兴规划”、“新兴产业振兴规划”和淘汰高能耗落后产能、加快节能减排步伐等政策和指示精神，特提出全国建材物流信息化建设指导意见，以期运用科技信息化手段推动全国建材行业的经济转型、提升行业发展质量和核心竞争力。

一、加快建材物流信息化建设的意义

建材行业是我国国民经济的基础产业，占据着重要的经济地位，建材行业的经济转型对整个国民经济具有全局意义。建材物流是建材行业进行现代化发展中的一个重要环节，目前也是我国建材行业中的一个薄弱的环节。2008 年的世界经济危机使这一点更是暴露无遗。建材产品种类繁多，产品及生产用原燃材料又具有各自的特性，导致了其物流的多样性和复杂性，由于缺乏信息化的统筹管理，造成建材物流成本高居不下，遇到大的经济波动，既无法预警，也无法快速找到应对的办法。这样不但会影响建材行业的快速发展，也会阻碍建材行业的战略经济转型。在各行各业都在利用新兴的信息产业提升自己之时，特别是以“一物一址、万物在线”将人、物、电脑全都互联在一起的“物联网”的产生后，建材行业的信息化已是刻不容缓。因此，加快建材物流信息化建设，打造一个智能化的建材物流体系是全建材行业立足当前与谋划长远相结合的重要举措。

二、存在的问题

目前，制约建材物流信息化发展的主要因素是领导认识不足、资金投入甚少、信息人才匮乏、适用软件短缺、专业服务较差等五个方面。存在的问题主要表现为：

1. 建材物流信息化建设基础设施不足

目前只有少数有前瞻性的企业设立了建材物流信息调配中心，大多数企业只有少量的计算机，物联网设备更是少之又少。

2. 建材供应链信息化建设缺失移动元素

虽然有些企业有了一定成熟的信息化解决方案，但在移动互联网领域应用较少。“物联网”在一些企业甚至连概念都没有，更不知如何应用，使得其信息系统没能发挥出应有的效能。

3. 企业信息化系统存在“信息孤岛”现象

许多企业有了一定的信息化规模，但由于各个系统在规划建设时没有协调一致，建设时间也不一致、开发人员水平不同等原因，导致系统的硬件、操作系统、运行支撑环境、数据存储有很大的差别，系统之间很难互相共享信息，造成了条块分割、形成了一个个“信息孤岛”。

4. 系统过于独立，集成难度极大

一些建材企业信息系统不仅在操作、控制、管理等层面得到应用，而且已延伸到了决策层，每个系统都能够解决一个专业范围内的控制和管理。但这也带来了一定的问题，这样发展起来的信息系统在信息采集、加工和存储等方面基本是着眼于自己领域内的信息，在物联网到来时代，会在后期对各个系统的集成带来较大的困难。

5. 整个建材行业信息化无标准可依

在建材行业，甚至在一个企业内部，都无法统一设备和原料、物品的代码，“信息孤岛”很多。由于建材企业信息化建设的前期，倾向于生产方面，投入了一定的力量，但物流方面甚少，再建设的物流信息化设施与前面的建设会带来制式方面等许多差距，这都是无统一标准造成的，同时也加大了信息化建设的成本与困难。

6. 电子商务开展极少

在建材物流方面，电子商务是大有作为的，但由于信息不能共享，条块的分割，使企业在电子商务上受到了阻碍。许多企业也不愿再在这方面下工夫。

充分认识加快建材物流信息化建设的重要性和紧迫性以及难点所在，为我们开展该项工作奠定了思想基础。

三、发展建材物流信息化的目标

1. 通过对供应链的信息化建设，使建材生产企业的采购、库存、销售、配送、客户管理在一个信息系统下智能运行，资源配置达到最优化，效率大幅度提高，物流成本大幅度降低，企业竞争力大幅度增强。

2. 打造优秀的建材物流园区信息中心。用物联网的建设，集成仓储、运输、货代、包装、装卸、搬运、流通加工、配送、信息处理等各种功能，推进建材物流一体化运作，提高建材物流效率，降低成本，使之商通四方、物畅其流、智能调配，以改变建材物流园区管理混乱无序的局面，使其彻底转型升级。

3. 建设现代化与信息化融为一体的建材家居市场（卖场）。针对大多数建材家居市场（卖场）为租赁式管理的特点，用信息化实现对市场（卖场）的各种商品的透明管理和智能监控，产品配置智能化、商流物流一体化。一切以顾客为本，用信息系统配其顾客所需、便其顾客所购、易其顾客所用，听其顾客所言。

4. 用物联网的建设实现建材企业对其物流跨地区、跨国界的智能操控，抗风险能力大幅度提高。

5. 用加快信息化建设达到建材企业合理配置资源、运输、能源，以助推建材行业的节能减排，完成“全国低碳建材促进行动委员会”提出的“中国低碳建材发展路线图”，为我国实现对世界承诺的“碳减排”目标做出贡献。

四、进行建材物流信息化建设的措施

薄弱的建材物流信息化已成为建材行业发展的瓶颈，为了突破这一瓶颈，我们应在政策上、技术上采取积极有效和强有力的措施来实现我们的目标。

1. 加强宣传信息化建设的重要性、必要性和紧迫性，提高企业领导的认识。行政主管部门、行业协会、相关企业一致行动、共同努力，以“三位融合”促进“两化融合”。

2. 实施重大项目带动战略。以政府牵头指导、行业协会承办、企业支持，建设全国建材流通信息库和全国建材物流网络平台（电子口岸、综合运输信息平台、物流资源交易平台和大宗建材商品及原料交易平台），使建材物流信息资源共享，为整个建材行业和物流业服务。在地方政府支持下、扶植大型企业建立信息化建设示范基地，影响和带动其他企业的发展。

3. 通过政府授权，行业协会牵头，院校科研部门、建材企业和信息产业单位参与，加快建材物流信息化标准的制定及优先进行建材物流信息体系建设的研究。

4. 研究建立建材物流信息化建设投资基金，加大建材物流信息技术的研发与应用的投入。扶持该方面的建材生产性服务业的发展，鼓励和支持建材生产性服务业以现代化企业方式上市，用专业的投资、专业的服务开展信息化建设。支持发展建材行业的第三方乃至第四方物流。

5. 由行业协会组织好对企业的专业人才培训。特别是要培养能够将建材物流特点融入到信息产业的、掌握边缘科学的有用人才。实施培训全球战略，与国际最先进的物流培训机构合作，培训我国的建材物流信息人才。

6. 在建材生产企业、建材物流园区及建材家居市场（卖场）大力推广使用先进的信息化大中型企业管理系统、知识管理管控系统、供应链管理系统、物流优化管理系统、财务管理系统、客户关系管理系统、人力资源管理系统、生产管理系统、进销存管理系统、办公自动化管理系统等。

7. 加强建材物流信息技术的开发和应用，积极推广使用物联网。在建材行业完善物品编码体系，广泛应用条形码、智能标签、无线射频识别（RFID）等自动识别标识技术以及电子数据交换（EDI）技术，发展可视化技术、货物跟踪技术和货物快速分拣技术。将全球定位系统（GNSS）、地理信息系统（GIS）、道路交通信息通信系统（VICS）、不停车自动交费系统（ETC）、智能交通系统（ITS）等新技术引入建材物流业。

8. 鼓励建材企业发展电子商务，以其作为一种高效的业务往来和交易手段，有效克服时空障碍，提高企业业务效率、效益和综合竞争力。采取先进技术将电子商务与管理软件相融合。通过电子商务使建材产品快速进入国际市场。

9. 加强企业信息系统安全建设，有效预防边界风险（黑客攻击、病毒攻击、垃圾邮件等）、内网安全风险（主机系统漏洞、服务配置不当等）、应用风险（网页服务器、文件服务器的安全风险等）、管理风险（安全策略不善、人员安全意识淡漠等）。安全建设是信息化建设的重要组成部分。

10. 在信息产业单位推广建材交易信用等级评定，减少建材物流信息化建设中产生的诚信危机，降低建材企业购入信息服务的交易成本。

综上所述，建材企业要紧紧抓住国家高度重视信息化和信息技术迅猛发展的大好时机，切实做好信息化与生产、经营的融合，为更快地推进建材行业信息化、实现我国建材行业又快又好地发展而不懈地努力。

第三部分　大事记

2013 年度建材家居行业法规篇

1. 2013 年 1 月 1 日：国务院办公厅以国办发〔2013〕1 号转发国家发展改革委、住房和城乡建设部制定的《绿色建筑行动方案》。

该《行动方案》分为：充分认识开展绿色建筑行动的重要意义，指导思想、主要目标和基本原则，重点任务，保障措施 4 个部分。要求切实抓好新建建筑节能工作，大力推进既有建筑节能改造，加快绿色建筑相关技术研发推广，大力发展绿色建材，推动建筑工业化。

2. 2013 年 2 月 17 日：发改委环资司 188 号文件正式发布了《半导体照明节能产业规划》。

《规划》系统阐述了 LED 照明节能产业到 2015 年的发展目标、任务和措施，是近期我国 LED 照明节能产业发展的指导性文件。

3. 2013 年 8 月 11 日，国务院发布《国务院关于加快发展节能环保产业的意见》。

《意见》提出，到 2015 年，我国节能环保产业总产值要达到 4.5 万亿元，成为国民经济新的支柱产业。这是国家第一次将环保产业在经济社会发展中放在一个更重要的地位，为节能环保产业发展提供了机遇，建材家居产业将绿色建材与企业节能减排纳入整体发展计划成为必经之路。

4. 2013 年 9 月 16 日，工信部印发《产业关键共性技术发展指南（2013 年）》。

《指南》确定当前优先发展的节能环保与资源综合利用、原材料、装备制造、消费品工业、电子制造业、软件和信息技术服务业、通信业和信息化与生产性服务业等 8 大领域共 261 项技术。其中明确提出将 LED 芯片、荧光粉等环节的关键技术作为贯彻落实国务院创新驱动战略的产业关键共性技术。

5. 2013 年 9 月 1 日，《硅藻泥装饰壁材》（JC/2 177—2013）正式实施。

《硅藻泥装饰壁材》作为我国首部硅藻泥行业标准在 2011 年 5 月由工信部正式批准立项，2013 年 9 月 1 日正式实施。该标准对硅藻泥有了明确的定义，同时对其使用性、功能性、环保性都有明确的规定。标准出台后，企业生产将得以规范，百姓消费更加明白，监督质检部门也将有据可依，硅藻泥市场有望更加规范。

6. 2013 年 10 月 23 日，工信部通过多项涂料行业标准，2014 年 3 月 1 日实施。

工业和信息化部批准《低表面处理容忍性环氧涂料》等 811 项行业标准。其中，化工行业标准 149 项，涉及涂料等多方面，比如《不可逆示温涂料》（HG/T 4562—

2013)、《不粘涂料》(HG/T 4563—2013)、《低表面处理容忍性环氧涂料》(HG/T 4564—2013)、《建筑用弹性中涂漆》(HG/T 4567—2013)、《石油及石油产品储运设备用导静电涂料》(HG/T 4569—2013)、《汽车用水性涂料》(HG/T 4570—2013)等新修订标准。

7. 2013 年 11 月 9 日，中国标准化协会审批颁布的《住宅装修工程电气及智能化系统设计、施工与验收规范》正式实施。

该标准从家装的设计、施工及验收 3 个环节给出全方位建议，弥补了我国家装行业户内布线缺乏规范的空缺；同时，随着智能家电、家居智能化技术的兴起与推广、电信增值服务的普及，消费者进行毛坯房或二手房装修时，为保障使用的安全、舒适性，需要一步到位的家庭基础布线，无需日后再面对升级、维护时反复拆装等问题。该标准对提高住宅装修质量、保证住宅电气安全发挥重要作用。

8. 2013 年 11 月 12 日，国务院关于印发全国资源型城市可持续发展规划(2013 ~ 2020 年)的通知。

通知指出要支持资源优势向经济优势转化，有序推进资源产业向下游延伸，大力发展循环经济；发展绿色节能、高附加值的新型建材；加强规划统筹，优化产业布局，引导产业向重点园区和集聚区集中，完善产业链条，提升产业配套能力，促进关联产业协同发展，打造各具特色的产业集群。

9. 2013 年 12 月 1 日，《木门窗》(GB/T 29498—2013)正式实施。

这是我国首部木门窗领域的专业性细分的国家标准。《木门窗》的制定主要应用在现代建筑工业化生产的木门窗产品上。而在细节上，从木门窗的产品分类、名词术语到产品的检验、运输、贮存，《木门窗》国家标准都提出了一系列的准则。

10. 2013 年 12 月 1 日：商务部印发的《绿色板材采购规范》(SB/T 11012—2013)正式实施。

《规范》中对绿色板材及无甲醛胶粘剂生产的板材进行了定义，并为符合《规范》要求的板材产品，加贴绿色家居建材 3G 环保标志，标明符合的等级。这是国内首部对绿色板材进行规范的标准，也是我国首部向国际标准看齐的绿色板材标准，该标准的实施及推进有助于消费者明白消费。

11. 2013 年 12 月 2 日，国家工信部公布了《建筑卫生陶瓷行业准入标准》，该标准将在 2014 年 4 月 1 日起施行。

《标准》从土地供应、环评审批、能源供给、质量和安全监管、信贷、融资以及相关企业在建筑卫生陶瓷项目投资施工建设与生产运营等方面对建陶产业的发展进行多渠道、多环节的指导和规范。

2013年度建材家居行业大事篇

“规矩年”促良性发展

2013年，四大家装新规陆续出台成为家装业无序竞争的终结者，《绿色板材采购规范》中规定以绿色3G标识作为环保等级参数。几经周折的木门业首个细分标准《木门窗》顺利产生，《住宅室内装饰装修工程质量验收规范》、《家庭居室装饰装修质量验收标准2013》、《家居行业经营服务规范》也于2013年陆续推出。即使针对年中闹得沸沸扬扬的水龙头含铅事件，有关部门也在拟定水龙头新国标。

保障性安居工程利好建材家居市场

保障性住房建设是政府房地产调控重点工作，不同于普通的商品房，其建筑、设计、装饰等各方面的要求都有其特色和需求，给建材家居行业带来新的发展空间。很多建材家居企业纷纷制定相关计划，积极调整产品线迎合市场新需求，2014年，这块市场仍然是一个大蛋糕。

东方家园倒闭　建材超市模式受挫

受持续的房地产调控影响，建材家居行业销售不景气，利润下滑。2013年初，东方家园建材超市被曝因陷入经营困境关闭在京5家店面，随后全国连锁店面停业的消息不绝于耳。东方家园倒闭，股东融资的失利和模式经营失败是催化剂，单一经营模式不适应中国消费者是根本。或许探寻多元化经营方式，寻找本土化发展道路，是建材超市未来出路之一。

罗浮宫PK佛山家博城　八大协会发函沟通

2012年年末，佛山乐从罗浮宫告知部分企业及经销商，不得让该工厂的其他产品系列进驻佛山国际家居博览城，否则将罗浮宫内的现有门店予以撤场或无故终止续约的处理。针对此事件，深圳、东莞、玉环、佛山等八大协会，于2013年1月中旬向罗浮宫集团董事长发出沟通函，并于3月召开“2013中国家居行业责任对话”，呼吁卖场公平竞争。

《中国逐步降低荧光灯含汞量路线图》公布

为落实国务院《节能减排“十二五”规划》和《重金属污染综合防治“十二五”规划》，2月27日，工信部、科技部、环保部三部委联合制定的《中国逐步降低荧光灯含汞量路线图》公布。“路线图”旨在逐步降低荧光灯含汞量，减少行业用汞量及生产过程中汞排放，提高荧光灯行业污染防治水平，推动产业绿色转型升级。

佛山照明虚假陈述案

3月7日，佛山照明发布公告称，公司3月6日收到中国证券监督管理委员会广东监管局下发的行政处罚决定书，集中曝光了佛山照明过往年度在信息披露环节的诸多违法违规举动。佛山照明被处罚后，股价连跌 6 个交易日，不少受损股民要求索赔。国内不少维权律师也展开行动，征集股民起诉，引发了 500 人维权索要巨额赔款。同月底，虚假陈述正式立案受理。

喜临门推出全国睡眠指数　提升品牌形象

3 月 19 日，喜临门公司在北京发布《喜临门中国睡眠指数》，在全国范围内普及科学睡眠意识，品牌影响力随着睡眠指数的发布得到扩大。喜临门公司实施差异化和特色化的产品营销模式取得成功。

“筑巢奖”与设计周共树中国空间环境设计新标杆

4 月 23 日，“第四届中国国际空间环境艺术设计大赛——筑巢奖”启动仪式在京举行。自 2013 年起，筑巢奖将由中国建筑装饰协会与北京国际设计周共同主办，并作为空间设计专项奖纳入北京国际设计周年度设计奖体系，成为首个行业专项奖。奖项的设置，充分展示了北京国际设计周向行业纵深方向探索的初步成果，也使筑巢奖的整体规模迈上全新的高度，让筑巢奖从专业走向公众，从中国走向世界。

上市地板企业全球布局林业资源

全球木材资源持续趋紧，国内各大上市地板类家居企业纷纷转战森林资源、木材资源争夺。中国地板利用 4000 万美元融资购买中国南方的工业用速生林；宜华木业自筹资金 2.4 亿元收购 6 家在加蓬设立的林业公司股权，合法利用上述公司拥有的约 35 万公顷的林地，提高公司木材自给率。这在一定程度上也促进了国内木材产业的平稳健康发展。

推广绿色建材　建设美丽中国

6 月 15 日，中国建筑装饰协会与中国妇女发展基金会共同发起的“绿色装饰材料美丽中国行”系列公益活动在人民大会堂召开新闻发布会后，连续 6 个多月在多个城市开展宣传推广活动，取得明显成效。一方面将绿色环保、节能低碳的理念深入人心，另一方面促进国内装饰材料产业的整体绿色技术改造升级，建立美丽中国。

欧盟对中国产人造石和玻璃砖制品发起反倾销调查

6 月 28 日，欧委会发布公告称，对中国输往欧盟的人造石和玻璃砖制品发起反倾销调查。弗兰蔻贸易、福建鹏翔实业和广泰祥石材等 7 家南安企业面临欧盟反倾销调查。鉴于近年来欧盟频频向中国发起产品反倾销调查，人造石企业应加强产品技术创新，提升产品竞争力和品牌影响力，避免今后遭遇不公平贸易壁垒。

嘉宝莉、大宝等 5 企业跻身全球顶级涂料排行榜

7 月 10 日，美国《涂料世界》杂志公布了《2013 年全球顶级涂料企业排行榜》，其中嘉宝莉以 3.68 亿美元销售额连续第三年上榜全球涂料 50 强，排名第 36 位。和嘉宝莉一同进入全球涂料 50 强的中国企业还有上海涂料排名第 31 位。台湾永记造漆、大宝化工和叶氏化工三家企业，分别排名第 57 位、58 位和 73 位。

九牧乐家等卫浴品牌陷“毒铅门”

7 月 14 日，上海电视台《七分之一》栏目在对 13 个龙头样品进行 32 小时的实

验后，称发现申鹭达、摩恩、九牧、高仪等9个品牌的龙头铅超标。知名卫浴品牌齐陷“毒铅门”，涉事企业齐声“喊冤”，疑遭对手陷害引发轩然大波。虽然九牧等随后送检的同款产品都合格，但最终没有给消费者一个明确的说法，反倒是揭出行业潜规则：所有铜质水龙头都或多或少含铅。

唯一卫浴董事长苏丹晓被调查

8月底，佛山市公安局禅城分局透露，由于涉嫌经济犯罪，唯一卫浴苏丹晓目前已被警方刑事拘留。苏丹晓推出“唯一模式”，让唯一卫浴在竞争激烈的市场竞争中迅速崛起。但唯一卫浴没有自己的工厂，产品采取代工，其风险早已被业内人士热议。此次苏丹晓被捕直接导致唯一卫浴垮塌，风险模式带来的脆弱，令许多企业深思。

陶瓷卫浴企业“煤改气”政策出台

国家环保部发布《关于加强污染源环境监管信息公开工作的通知》，明确要求各级环保部门从9月开始主动公开污染源环境监管信息。 辽宁法库、山东淄博、福建泉州、江西高安、广东清远和肇庆等陶瓷产区的政府部门，相继要求当地建筑卫生陶瓷企业限期完成天然气置换工程，这在推动陶瓷产业转型升级的同时，也给部分陶企的生存带来了更大的挑战。

行业跨界成势多元发展成热点

地板企业为摆脱发展困境寻求转型，布局多元化发展，实施跨界经营。10月12日，全国地板行业首家跨界旗舰店——3000余平方的生活家定制家居体验馆正式开业，从“整木家居”的概念升级到“定制家居”，依托地板、木门、衣柜等生产基地，全面覆盖定制家居市场。

海尔进军智能家居市场

随着智能家居热潮到来，引来业界许多IT大佬插足，当前，海尔、海信、长虹、TCL四大家电集团，都吹响了在互联网时代进行“智能化转型战略”号角。海尔是较早布局智能家居的企业，将为用户提供智能家居的整体方案作为长期战略目标。2013年下半年开始，海尔在互联网家电产品上展开一系列交互式创新，加速产品智能化，力争成为智能家居产业平台的一流服务商。

第十一届中国建筑装饰百强企业峰会

11月6日~8日，第十一届中国建筑装饰百强企业峰会在马鞍山市举行。峰会以“机遇与挑战”为主题，为中国建筑装饰行业的未来发展投石问路。实践与推动绿色装饰、构建绿色供应链，在互联网大数据热源的推动下，推动装饰产业转型升级，是建筑装饰行业未来发展的必由之路，百强企业将在这一实践中起到引领作用。

梦天木门1.47亿中标2014年央视黄金资源

11月18日，梦天木门在央视2014黄金资源广告招标会上，以5940万元拿下A特段第二单元正一位置，并获得A特段第三单元和第四单元的播出时段，广告费总额达1.47亿元。梦天木门借助央视传播的强大影响力，提升品牌知名度和美誉度，最终提升销售业绩。

第二届全国建筑装饰行业科技大会召开

11 月 26 日，以科技驱动发展、绿色引领未来为主题的第二届全国建筑装饰行业科技大会在北京隆重举行。此次会议旨在总结行业科技发展的历程和经验，分享和展示行业发展优秀成果，推进建筑装饰行业进一步转变发展方式，引导企业利用信息化提高自身的工业化、标准化和专业化水平。

建筑装饰行业“信用工程”建设再提速

12 月 1 日起，中国建筑装饰行业开始实施最新修订的《建筑装饰行业信用评价实施办法》。此《办法》的颁布，意味着建筑装饰行业协会在净化行业环境、提升行业美誉度的道路上向前迈进了一大步。全国共有 20 个省、市、自治区的 329 家企业主动参与，扛起了行业的诚信建设大旗，让失信者寸步难行，让守信者一路畅通。

红星美凯龙体验式营销　强化品牌理念

3 月，红星美凯龙发布 2013 年战略，核心是“聚商”。当月，在全国 80 多个城市的 100 多家门店，开展“‘2 天’来了，击穿低价”大促销，打响聚商行动第一枪。此后，各种促销活动先后面市，同时将体验式购物平台的品牌理念在聚商行动中体现的淋漓尽致，销售业绩得到增长，品牌理念得以强化。

金螳螂：不断创新的行业翘楚

2013 年，金螳螂建筑装饰股份有限公司（以下简称金螳螂）再次蝉联中国建筑装饰百强企业第一名。在 2013 年度全国建筑装饰行业优秀项目经理和科技示范工程奖、科技创新成果奖评选中，金螳螂拿下 67 项科技示范工程奖及 50 项科技创新成果奖。在国内同行业中，金螳螂获奖的数量排名第一。

19 家家居卖场联合抵制天猫

7 月起，天猫开始筹备在“双十一”借线下卖场试水家装 O2O。“双十一”未到，以红星美凯龙、居然之家为首的国内 19 家传统家居卖场联合签署抵制意见，拒绝线上平台将家居卖场作为“试衣间”行为。迫于厂家的压力，天猫最终做出让步，叫停了家装 O2O 项目。

“停建楼堂馆所”促行业升级转型

7 月，中共中央办公厅、国务院办公厅印发通知，全面叫停新建楼堂馆所，要求未来 5 年内，各级党政机关一律不得以任何形式和理由新建楼堂馆所。此举措虽一度引发了市场对建筑装饰行业发展前景的担忧，但事实上停建楼堂馆所彰显的正能量，有利于带动建筑装饰行业市场结构型转型，从政府性工程转向大众消费市场、保障房、新兴产业等领域，对促进建筑装饰专业市场的形成和发展有积极作用。

红星美凯龙等试水家居电商

电商“双十一”大战的硝烟尚未消散，“双十二”促销战火又起。红星美凯龙、居然之家、百安居在内的线下家居建材卖场加速布局 O2O（线上到线下）渠道，自建电商平台抢占市场。在线下渠道，传统家居卖场的实体门店为消费者提供现场体验、物流配送和售后服务。在线上环节，电商平台聚合各种产品信息和装修、搭配指导，提升用户黏性。“线下体验+线上消费”这种模式将促进传统家居企业与电子商务的融合。

顺德涂料产业转移获实质成效

10月10日，广东省韶关市武江区涂料化工园举行交地仪式，向入园企业交付建设用地；11月27日，韶关武江甘棠工业园第一期第一批企业入园暨动工仪式在该工业园举行。从交地仪式到正式入驻武江甘棠工业园，意味着顺德涂料长达4年之久的谋求产业转移的愿望最终得以实现，并取得实质性的成效。

涂料化工密集列入环保新政

2013年国家及地方部门针对环境污染问题频繁出台环保政策，而大多涉及到了涂料化工内容，其中最引人关注的是《大气污染防治行动计划》。该《行动计划》中明确提出的要求包括：完善涂料、胶粘剂等产品挥发性有机物限值标准，推广使用水性涂料，鼓励生产、销售和使用低毒、低挥发性有机溶剂等。

骊住收购高仪、联塑收购益高

9月26日，日本骊住集团同德国高仪集团达成基本协议，骊住集团将斥资4000亿日元收购高仪集团。11月3日，联塑集团透露将全资收购益高卫浴。近两年来，卫浴行业并购事件不断。无论是高仪并入骊住，还是联塑收购益高，都在预示着行业的转型与资源的整合利用正在逐步完善化。

勒流被授予“中国家居五金之都”称号

12月中旬，中国五金制品协会授予勒流“中国家居五金之都”称号，这是是中国五金制品协会授予的第一家以“家居”命名的产业基地。家居五金是家具配件的重要部件，也是未来智能家居功能实现的核心点。勒流把五金产品定义为精密产品制造，用高新技术改造提升产业水平，从传统五金升级到家居五金，在全国有示范作用。

友邦吊顶谋上市 创新能力凸显

友邦吊顶公司募集资金投资项目从2011年立项、审批、实施历经三年多时间，于2014年1月28日在深交所挂牌上市，成为行业内首个上市的企业。作为集成吊顶行业缔造者，研发设计和渠道管理是核心竞争优势，随着集成吊顶行业的快速成长，友邦的上市将缓解产能不足，并提升友邦品牌影响力。

后　记

鉴于目前我国尚未发布针对建材家居业权威、科学、全面的产业发展报告，由此给党和政府有关部门制定产业政策规划、企业研究战略发展和进行市场开拓带来影响。为了客观反映中国建材家居产业的发展现状，为政府决策、有关部门制定产业规划提供科学依据和理论支持，为行业企业制定战略和企业决策提供信息，在产业调研的基础上，中国建筑装饰协会材料委员会组织编写了我国首部《2013年中国建材家居产业发展报告》，经过半年时间调研、分析、撰写，在广泛征求专家意见和业界人士意见的基础上，完成了本报告。

在此，向支持本报告编写工作的以下单位和个人表示感谢：

感谢中国建筑装饰协会行业发展部、中国建筑装饰协会百强办、中国建筑装饰协会厨卫委员会及北京市建筑装饰协会、上海市建筑装饰装修行业协会、浙江省建筑装饰行业协会、江苏省建筑装饰装修行业协会、广东省建筑业协会建筑装饰分会、辽宁省装饰协会、深圳市装饰行业协会、厦门市建筑装饰协会、成都市建筑装饰协会、重庆市建筑装饰协会、沈阳市建筑装饰协会、武汉建筑装饰协会。

感谢国家统计局、海关总署、中国轻工业联合会、中国木材与木制品流通协会、中国建材流通市场协会、中国建材联合会铝塑板协会、中国建材联合会预拌砂浆分会、中国建筑装饰材料协会吊顶分会、中国石材协会、中国林产工业协会地板分会、佛山陶瓷协会、顺德涂料协会、涂料商情网、泛家居网为报告编写提供支持；特别感谢辽宁省彰武县人民政府、中国建筑装饰材料（东北）产业园、山东省临沂市人民政府木业管理办公室、浙江省德清县人民政府、中山市工信局、福建南安市工信局、德华兔宝宝装饰新材股份有限公司、北京希凯世纪建材有限公司为本报告调研提供支持。

特别感谢青海西旺实业（集团）公司对本报告出版发行提供的支持！

限于时间、条件和水平，报告难免存在不足之处，敬请各界批评指正。

编委会

2014年5月

青海西旺实业（集团）有限公司

青海西旺实业(集团)有限公司是一家以有色金属、黑色金属矿产品投资开发为主，集矿产品贸易、非金属矿研发和新型绿色卫浴及建材为一体的跨地区、跨行业的集团型企业。

自2004以来，西旺集团连续十年被评为“青海省先进民营企业”，连续七年被青海省人民政府评为“省级纳税先进单位”，五次被青海省人民政府授予“青海省年度经济运行先进企业”，连续五年入围“青海省50强企业”等。

近年来，西旺集团克服诸多不利因素的制约，通过狠抓内部管理，优化产业结构，累计在青完成投资数十亿元，在集团的两大战略性产业——金属“黑色产业”和非金属高新材料“白色产业”方面都取得了超常速度的迅猛发展。特别是在“白色新型材料”领域，历经无数次的论证与试验，无数次的失败与修正后，西旺集团终于取得了非金属矿综合利用研发与应用的斐然成绩。

早在2002年，为了贯彻落实国家西部大开发战略和青海省委、省政府“关于加大青海矿山资源综合开发与循环利用”的指示精神，实现矿山资源价值的最大化，西旺集团专门组织科研人员展开了对柴达木盆地分布广泛的非金属矿产资源的预开发调研工作。正是抱着这样的一种理想、一种信念、一种责任，集团集中全部的优势资源在上海和青海相继成立了西旺科研平台和西旺昆仑晶石应用研究中心，陆续与国内外多家著名院校、科研单位深度合作，以绿色环保、低碳节能的材料与技术为研究目标，投入了巨大的人力、物力与财力（仅仅是资金一项投入累计就超过了五亿元)，对青海省的非金属矿资源综合利用进行深度研究。

2007年，西旺集团“昆仑晶石系列新型卫浴产品与建材产品生产项目”在西宁经济开发区开工建设，目前，公司已经完成了新型绿色卫浴产品、绿色建材产品和绿色节能保温外墙产品等绿色项目的建设运营。这个项目的正式启动标志着西旺集团迈入了一个崭新的发展阶段。

特别是，西旺集团的核心专利技术不但在中国获得了发明专利授权，还分别获得了美国政府以及欧盟、日本、加拿大等发达国家的专利授权，并且，分别在2010年西安中国发明展览会和在2011年巴黎世界发明展览会上相继荣获“金奖”。2014年，鉴于项目对生态环境的重大意义，西旺集团被国家发改委遴选为“全国首批优秀低碳案例企业”之一。

经过十多年的日夜奋战和细节完善，目前，利用公司全球首创的专利技术，通过先进创新工艺聚合昆仑晶石而成的“匠·汇集”绿色健康建材产品与整体艺术卫浴产品已经面世，正在陆续走进祖国的大江南北与千家万户。经全球著名的第三方权威机构SGS检测显示，匠·汇集材料不含任何有害放射性、有害重金属，无甲醛、无苯，具有健康、环保、低碳、节能和资源循环等优点。尤其在制造工艺方面，它完全克服了陶瓷行业高能耗、高污染、高排放的缺陷，具有生产高效、低能耗、低排放、低污染以及产品可回收利用与资源节约等优势。其中，卫浴产品在生产过程中的碳排放最低只有某传统陶瓷卫浴产品生产过程中碳排放的1/8。

在当今西方发达国家刚刚开始倡导以“从摇篮到摇篮”发展模式替代传统工业行业的“从摇篮到坟墓”产品生产模式的关键时刻，匠·汇集绿色产品的问世，无疑给卫浴行业、建材行业乃至整个工业带来了一次颠覆性的创新革命。此外，这对转型中的青海经济和中国经济具有更重大的现实意义，它完全可以作为低碳经济和绿色经济的示范项目加以推广。

在西部投资发展的十多年中，西旺集团深深感受到来自国家有关部委和青海省委、省政府以及社会各界的关心和支持，作为回报，西旺集团也始终珍惜这来之不易的矿山资源，始终努力把这些资源的价值最大化作为公司的根本目标。与此同时，西旺集团也把促进东西部交流，投身社会公益作为应尽义务，以企业最高良心回馈社会。

展望未来，西旺人将紧紧围绕国家西部开发战略和青海省“加快矿山资源的综合开发利用，为真正实现柴达木盆地资源的价值最大化”这一宏伟目标，按照董事会的统一部署，结合公司的中长期宏伟战略目标，继续坚持“低调、务实、开拓、进取”的企业精神和“无论做什么事，都会集中我生命的全部精力和智慧”的行为准则，在坚持做精做实金属“黑色产业”的同时，做大做强非金属高新材料“白色产业”，继续加大与科研机构的合作力度，提高企业创造经济效益的能力，确保公司稳定和可持续发展的态势，为国家循环经济的发展，青海省经济结构转型，以及西旺集团的跨越式发展做出更大的贡献。